历史的步伐

赵东福　编著

图书在版编目(CIP)数据

历史的步伐 / 赵东福编著. —杭州:浙江大学出版社,2020.4

ISBN 978-7-308-19985-8

Ⅰ.①历… Ⅱ.①赵… Ⅲ.①中国历史—通俗读物 Ⅳ.①K209

中国版本图书馆 CIP 数据核字(2020)第 020528 号

历史的步伐

赵东福　编著

责任编辑　樊晓燕
责任校对　杨利军　黄梦瑶
封面设计　雷建军
出版发行　浙江大学出版社
(杭州市天目山路 148 号　邮政编码 310007)
(网址:http://www.zjupress.com)
排　　版　浙江时代出版服务有限公司
印　　刷　杭州高腾印务有限公司
开　　本　710mm×1000mm　1/16
印　　张　16.5
字　　数　270 千
版 印 次　2020 年 4 月第 1 版　2020 年 4 月第 1 次印刷
书　　号　ISBN 978-7-308-19985-8
定　　价　58.00 元

前　言

中华文明有着悠久的历史和顽强的生命力。当前许多文明研究将世界分为几大文明圈，如基督教文明圈、伊斯兰文明圈、儒家文明圈、印度文明圈等，这种研究虽有其价值，但往往停留于对文化现象的浅层研究，常囿于“欧洲中心论”的观点，难以对世界历史和社会发展历程及趋势给出清晰的说明，而且还可能会混淆对当今世界的认识。人类自诞生之日起，在原始文明中蹒跚学步度过了几百万年，在农业文明中慢步行走了数千年，在工业文明中快步急行了数百年。在数千年漫长的农业文明时代，中国一直领先于世界各国的发展，只是到了近代工业文明崛起时，中国没有跟上时代潮流而衰落。马克思认为，生产力是生产方式中的决定性因素，也是最革命、最活跃的因素。用人类的生产生活方式去考察文明，比用其他方式去考察能更好地理解各种文明形态。从生产力发展角度看待和梳理人类的过去和现在，也可以更好地展望和把握未来，这是本书写作的总体思路。

历史如人生。人要活得有意义，最好对自己的一生有总体上的把握，这样的人生才能过得自信而充实。同样，一个民族要复兴，也须对自己的过去、现在和将来有一种总体上的认知和把握。只有这样的民族才能目光远大，无惧风浪，奋勇向前。从文明发展的角度回顾和总结人类发展的历史，以史为鉴，面向未来，不断前行，从历史的纵深认识中华民族走过的道路，了解当今中国所处的历史方位，自信地走向未来，是本书写作的经度。

国运如命运。历史从过去到现在是条单行道，但到未来却有无数岔路。选择是一种能力。一个人的命运，本质上是这个人所做的各种选择的结果。国运也是如此，它是一个民族选择的结果。我们既不可盲目自大而成井底之蛙，也不可妄自菲薄而去邯郸学步。善于客观分析和理性选择，避免主观臆断与狂热盲从，是一个人及一个民族成熟的标志。通过东西方文明和发展历程的比较，用全球的视野看待世界，总结和吸收东西方发展的经验和教训，坚定走中国特色社会主义道路，实现中华民族的伟大复兴，是本书写作的纬度。

本书第一章“大浪淘沙”阐释了中华文明的精神特质和顽强生命力，在简要介绍人类文明三个发展阶段的基础上，阐述了农业革命和工业革命两次生产力的飞跃给人类社会带来的巨大变化和影响，分析了农耕文明、游牧文明和海洋文明等三种农业文明形态各自的特点，对传统中华文明的精神特质进行了分析和概括。中华文明特有的哲学视角使中国直接迈入前现代社会，中华民族敢于抗争的勇气和百折不挠的精神，使中华文明历经大浪淘沙，成为世界上唯一没有断线的文明。

第二章“江河奔腾”介绍了中国农耕文明的起源、发展和农耕强国的奠基，在阐述中国农耕立国的传统、中国古代哲学思想及中华文化的价值追求的基础上，对中国封建宗法制度和中央集权郡县制度进行了分析。中国漫长的中央集权郡县制与欧洲漫长的封建制形成了鲜明对比，形成了东西方社会不同的国家形态、文化取向和发展走向。在中华农耕文明和北方游牧文明的首次大碰撞中，农耕文明击败了游牧文明，奠定了中国农耕文明强国的根基。

第三章“草原雄风”介绍了北方游牧文明对东方农耕文明和西方海洋文明的侵袭。在西方，西罗马帝国在北方游牧民族不断冲击下分崩离析，之后再也没能重新统一在一起。在东方，中华文明在秦汉建立统一国家的基础上，历经魏晋南北朝、隋唐、五代十国、宋、元、明、清等朝代，在聚散离合的过程中，不断汇聚四面，融合八方。在农业文明时代，中华文明以其经济的富庶繁荣、文化的吸引力和文明的包容性，同化了游牧民族及少数民族，使其成为中华文明的有机组成部分，中华文明以其强大的坚韧性、包容性和凝聚力，生生不息，远播四方，使中国及亚洲成为农业文明时代的明珠。

第四章“惊涛拍岸”介绍了以古希腊文明为代表的西方海洋文明的发展历程。古希腊创造了灿烂的海洋文明及商业文明。古希腊小国寡民的奴隶制城邦社会，诞生了贵族民主制度，尤其是雅典民主为后世民主政治提供了宝贵的经验。雅典和斯巴达两个古希腊最强大的城邦陷入“修昔底德陷阱”，使古希腊走向衰亡。亚历山大帝国让古希腊文明传向四方，但帝国的快速扩张及迅速解体，为罗马帝国的崛起铺平了道路。罗马帝国横跨欧、亚、非三大洲，是欧洲人的骄傲。但在北方游牧民族的不断冲击下，罗马帝国走向崩溃。此后，欧洲进入了中世纪的漫漫长夜，历经千年磨难，经由文艺复兴而觉醒。欧洲商业贸易推动了新航线的开辟，并发现了新大陆。殖民运动在给西方带来财富的同时，也给亚非拉美澳等殖民地原住民带来深重灾难。欧洲商业贸易也推动了西方工业革命的萌发。

第五章“机器轰鸣”介绍了工业革命带来的人类社会生产力发展的第二次飞跃。工业革命用机器生产代替了人的手工制作，工业化实现了农业社会向工业社会转变。西方各国率先完成了工业革命和工业化，纷纷崛起成为工业文明强国。从此，人类社会进入了工业文明主导世界的时代，欧洲崛起而成了工业文明时代的世界霸主。

第六章“大江东去”介绍了中国传统农业文明在与近代工业文明的碰撞与冲突中的衰落和求索，阐释了中国农耕文明与欧洲商业文明在价值取向上“义和利”的选择，与同属儒家文明圈的日本之间在文化内核中“仁与忠”的差异。中国农业文明在工业文明浪潮的冲击下，遭受了数千年未遇的变局和屈辱。英法等主要欧洲国家在资本主义兴起和工业化过程中，相继推翻了君主专制制度，建立了君主立宪、民主共和等近现代社会政治制度和资产阶级政权。俄国经历了二月革命推翻君主专制，通过十月革命推翻资产阶级政权，建立了社会主义制度和苏维埃政权。中国在经历了洋务运动破产、戊戌变法失败后，爆发了辛亥革命，推翻了君主专制制度。但辛亥革命实现民主共和的目标在军阀割据和混战中遥不可及。国共两党第一次合作，为北伐战争胜利奠定了基础。国共合作破裂后，国共两党道路之争的第一回合，以中央红军被迫退出中央苏区，走上漫漫长征路为结果而告一段落。

第七章“千古风流”介绍了中国从衰落走向民族复兴的艰难而光辉的历程。中国共产党领导工农红军在万里长征中浴火重生。面对日本帝国主义的侵略扩张和殖民掠夺，在中华民族危亡的关键时刻，中国建立了广泛的抗日民族统一战线，掀起了抗日救亡的伟大斗争。经过14年漫长的抗战，中国以惨重的伤亡为代价，取得了抗日战争的最后胜利。此后中国经历了从解放战争到中华人民共和国成立，从抗美援朝到中美关系改善及合作，从中印边界冲突到龙象共舞，从中苏结盟到中苏对抗再到中苏关系缓和。中国在实现民族独立、人民解放以及中华民族伟大复兴的过程中，历经千辛万苦和艰难险阻，付出了巨大的牺牲和代价。中华民族以其独特的坚韧性，顽强抗争，不懈探索，没有走封闭僵化的老路，也没走改旗易帜的邪路，创立并坚定地走上了中国特色社会主义道路，迎来了从站起来、富起来到强起来的伟大飞跃，迎来了实现中华民族伟大复兴的光明前景。

一个国家的发展不能因循守旧、封闭僵化，否则就会成为井底之蛙，社会发展就会出现停滞甚至倒退，这是中国近代落后的重要原因。但社会变革也不能信奉教条、照搬照抄，否则会导致水土不服、邯郸学步。大规模社会变革的失败会导致社会的混乱甚至灾难。拉美陷阱、东欧剧变、苏联解体都是前车之鉴。人生不能再来，历史不能重演，善于从历史经验和教训中思考和把握国家的发展道路和发展方式，是一个民族成熟度的重要标志，也是对一个民族智慧的考验。

恩格斯和列宁都十分欣赏亚里士多德的一段名言："身体的各个部分只有在其联系中才是它本来应当的那样。脱离了身体的手，只是名义上的手。"①人类已进入了互联网和信息化时代，互联网大大促进了知识和信息的传播。QQ、微博、微信等"微信息""微文化"的兴起，大大方便了人类的通信和交流，但也产生了历史和文化碎片化问题。本书试图从历史的长度、全球的宽度，通过中西方历史与社会发展的对比和分析，介绍和分析中华文明和民族复兴所走过的历程，目的是使读者对人类文明和发展道路有较全面的了解和认识，增强中国特色社会主义的道路自信、理论自信、制度自信、文化自信。在本书的写作过程中，作者力图将历史的写实性、研究的探索性和故事的可读性有机结合在一起。但作为一本历史叙事性图书，本书不可能面面俱到，也难以做到深入细致。不当不全之处，敬请读者、学者和专家谅解。

赵东福

于杭州小和山浙江科技学院

2018年8月

① 列宁：《哲学笔记》，人民出版社，1974年中文版单行本，第217页。

目 录

第一章 大浪淘沙——历史长河奔流不息 …… 1

第一节 人类文明的进程 …… 1

一、原始文明时代 …… 1

二、农业文明时代 …… 3

三、工业文明时代 …… 6

第二节 走向草原、江河与大海 …… 8

一、农耕文明 …… 8

二、游牧文明 …… 9

三、海洋文明 …… 9

第三节 唯一没有断线的文明 …… 10

一、古巴比伦文明 …… 10

二、古埃及文明 …… 12

三、古印度文明 …… 13

四、中华文明 …… 14

第四节 中华文明的奠基石 …… 16

一、古希腊神话 …… 16

二、中国传说 …… 17

三、中华文明的精神特质 …… 18

第二章 江河奔腾——农耕文明的崛起 …… 21

第一节 三皇五帝的传说 …… 21

第二节　家国天下与封建纷争 …… 23
第三节　人类文明的轴心时代 …… 27
第四节　迈入前现代国家 …… 30
第五节　农耕强国的奠基礼 …… 32

第三章　草原雄风——游牧文明的冲击 …… 34
第一节　欧洲的上帝之鞭 …… 34
第二节　中国的太极神功 …… 36
第三节　蒙古的草原雄鹰 …… 37
第四节　白山黑水的最后一击 …… 39

第四章　惊涛拍岸——海洋文明的扩张 …… 40
第一节　古希腊的遐想 …… 40
第二节　罗马帝国的荣光 …… 43
第三节　争战一千年 …… 44
第四节　欧洲的觉醒 …… 47
第五节　新航线与新大陆 …… 48
第六节　殖民时代和人类灾难 …… 51
第七节　海洋文明的崛起 …… 55

第五章　机器轰鸣——工业文明的崛起 …… 58
第一节　工业革命的号角 …… 58
第二节　工业化的浪潮 …… 63
第三节　工业文明的崛起 …… 69

第六章　大江东去——三千年未有之大变局 …… 71
第一节　中欧碰撞 …… 71
一、鸦片战争 …… 72
二、洋务运动 …… 77
第二节　中日恩怨 …… 81
一、千年幽梦 …… 82
二、明治维新 …… 85

三、甲午战争…………………………………………………… 88
第三节 路在何方 …………………………………………… 91
一、英国的“光荣革命”和君主立宪…………………………… 91
二、法国大革命和民主共和………………………………… 97
三、俄国十月革命和苏维埃政权 ………………………… 102
四、中国道路的探索和博弈 ……………………………… 114

第七章 千古风流——世界潮流浩浩荡荡……………………… 135
第一节 中国人民从此站起来了…………………………… 136
一、中华民族的觉醒 ……………………………………… 136
二、民族意志的对决 ……………………………………… 152
三、中华民族的新生 ……………………………………… 173
第二节 中国道路和民族复兴……………………………… 192
一、从《国富论》到《资本论》 ……………………………… 193
二、苏联道路及其解体 …………………………………… 198
三、欧美道路及其困局 …………………………………… 207
四、中国道路及其崛起 …………………………………… 214
第三节 希望和未来………………………………………… 247
一、头上的星空与心中的道德定律 ……………………… 247
二、共建人类命运共同体 ………………………………… 249

第一章

大浪淘沙——历史长河奔流不息

从生产力发展角度看，人类经历了原始文明、农业文明和工业文明三个阶段。原始文明以采摘、捕鱼、狩猎为主要生产方式，直接从自然界获得最终的生产生活资料；农业文明以种植、养殖、放牧为主要生产方式，人工养殖和种植动植物，获取人类所需的生产生活资料；工业文明采用机器生产方式，制造出自然界本不存在的产品，满足人类的各种需求。从原始文明到农业文明，人类从食物的采集者变为食物的生产者，实现了人类社会生产力的第一次飞跃；从农业文明到工业文明，人类从食物的生产者变为产品的创造者和制造者，实现了人类社会生产力的第二次飞跃。

在漫长的人类文明发展历程中，中华文明以特有的哲学视角和中华民族敢于抗争的勇气和百折不挠的精神，历经大浪淘沙，成为世界上唯一没有断线的文明。

第一节　人类文明的进程

一、原始文明时代

人类早在有历史记录之前就已存在。大约在 250 万年前，地球上就已经出现了与现代人类非常类似的远古人类。他们世世代代繁衍生息，其生活方式与一同共享栖息地的其他生物相比，并没什么特别突出之处。他们以采摘天然野果和捕捉野生动物为生。虽然居无定所，但在大多数地方、大多数时候，由于生态多样、物种丰富、人口稀少，远古人类靠着采集就能得到充分的食物和营养。但远古人类有几项区别于其他生物的特征，其中最重要的一点，就是人类大脑明显大于其他动物。人类另一项独有的特点是用两条腿直立行走。能够站起来，人类就更容易扫视整片草原，看看哪里有猎物或敌人，而且既然手不需负责移动身体，就能发挥其他用途。手能做的事情越多，人的演化也就越来越着重于神经发展，也不断地对手掌和手指的肌肉做修正。[①] 于是，人类的手逐渐能够处理非常精细的任务，特别是能够生产、使用复杂的工具。有证据证明人类最早开始制作工具，大约可追溯到250万年前，而且工具的制作和使用也正是考古学家对远古人类的一种判断依据。

"用火"也让人类与其他动物之间有明显的不同。对几乎所有动物来说，它们的力量靠的都是自己的身体，而火的能量并不受人类的身体力量所限。关于人工取火，恩格斯曾说："摩擦生火第一次使人支配了一种自然力，从而最终把人同动物界分开。"[②]能够用火之后，人类有许多发展也水到渠成。

每种动物都有着某种形式的语言，就算是蜜蜂或蚂蚁这些昆虫，也有极精密复杂的沟通方式，但唯有人类发明的语言最为灵活。虽然人类只能发出有限的声音，但组合起来却能产生无限多的句子，各有不同的含义，能传递复杂完整的信息，加之人类对未知世界的恐惧、困惑及其具有的想象力，传说、神话以及宗教也应运而生。

多数学者认为，远古的采集者普遍持泛神论的信仰。恩格斯说过："在原始人看来，自然力是某种异己的、神秘的、超越一切的东西。在所有文明民族所经历的一定阶段上，他们用人格化的方法来同化自然力。正是这种人格化的欲望，到处创造了许多神。"[③]泛神论相信万物有灵，几乎任何一座山、一条河，任何一只动物、一株植物，任何一种自然现象，都有其意识和情感，并且能与人类直接沟通。原始人在自然界之外构想了一个超自然世界，认为自然界的秩序来自超自然力量的支配和安排，许多自然事物和现象，如日月星辰、风雨雷电、山河土地、凶禽猛兽等，均为超自然神灵的体现。人类把自然视为威力无穷的主宰，视为某种神秘的超自然力量的化身，他们匍匐

---

① 尤瓦尔·赫拉利：《人类简史》，中信出版社，2014年，第9页。

② 恩格斯：《反杜林论》，载《马克思恩格斯全集》第20卷，人民出版社，1971年，第126页。

③ 《马克思恩格斯全集》第20卷，人民出版社，1971年，第672页。

在自然神的脚下，通过各种原始宗教仪式对其表示顺从、敬畏，祈求它们的恩赐和庇佑，由此也产生了对自然神的崇拜。

远古人类经历了数百万年的演变。与其他动物一样，人类活动方式和地点的变化，多半是因为基因突变、自然环境改变。血缘亲情关系维系了小规模的社会群体。当语言以及传说、神话和宗教等初级文化产生后，基于共同的文化和信仰，形成了大规模的人类社群。人类也从基因自然演变进入文明教化改造阶段。基因变异需要经过漫长的自然进化，而文化创造可在较短时间内完成，且能够迅速改变人的行为，并将新的行为方式传给下一代。过去远古人类的行为模式可能维持几万年不变，但对现代人类来说，只要几十年，就可能改变整个社会结构、人际交往和经济活动方式。

考古研究表明，到了农业文明时代前夕，地球上的狩猎采集者大约有数百万人，但有丰富多元的种族和文化多样性，分成几千个不同的独立部落，也有数千种不同的语言和文化。语言和文化出现后，即使是在类似的生态环境中，同样的基因组成的人类，也能够创造出截然不同的文化，表现出来就成了不同的习俗、社会规范和价值观。

大约 7 万年前，人类仿佛脱胎换骨，他们从东非扩张到阿拉伯半岛，并且很快席卷整个欧亚大陆。大约 45000 年前，不知道用什么方法，人类越过了海洋，抵达了从未有人类居住的澳大利亚大陆。人类也成为地球史上最致命的生物物种。① 起初，地球分为几个不同的生态系统，各由独特的动植物组成，海洋是这些生态系统的天然屏障。然而，每当人类到达一个新的地点，生态系统都会发生天翻地覆的变化，大量物种灭绝。考古研究表明，从 7 万年前至 1 万年前，地球上发生了第一波物种灭绝，人类让全球大约一半的大型兽类魂归西天，就此灭绝。另外，还有成千上万的小型哺乳动物、爬行动物、鸟类，甚至昆虫和寄生虫，也同样惨遭灭绝。② 由采集者的扩张导致的第一波物种大量灭绝造成的食物不足和生态环境变化，很可能是人类不得不走出森林，开始人工种植和养殖的重要原因。

二、农业文明时代

大约在 1 万多年前，人类开始进入农业文明时代。人类驯化了少数动

① 尤瓦尔·赫拉利：《人类简史》，中信出版社，2014 年，第 26 页。
② 尤瓦尔·赫拉利：《人类简史》，中信出版社，2014 年，第 72 页。

植物，将野生动物自然繁殖和植物自然生长过程转变为人工养殖和种植的过程。在一些地区，人们在偶然观察到植物种子落地后能生根发芽，看到植物块茎也能生长繁殖，于是尝试着进行人工种植，结果获得成功。在年复一年的种植过程中，人们逐步通过改善植物生长形态和环境，以达到提高产量的效果。人们普遍认为，动物的驯化要晚于植物的驯化。考古发现，动物的驯化主要发生在距今大约8000年前。从那时起，人们开始对捕获的野生动物进行圈养，或者在自然环境下进行人工放牧。

曾经有学者以为农业起源于中东，再传播到全球各地，但现代考古表明，农业是在同一时代在各地独自发展而且开花结果的。中美洲人驯化了玉米和豆类；中东人种植了小麦和豌豆；南美洲人学会了栽培马铃薯和驯养骡马；中国人最早驯化了稻谷、小米和猪；北美农夫最早自己种南瓜；新几内亚人驯化了甘蔗和香蕉；西非农民也驯化了小米、非洲稻、高粱和小麦……在大多数的农业社会里，人们的第一要务是种植农作物，其次是圈养鸡、鸭、羊、牛、驴、马等家禽家畜，为人类提供蛋、肉和奶等食物以及皮和毛等生活资料。有些地方出现了主要依靠放牧动物为生的游牧部落和社会。从这些最早的种植、养殖和放牧开始，农业生产方式传播到四面八方，人类开始投入几乎全部的心力，操纵着几种动植物的生命。从日出到日落，人类忙着播种、浇水、除草、喂养或放牧，一心为了得到更多的水果、谷物和肉类。

农耕的一个好处是人类不用四处奔波，不需要担心野兽袭击、风吹雨淋，可以定居生活，积累财富。铁器的发明和使用提高了人类的生产能力。随着人类开始住进永久村落，粮食供给随之增加，女性也有环境和条件多生孩子了，多一个孩子就多一分劳动力。在农业社会早期，土地不是问题，只要有充足的劳动力，多垦荒，多种地，多畜牧，就能获得更多的粮食及其他生活资料，也能过上更好的生活，人口数量因此迅速增长。

进入农业文明时代后，人类的种植和养殖都依赖土地，土地成了人类最重要的资源和财富。如果土地被抢，人们就可能从温饱的天堂掉进饥饿的地狱，所以在土地这件事上几乎没有妥协的余地。过去，如果采集者的部落遇到比较强的对手的进犯只需撤离，没有什么多余的财富需要携带搬走。迁徙虽然说有些困难和危险，但至少是个可行的选项。但如果是农民的家园遇到了强敌来犯，撤离就意味着放弃田地、房屋和存粮，很多时候这几乎就注定了饿死的结局。因此，农民常常得死守田地，有人来争抢时双方会拼个你死我活。为解决人们为了土地、财富及各种资源而产生的矛盾和争端，以及在自然灾害及战争冲突时保护自身，人们建立了各种社会秩序和国家。不过，庞大而有效的国家治理结构，足足花了数千年才终于建立起来。由于各种社会矛盾、冲突及战争，人类的先哲们开始不断地思索着如何建立良好稳定、公平公正的社会秩序，也试图去了解认识人类和自然的真谛。

相对于经历了几百万年的人类采集狩猎的原始文明社会，农业文明社会持续了 8000 多年，人类按人身隶属关系建立了奴隶制社会，按土地隶属和血缘亲疏建立了封建宗法社会等。一次又一次，人们按照血缘、种族及拥有财富多少甚至是宗教信仰，将社会成员分成了各种等级，如君主和宗族、奴隶主和奴隶、贵族和平民、宗教和世俗、婆罗门和首陀罗等。在所有这些等级关系中，某些人在法律上、政治上或社会地位上高人一等，用等级关系和社会规范来约束人类个体和群体间的关系。

进入农业文明时代后，社会开始变得格外复杂。在采集狩猎时代，语言的发明使人类能够进行信息交流，但所有信息只能依赖大脑进行存储记忆，受记忆时间和存储容量的影响。人类个体的力量很有限，与虎、狼、豺、豹等动物相比，人类个体其实很弱小。但人类个体若通过合作组成群体，就可以捕获、战胜任何凶猛的动物。语言使人类可以开展小规模合作，建立小规模社群。但随着乡村、城市、国家等大规模社会形式的出现，光靠语言已不能实现广泛的信息交流、传播和社会管理，大脑的记忆也不够久远，而且存储容量相当有限。比如收税，为了向数十万国民收税，国家就必须先收集关于国民收入及财产的数据，如付款、欠款、债务和罚款的数据等。国家如果无法有效处理这些问题，就永远不知道手中有什么资源，更不可能知道如何进行有效使用和管理。

在公元前 3500 年至公元前 3000 年之间，苏美尔人发明了一套信息系统，可以在人脑之外储存和处理信息。从此，苏美尔人的社会不再受人脑处理能力的限制，人们有能力开始建立和管理大型城市、王国和帝国。苏美尔人所发明的这套信息处理系统，就是“书写文字”。在公元前 3000 年至公元前 2500 年间，苏美尔文字系统逐渐加入越来越多的符号，成为能够完整表意的文字，今天人们把它称为楔形文字。到了公元前 2500 年，国王已经能用楔形文字颁布法令，祭司可以用它来记录神谕，至于一般民众，则可以用它来写信。差不多同一时期，埃及也发展出另一种能够完整表意的文字——古埃及象形文字。另外，中国在大约公元前 1300 年、中美洲各地在公元前 1000 年至公元前 500 年间，也都发展出了各自的表意文字。

从这些地域开始，文字不断向四方传播，发展出新的形式及新的用途，人们开始用文字来作诗歌、编史书、演戏剧、提预言、记思想、写法律，甚至记食谱。然而，文字最重要的任务仍然是记录大量的数据，而这也是部分表意文字的特别强项。无论是希伯来的《圣经》、中国的《诗经》、希腊的史诗《伊利亚特》、印度的长叙事诗《摩诃婆罗多》，还是佛教的《大藏经》，一开始都是口述作品。这些作品世世代代靠的都是口传，就算没有发明文字，也还是会继续传下去。但讲到税务登记和复杂的官僚制度，则是在表意文字出现后才应运而生的。

到9世纪的时候，人类发明了另一种表意文字，让储存和处理数据的效率陡然提升，成为人类发展历史上重要的里程碑。这种文字由10个符号组成，代表从0到9的数字。虽然这些符号现在被称为"阿拉伯数字"，但它们其实是印度人发明的。其之所以现在被称为"阿拉伯数字"，是因为阿拉伯人在攻打印度时发现了这套实用的系统，加以改良后将其传到了中东，进而再传入欧洲。等到有几个其他符号加入了阿拉伯数字系统(例如加、减、乘、除等符号)，其就成了现代数学符号的基础。

如果说人类的语言发明让人类能更好地进行面对面沟通交流，传达全面准确的信息，从而有利于形成人类群体的合作，使人类从所有物种中胜出，那么文字的发明，则使人类不用面对面就能进行沟通交流，可以传递并保存更准确完整的信息，使巨型人类群体的合作和管理成为可能。由语言和文字为核心延伸出来的文化构成了维系民族和国家的纽带，在国家治理、社会管理、思想传播和文明进步中发挥着关键作用。

水是农业的命脉，世界主要古文明均发源于江河流域及海洋沿岸。在农业文明时代，美索不达米亚文明发源于中东幼发拉底河和底格里斯河两河流域，古埃及文明发源于非洲东北尼罗河流域，古印度文明发源于印度河和恒河流域，古希腊文明发源于爱琴海及地中海沿岸，中华文明发源于黄河和长江流域。这些文明的发展和传播对世界各地产生了广泛和深远的影响。其中，中华文明以其顽强的生命力，一直延续发展至今，是仅存的唯一没有断线的文明，成为东方文明的代表。古希腊文明是一个有巨大影响的海洋文明，它最终成为欧洲及西方文明的主要源头。

三、工业文明时代

历史从过去到现在是条单行道，但到未来却有无数岔路可走。大约在

18世纪初,历史做出了最重大的选择。这个选择改变的不仅是人类的命运,而且是地球上所有生物的命运,人们将它称为“工业革命”。自此起,人类开始进入工业文明时代。工业革命始于西欧,那里可以说只是亚欧大陆的一个巨大半岛,在这之前的历史中并未发挥过全球性的重大作用和影响。

人类在采集狩猎时代发明了石器,在农业文明时代发明了铁器,在工业文明时代发明了机器。机器代替了人力,极大地提高了社会生产力,增强了人类征服自然、改造自然,甚至毁灭自然的能力。从发明蒸汽机、电动机、内燃机开始,人类发明了火车、汽车、轮船、飞机等交通工具,播种、插秧、收割等农业机械,钻探、挖掘、开采、起重等工程机械,食品、纺织、木材、金属、化工、医疗等加工生产和检测设备,电报、电话、手机等通信工具,洗衣机、电冰箱、电视机等家用电器,以及枪、炮、坦克、战舰、战机等军事装备。

自从工业革命以来,世界人口发生了前所未有的增长。在1700年,全球有将近7亿人。到1800年,全球人口只增加到9.5亿人。但到1900年,全球人口增长至16亿人。而到了2000年,全球人口更是已经翻了两番,达到60亿人。到2017年,全球人口已经超过73亿人。

在过去的几百年间,人类的力量有了前所未有的惊人增长。人类按照自身的需求和冲动塑造和改造世界。人们砍伐森林,抽干沼泽,筑坝拦河,挖矿采油,兴建高楼大厦,建造摩天大楼。在公元1500年,人类还被局限在地面上。虽然可以盖起高塔、爬上高山,但天空仍然是专属于飞鸟的领域。而到了1969年7月20日,人类登上了月球,在月球上留下了人类的脚印。当今,人类已经有能力走出太空,开始寻找适合人类生存的其他星球。如果要在过去几百年间挑出一个最重大、最具代表性的时刻,那一定是1945年7月16日上午5点29分45秒。就在那一刻,美国科学家在新墨西哥州的阿拉莫戈多引爆了第一颗原子弹。从那时开始,人类不仅有了改变历史进程的能力,也具有了结束人类历史进程的能力。

工业文明在给人类带来物质财富的同时,也给自然带来了灾难。一些物种的栖息地遭到严重破坏,使得它们迅速灭绝。环境污染、全球变暖、海平面上升,人类的生存环境正在遭到破坏。事实上,这场生态危机很可能危及人类自身的生存。由于能源、人口、环境等方面的危机,人们不得不开始考虑,如何才能使人类在地球上继续生存下去。相比于漫长的原始文明社会和农业文明社会,人类在工业文明社会的时间还很短,工业文明的心灵仍很幼小。但是,在工业文明社会,科技发展日新月异,人类的创造能力迅速增强，各种强大工具的发明极大延伸、放大了人类的各种能力，人类要在工业文明社会合作共处，与自然界和谐共存，就必须克服自身心灵与能力的失调。

到21世纪初，人们强烈地意识到，人类赖以生存的自然环境正在急剧恶化，这甚至有可能使人类文明毁于一旦。人口危机、环境危机、粮食危机、能源危机等一系列全球性危机给人类敲响了警钟，历史呼唤着新的文明时代的到来，那就是人与自然和谐共生的生态文明。如果说农业文明是“黄色文明”，工业文明是“黑色文明”，那生态文明就是“绿色文明”。生态文明以人与自然和谐共生为目标，以绿色生产方式和消费方式为内涵，追求人类社会可持续发展。但人类要迈入生态文明社会，还需要世界各国长期共同的努力，还有很长的路要走。

第二节　走向草原、江河与大海

当人类从森林中走出时，分别走向了草原、江河湖泊和大海。人类从原始文明走向农业文明时，不同的道路选择创造出了不同形态的农业文明。农业文明时代受地理环境因素影响主要存在三种形态：农耕文明、游牧文明、海洋文明。农耕文明产生于江河流域，游牧文明产生于草原地区，而海洋文明产生于海洋交通便利的半岛及海岛和近海区域。

一、农耕文明

农耕文明也被称为“大陆文明”。大江大河孕育了农耕文明，古代四大文明均属农耕文明，中华文明是农耕文明的杰出代表。黄河孕育了中华民族，也使中国较早就进入了农耕文明。先秦时期民间流传的《击壤歌》中的“日出而作，日入而息，凿井而饮，耕田而食”就是对农耕文明的生动写照。农耕文明依赖土地，靠种植、养殖为生，人们定居生活，自给自足，需要的是守望田园和辛勤劳作。人们企盼的是风调雨顺、政通人和、社会安定。这种生产生活方式造就了农耕民族爱好和平、稳定有序、吃苦耐劳、合作包容等民族性格。相对于游牧文明，农耕文明由于定居生活，便于生活资料的储备和财富积累，人们的生活通常安宁而富足。同时定居生活有利于人口聚集，有利于城市和工商业发展。

二、游牧文明

游牧文明也被称为“马背上的文明”，它是在人类早期原始狩猎和采集文明之后，与农耕文明差不多同时产生的。就其生产方式和生活习惯而言，游牧文明比农耕文明更接近原始的采集狩猎文明。在狩猎过程中，人们逐渐发现畜养动物比单纯地追猎野生动物更有保障，畜牧业便慢慢产生和发展起来。野生动物的驯化为游牧文明的产生提供了一个有力的支持。特别是马的驯化和使用，使人们在放牧时能更加便捷、省力地控制畜群。游牧民族需要随着季节的变更而进行或长或短的迁徙，以获得更丰厚的水草和食物。宽广的大草原和恶劣的生活环境也造就了游牧民族豪迈、勇敢的性格。在人口增长、气候和自然灾害造成食物和生活资料不足从而危及部族生存时，游牧民族常常入侵农耕地区，掠夺生产生活资料及财富，对农耕社会的安全造成严重威胁。由于生产生活方式和古代骑兵作战方式相近，游牧民族练就了娴熟的作战技能，他们平时是牧民，战时是骑兵。在与其他民族的作战中，他们往往无往而不胜。

三、海洋文明

有人也把海洋文明称为“商业文明”，其代表性区域就是古希腊。古希腊地处地中海东部，它的自然地理条件是多山环海，地势崎岖不平，仅有若干个小块平原，但又多为关山所阻隔。关山所阻隔的小块平原，造就了典型的“小国寡民”的城邦，也决定了古希腊人只有通过商业贸易才能维持其生存和发展，而这种贸易往往是海外贸易，这又决定了在古希腊工商业和航海业居于主导地位。一旦人口增加、自然灾害导致生存压力时，古希腊人就到海外去拓展殖民地，开展频繁的航海贸易活动。航海造就了古希腊人开拓冒险的民族性格，同时也创造了辉煌灿烂的海洋文化，使古希腊文化成为西方文明的摇篮和旗帜。

在古代早期，由于三种文明地域分隔、交通限制及人口稀少等，三种文明在不同的区域独自发展，鲜有交集。但出于自然灾害、气候变化、人口增长及战争扩张等原因，历史上几次游牧民族大迁徙及战争扩张，改变了世界版图和格局，对世界历史和各国发展走向产生了深远影响。在世界历史上，虽然农耕文明、海洋文明相对于游牧文明在经济上更发达、生活上更富足安宁，但在农耕民族、海洋民族和游牧民族的军事交锋中，常常是游牧民族占据上风，农耕民族、海洋民族往往被游牧民族所征服。但在文化上，游牧文明常常被农耕文明、海洋文明所同化。

随着农业文明的发展，由于生产力水平的提高，特别是交通工具的进步，农耕文明、游牧文明、海洋文明开始撞碰、交流和融合。在世界历史上，三种文明的交汇和碰撞，演绎了一曲曲气势恢宏而又让人感慨万千的交响曲。

第三节　唯一没有断线的文明

在世界历史上，古巴比伦文明、古埃及文明、古印度文明和中华文明被公认为有悠久历史和广泛影响的原创性文明，也是被公认的四大古文明。在这四大古文明中，不中断地发展到今天的只有中华文明。

一、古巴比伦文明

人类最古老的文明是古巴比伦文明，它诞生于现在的伊拉克一带。那个地方古代叫巴比伦，位于幼发拉底河和底格里斯河一带，称为两河流域。如果范围更大一点，则叫美索不达米亚平原，它东起伊朗高原西部，南抵波斯湾，西达叙利亚沙漠，北至亚美尼亚山区。西方也称这一带产生的古文明为美索不达米亚文明。

在古代，两河流域的气候曾经特别湿润。每年春天，高原地区的积雪融化，幼发拉底河与底格里斯河泛滥成灾。特别是下游一带，地势低洼，几乎全被淹没。一个流传到今天的巴比伦神话生动地反映了这种情形：一位巴比伦国王的祖先在梦中遇到了神。神告诉他，洪水就要淹没大地，以惩罚人类的罪恶。因为他一向对神十分虔诚，所以神要搭救他。这个人听从神的吩咐，造了一只方舟，把全家人都搬到舟船上，还带了几只动物和一些种子。没过多久，乌云布满天空，黑暗笼罩了大地，狂风暴雨袭来，滔滔洪水淹没了一切生命，只有那只方舟在茫茫无边的水面上漂行。到了第七天，风停了，河水平静下来。这时候，方舟漂到一座山旁。船上的人把动物放出方舟，将种子撒在山上，大地重新恢复了生机。人类许多民族的神话都受到巴比伦这个古老传说的影响。西方著名的诺亚方舟的故事也是从这个传说演变而来：一个叫诺亚的人按照上帝的旨意造了一只方舟，全家人坐上去，躲过了水灾。当洪水退落的时候，诺亚放出一只鸽子。不久，鸽子衔着一片新拧下的橄榄叶子飞回来，诺亚知道了洪水已经退去，万物恢复了生机。后来，西方人把鸽子和橄榄枝作为和平的象征。这个神话被犹太人写到旧约《圣经》中。在犹太人和希腊人的笔下，美索不达米亚是一个人人向往的天堂。通常认为，《圣经》中的伊甸园就是指那里。

大约在公元前6000年，在相对低洼的美索不达米亚平原，出现了寺院、城市、灌溉系统。大约在公元前4000年左右，居住在这一带的苏美尔人已有较为发达的文化，不仅发明了楔形文字，而且发明了用于书写文字的“泥板书”。公元前3500年以后，苏美尔人在两河流域南部建立起很多奴隶制小国。公元前18世纪，国王汉谟拉比统一了美索不达米亚平原，建立了一个强大的中央集权制国家，成为西亚古代奴隶制国家的典范，史称古巴比伦王国（约公元前1894年至前1595年）。古巴比伦王国颁布的《汉谟拉比法典》是古代西亚第一部较为完备的法典，也是世界上第一部较为完备的成文法典。该法典将人分为三种等级：有公民权的自由民、无公民权的自由民、无公民权和人身自由的奴隶。法典明确规定：奴隶是不受法律保护的工具和财产，奴隶不属于人的范畴。《汉谟拉比法典》最重要的原则是：以眼还眼，以牙抵牙。打瞎奴隶的眼睛同打瞎耕牛的眼睛一样处理，杀死奴隶同杀死耕牛一样不需偿命，只赔偿经济损失。建筑师设计的房屋倒塌，若压死了房主，要把建筑师处死，若压死的是房主的妻子或儿子，就把建筑师的妻子或儿子处死。该法典中还有一条十分有趣的规定，叫“交河神审判”。在法庭上，当一方控告另一方犯有某种罪行时，若控告方拿不出证据，被告方也拿不出反驳的证据，法官便会宣布把被告扔进幼发拉底河中。如果他沉溺了，证明被告有罪，没收其全部家产归原告；假如他未被淹死，则证明被告无罪，那就处死原告，同时把原告的财产没收归被告所有。

大约在公元前1800年，一位名叫亚伯拉罕的人从两河流域南部迁徙到被称作迦南的地方（即现在的巴勒斯坦），他就是犹太人的先祖，也是犹太教的奠基人。约公元前1720年，以色列人为逃避饥荒从迦南来到埃及，开始了长达约430年之久的寄人篱下、受人奴役的苦难史。约公元前1290年，一个杰出的犹太人摩西率领他的同胞成功地逃脱了埃及法老军队的追击，出埃及，越红海，到达西奈旷野，给以色列人带来了新生，揭开了犹太历史的新篇章。摩西是以色列人公认的伟大领袖和民族英雄，他带领犹太人在旷野度过了40年的艰苦岁月，打败了当时在迦南的其他部族，最后进入“流着奶和蜜”的上帝“应许之地”迦南，建立了以色列王国。所罗门国王在位时，在耶路撒冷建造了巍峨壮观的圣殿，史称第一圣殿，那是以色列人举行献祭等神圣典礼的重要场所。所罗门死后，统一的以色列王国一分为二，即以色列国和犹太国。

古巴比伦王国灭亡之后，在公元前1000年到公元前500年，在中东开始出现大型君主专制奴隶制国家，如亚述帝国、新巴比伦帝国和波斯帝国等。这些帝国统治人数达数百万，军队人数也有上万人。到了公元前772年和公元前586年，以色列国和犹太国分别被亚述帝国和新巴比伦帝国灭亡，第一圣殿被毁，许多犹太人被掳往新巴比伦帝国，史称其为“巴比伦之囚”。公元前539年，波斯王居鲁士打败了巴比伦帝国，发敕令让犹太人重返家园。回到故国的犹太人重建了圣殿，史称第二圣殿。公元前63年，罗马大军占领了巴勒斯坦以后，该地区战乱不断，民众也开始大量外逃，流亡到世界各地。公元70年，罗马军队放火把宏伟庄严的犹太教第二圣殿夷为平地，犹太教的献祭和与之相关的礼仪制度从此消失了。在此后的1800多年中，犹太人不仅没有政治上的独立和自由，而且被迫流亡世界各地，成了“没有祖国的人”。公元638年，巴勒斯坦被阿拉伯帝国占领，此后阿拉伯人成为该地居民的绝大多数，这种历史的变迁成为二战后巴勒斯坦地区阿拉伯人和以色列人之间矛盾冲突的历史根源。

在今天的两河流域，气候和自然条件显然已经和犹太人、希腊人当年的描述大相径庭。这里气候干燥，土壤裸露，沙丘遍野。即使是到传说中的“伊甸园”库尔拉去，你也一定会大失所望。这里除了一种结节荆棘(据说是传说中的“善恶知识树”)还存在，映入眼帘的只有荒凉和沙砾。如今伊拉克的阿拉伯人和库尔德人并不是巴比伦时代的阿摩利人，文化也完全不同。

二、古埃及文明

第二个古文明诞生于尼罗河畔的古埃及。古埃及位于非洲东北部尼罗河中下游地区。流经森林和草原的尼罗河，每年7月至11月定期泛滥，浸灌两岸干旱的土地。含有大量矿物质和有机物的泥沙随流而下，在两岸逐渐沉积下来，成为肥沃的黑色土壤。古埃及人因而称自己的国家为“凯麦特”(意为黑土地)。古希腊历史学家希罗多德说：“埃及是尼罗河的赠礼。”古埃及人曾写下这样的诗篇：“啊，尼罗河，我赞美你，你从大地涌流出来，养活着埃及，一旦你的水流减少，人们就停止了呼吸。”

古埃及文明成形于公元前4500年左右，经历了31个王朝，前后共4200

年左右。在公元前 3100 年，整个下尼罗河谷统一，成为史上第一个埃及奴隶制王朝，法老王统治的领土有数千平方公里，人民达数十万。大约在公元前 2250 年，萨尔贡大帝建立起第一个帝国，即阿卡德帝国，号称拥有超过 100 万的子民，常备军队达 5400 人。举世闻名的金字塔体现了古埃及人对永恒观念的崇拜，也是法老的陵墓。除了金字塔以外，狮身人面像、木乃伊也是古埃及的象征。

公元前 525 年，强大的波斯帝国征服了埃及，公元前 5 世纪发生了几次反抗波斯的起义，但埃及从未能永久地驱逐波斯人。大流士一世即位为波斯帝国皇帝后，下令继续开凿以前埃及人未开凿完的运河，这条运河经埃及的尼罗河支流布巴斯提斯抵达红海，对沟通地中海与红海地区的联系起了巨大作用。公元前 332 年，马其顿帝国亚历山大大帝在几乎没有遇到波斯人抵抗的情况下，被埃及人当成解放者占领了埃及，从此古埃及彻底成为历史。到罗马帝国时期，埃及沦为罗马的保护国，并最终成了一个行省。公元 395 年，罗马帝国被分成东西两部分，埃及属东罗马帝国，继续归“新罗马”的皇帝管辖。公元 640 年，埃及被阿拉伯人占领，随之开始阿拉伯化。至 12 世纪，埃及已普遍使用阿拉伯语，皈依伊斯兰教，延绵数千年的古埃及文明被阿拉伯文明取代。到 1953 年埃及建立共和国时，它已经是一个阿拉伯国家了。

三、古印度文明

第三个古文明是印度河畔的古印度文明，其地域范围包括当今印度、巴基斯坦等国。古印度文明是在 1922 年才被重新发现的。由于它的遗址首先是在印度哈拉巴地区被发掘出来的，所以通常称为“哈拉巴文化”。由于哈拉巴文化遗址主要集中在印度河流域，所以也称为“印度河文明”。哈拉巴文化的年代约为公元前 2300 年至前 1750 年，是古代印度青铜时代的文化，代表了古印度的一种城市文明。从已经发掘的城市遗址来看，当时城市的规划和建筑具有相当高的水平。哈拉巴文化还创造了自己的文字，它们主要留存于各种石器、陶器和象牙制的印章上。这些文字符号有象形的，亦有几何图案，至今尚未成功译读。哈拉巴延续了几百年之后逐渐衰落，于公元前 18 世纪消亡。它来得突然，去得更突然，以至于日后印度文献对它只是一笔带过。哈拉巴文化衰落之谜仍有待后人去破解。

取代哈拉巴文化的是恒河文化。恒河文化昌盛于公元前 1800 年至前

600 年间印度著名的吠陀时代。公元前 1500 年左右，中亚的雅利安人进入南亚次大陆，征服了当地的古印度人，建立了一些奴隶制小国，并确立种姓制度。国君和武士成为刹帝利，祭司和教师成为婆罗门，农户和纳税者成为吠舍，服务于以上 3 个等级的劳动者则成为首陀罗。

到了公元前 6 世纪初，相传在印度形成了 16 个国家。这一历史时期也称列国时代。因为佛教产生于这一时期，所以也常称其为佛陀时期。列国时代的印度精神生活十分活跃，出现了许多哲学和宗教流派，其中影响最为久远的是佛教和耆那教。经过长时期的兼并战争，公元前 4 世纪，雅利安人在南部的恒河流域建立了以摩揭陀为中心的统一国家。在这一时期，印度西北部的印度河流域分别于公元前 6 世纪中晚期遭到波斯帝国的居鲁士和大流士一世的两次入侵。古波斯人统治印度西北部将近两个世纪之久，到公元前 4 世纪后期，这里又被来自欧洲东南部巴尔干地区的马其顿所征服。旃陀罗笈多领导了反马其顿—希腊人的起义。经过 7 年的斗争，他将马其顿—希腊驻军全部驱逐并统一了北印度，不久又推翻了摩揭陀国的难陀王朝，建立起古代印度最为强盛的孔雀王朝。孔雀王朝在阿育王时代发展到全盛时期。经过多年征战，孔雀王朝的版图扩展到除印度半岛最南端以外的整个南亚次大陆，包括今天的印度、巴基斯坦和孟加拉国。孔雀王朝在阿育王死后不久便陷入分裂。公元前 187 年，孔雀王朝最后一个国王被推翻。此后，印度半岛再也没有统一过。孔雀王朝灭亡以后，印度西北不断有外族入侵。从 8 世纪开始到 16 世纪，伊斯兰逐步征服了印度北部。但最后决定印度命运的因素是欧洲列强。18 世纪中叶印度逐步沦为英国殖民地。

古印度在文学、哲学和自然科学等方面对世界文明做出了具有独创性的贡献。在文学方面，古印度人创作了不朽的史诗《摩诃婆罗多》和《罗摩衍那》；在哲学方面，古印度人创立了“因明学”，相当于今天的逻辑学；在自然科学方面，古印度人最杰出的贡献是创造了包括“0”在内的 10 个数字符号。所谓阿拉伯数字，实际上起源于印度，然后通过阿拉伯人传播到西方。

四、中华文明

第四个古文明是诞生于黄河流域的中华文明。大约在公元前 7000 年，在黄河流域开始出现小村落。中国自公元前约 21 世纪建立第一个朝代夏朝以来，历经了商、周、秦、汉、晋、隋、唐、宋、元、明、清等朝代。在公元前 200 多年的秦汉时期，中国就建立起了比较完备的政府官僚体系和中央集权郡县制度。

在漫长的历史中，中国在大部分时间里都属于世界强国。中国的“四大发明”为人类社会的发展和进步做出了重要贡献。到了清代后期，由于闭关自守、盲目自大，中国没有跟上世界工业革命的发展脚步。晚清政府丧权辱国，使得民不聊生，成为中华民族不堪回首的历史记忆。纵观中国古代历史，虽然中国始终没有摆脱盛衰交替、合久必分、分久必合的历史周期率，但中华文明始终作为中华民族历史和文化的主轴，代代传承，并不断发扬光大。

在人类文明发展史上，古希腊文明是西方文明的源头，影响深远。在希腊的克里特岛上人们曾发现公元前 2500 年的文明，其可能还早于中华文明。这个古文明很优秀，曾经也很辉煌。考古学研究表明，古希腊文明源于克里特文明，这种文明是古巴比伦文明和古埃及文明二者在地中海的会合，尽管后来有所创造，但不属于原创性文明。另外，波斯文明也很古老，它诞生于现在的伊朗一带。但经考古学研究，该文明被认为是古巴比伦文明和古印度文明在陆地上的会合，也不是原创性文明。伊斯兰文明虽然有广泛的世界性影响，但它在公元 600 年前后才兴起，产生时间较晚。所以，在所有的人类古文明中，只有古巴比伦文明、古埃及文明、古印度文明和中华文明被公认为四大古文明。而且可以肯定的是，未中断地发展到今天，没有消亡的只有一个文明，那就是中华文明。

在古巴比伦文明的发源地伊拉克，现在恐怖主义频发，灾难不断、炮火连连。在伊拉克很少能够看到古巴比伦文明的遗迹。古巴比伦文明虽然古老，但是它没有什么留存，它的发源地几千年来似乎永远是战场。在埃及又是另外一种情形。古埃及的文字已经消亡，在埃及没有什么地方可以找到法老的后裔。据说在尼罗河南部的西岸找到过一个法老村，但是由于几千年来的近亲结婚，他们在体力和智力上都特别羸弱，而且他们现在信仰伊斯兰教，法老遗风荡然无存。古印度文明由于外族入侵，经历了无数次的中断、无数次的毁灭，这个过程甚至没能完整记录下来。虽然印度是佛教的诞生地，但印度现在的佛教是后来倒传回去的。

人们很难想象在这个世界上还有这样一个地方，人们能够很正常地认识和朗诵 2500 年前的人写下的文字和语言，诸如“为政以德，譬如北辰，居其所，而众星共之”“志士仁人，无求生以害仁，有杀身以成仁”“不义而富且贵，于我如浮云”“礼之用，和为贵”“与朋友交，言而有信”“己所不欲，勿施于人”等，这些教诲和思想，至今仍被中国人所遵循并不断被赋予时代内涵。这样的情形只发生在一个地方，那就是中国这片热土。

第四节　中华文明的奠基石

在西方文化中，信仰是和宗教关联在一起的。中国很早就进入了世俗社会，而非宗教社会，因此，一些人认为中国人没有信仰。可是，一个没有信仰的民族能存续5000年吗？众多有信仰的文明消亡了，而一个没信仰的文明却成了唯一没断线的文明，延续至今，可能吗？古代西方有神话，讲的大多是关于神的故事。古代中国有传说，讲的大多是关于人的故事。这些神话和传说，是东西方文明、思想及信仰的源头。

一、古希腊神话

古希腊神话是古希腊文明的源头。在古希腊时代，人们对自然现象和人的生死，都感到神秘难解。在当时人们的想象中，宇宙万物都拥有生命。后来因为希腊半岛人口过剩，古希腊人开始向外拓展殖民地，这时候他们崇拜英雄豪杰，产生了许多人神交织的民族英雄故事。这些故事被史学家统称为“希腊神话”。神话故事最初都是口口故相传，直至公元前7世纪才由大诗人荷马整理记录于《荷马史诗》中。

古希腊有系统的神话，有神的谱系，有神圣家族，而且诸神各有分工，各司其职。如阿波罗是光明之神，也是畜牧之神，促成农业丰收；雅典娜是智慧女神，也是人类和平和财富的保护神；普罗米修斯冒着生命危险，去阿波罗那里为人类盗取了火种，还教给人类各种技艺。也就是说，人类各种技艺及各种文化的创造之功都是从神那里来的，是神给了人类各种生存和发展的环境和技能。

古希腊神话中的诸神，神与人同形同性①，神既有神性又有人性。其神性表现在，他们同人类拉开距离，生命无限，没有生老病死，与人类分别属于两个世界，但同时又凭其神圣的力量左右着人间的事务。其人性表现在，他们既有人的体态美，也有人的七情六欲。虽同人类有别，但却与人类有着同样的性情和爱好，有着同样的喜怒哀乐。他们有爱情、友谊和怜悯之心，也

① 伯兰特·罗素：《西方哲学简史》，陕西师范大学出版社，2010年，第8页。

有嫉妒、愤怒和争吵，有悲欢离合与极富浪漫情调的神界故事。

古希腊神话很少有道德考虑。诸神率性而为，野蛮而又粗暴，动辄就是迫害、报复和流血。古希腊神话崇尚的是力量，而不是德行。如宙斯的形象并非人们所喜爱的君王形象，他生活放荡，喜怒无常。古希腊神话尚力而不尚德，重感性而不重理性，神人不分，天人不二。这些文化在西方转向宗教及世俗社会后被一定程度地继承下来。西方人的个人主义、英雄主义、自由主义的思想，皆可从古希腊神话传统中找到渊源。

二、中国传说

和古希腊神话相似，中国有很多脍炙人口的古代传说。每个文明在初期都是有神论，但唯独中华文明不畏惧神。面对末日洪水，西方人听从神的安排，在诺亚方舟里躲避。但在中国人的传说里，则是人与灾难做斗争。尧、舜、禹三代治水，最终大禹治水并战胜了洪水！大禹治水的故事告诉中国人，战胜自然灾害要靠人类自己。

在古希腊神话里，火是普罗米修斯偷来的。而在中国的传说里，火是祖先坚韧不拔地钻木取火创造出来的！中国人用这样的故事告诫后代，奇迹要靠人类自己去创造！

假如有一座山挡在你家门前，你是选择搬家还是移山？显而易见，搬家是最好的选择。然而在中国的传说故事里，却是把山搬开了。愚公移山的故事所表现的文化内涵是：只要持之以恒地去努力，再大的困难也能克服；只要不屈不挠地去抗争，就能改变自己的命运！

每个国家都有太阳神的传说。在部落时代，太阳神有着绝对的权威。纵览所有太阳神的故事，你会发现，只有中国人的传说中有敢于挑战太阳神的故事。在一个故事中，大地出现了严重的旱灾，太阳的炙热烤焦了森林，烘干了大地，晒干了禾苗草木。原来，帝俊与羲和生了10个孩子都是太阳，他们住在东方海外，海水中有棵大树叫扶桑。10个太阳睡在枝条的底下，本应轮流出来在天空执勤，照耀大地。但有时，他们一齐出来嬉闹，给人类带来了灾难。为了拯救人类，后羿张弓搭箭，向其中的9个太阳射去。只见天空出现爆裂的火球，坠下一个个三脚的乌鸦，最后，天上只留下一个太阳，朝升暮落，休养生息。这就是后羿射日的故事。在另一个故事里，有一个人因为太阳太热，就去追太阳，想要把太阳摘下来，这就是夸父追日的故事。当然，最后他累死了。许多人听了这个故事会觉得好笑，认为这个人不自量力。但是在中国的传说里，人们把他当作英雄来传颂，因为他敢于和看起来难以战胜的力量做斗争。中国人的祖先用这样的故事告诉后代：为了民族生存和福祉，要敢于抗争，可以输，但不能屈服。

一个女孩被大海淹死了，她化作一只鸟复活，每天从山上衔来石头和草木，投入东海，想要把海填平……这就是精卫填海的故事。刑天因为挑战天帝的神威被砍下了头，可他没死，而是挥舞着斧子继续斗争。陶渊明在《读山海经》一诗中写道：精卫衔微木，将以填沧海。刑天舞干戚，猛志固常在。同物既无虑，化去不复悔。徒设在昔心，良辰讵可待！中华民族就是听着这样的传说故事、朗诵着这样的诗句成长起来的，代代相传，生生不息。

三、中华文明的精神特质

美国哈佛大学神学院教授大卫·查普曼在研究了中国的传说故事后，得出了一个中华文明的精神内核，那就是抗争。他认为正是这个精神特质，让中华民族和文明屹立至今。这样的精神内核，不存在于西方的神话里。在西方的神话中人类只能听从神的安排。而在中国古代传说中，有许许多多为解决人间疾苦，依靠人类自身力量，敢于挑战并战胜困难和强敌的可歌可泣的故事。

可是，哈佛大学的大卫·查普曼教授只说对了一半，除了敢于抗争的勇气，中华民族还有另一个重要的精神特质，那就是坚韧不拔、不屈不挠的意志。中华民族可以输，但不会屈服。勇于抗争、坚韧不拔、不屈不挠，这是中华文明基因中重要的精神特质。

中华文明的这种精神特质，不仅存在于传说故事中，更存在于中国的历史和现实中。从古至今，在中国这片古老的土地上，发生了无数气壮山河的感人故事。

中国在历史长河中大部分时间都属于强盛时期。撇开最强盛时代不说，中国在两宋时期的300多年里，虽然在经济、文化、科技等诸方面都取得了辉煌的成就，但由于宋朝一直重文抑武，在军事上屡受外敌欺辱，常被称为“弱宋”。蒙古帝国崛起时，蒙古的铁骑横扫了欧亚大陆。蒙古军队作战时手段极为残忍，只要对手抵抗不降，在攻下城市后都会留下屠城的记录。即使面对这样一支强大且残忍的对手，当蒙古军队挥师南下攻打南宋时，虽然军事力量对比明显是蒙强宋弱，但南宋军民仍拼死抵抗，独立支撑数十年。蒙古军队攻占长沙时，岳麓书院的数百名书生全部壮烈战死。曾任南宋右丞相的文天祥率军与蒙军激战，兵败被俘。元世祖忽必烈亲自劝降，许以中书宰相之职，但文天祥大义凛然，宁死不屈，留下了“人生自古谁无死，留取丹心照汗青”的千古名句。在蒙宋之间的最后一战——崖山之战中，宋军战败，南宋的大臣陆秀夫在征得少帝同意后，背着年仅 9 岁的少帝投海而死，许多忠臣和百姓追随其后，据说自杀殉国者有十万之众。

1937 年日本发动全面侵华战争时曾叫嚣要在三个月之内灭亡中国。当时中日力量对比明显是日本强中国弱。法国在二战初号称拥有欧洲大陆最强大的陆军，在法德边界上有号称无法突破的马奇诺防线。在德法开战后，仅仅 5 个星期，法国就宣告投降。对比二战中的法国和德国，中日力量对比要更加悬殊，但中日全面开战后，中国军民的顽强抵抗，使日本三个月内灭亡中国的计划很快破产。日军攻占中国当时的首都南京后，为摧毁中国军民的抵抗意志，施行了古代蒙古帝国惯用的野蛮、残忍手段，制造了灭绝人性的南京大屠杀。但中国军民并没有屈服，而是以不屈不挠、坚韧不拔的意志，不仅使日本在正面战场的进攻受阻，而且使日军在其占领区也陷入了人民游击战争的汪洋大海。中国在敌强我弱、力量悬殊的情况下，坚持抗战 14 年，以牺牲 3500 多万人的代价，取得了抗日战争的最后胜利。这是中华民族精神特质最充分的体现。

老子说：“天地不仁，以万物为刍狗。”这比神爱世人听起来似乎要冷酷且无助，但却更现实。中国人从一开始就寄希望于人类自身力量，来改变自身的命运，而不是交由神来拯救自己，不是由神来决定和改变自己的命运，这就是中华民族的信仰，也是哲学与神学思想最根本的区别。一种理论和思想体系，如果把人类的最终命运托付给了神，便成了某种宗教思想。反之，如果把人类的命运寄希望于人类自身，便是一种哲学思考。在西方人眼里，中国人的生活渗透了儒家思想，儒学似乎成了中国人的一种宗教。但事实上，虽然“四书”在古代中国人心目中似乎具有《圣经》在西方人心目中的那种地位，但“四书”中没有上帝创世，没有天堂地狱，没有末日审判，也没有上帝救赎，有的是“修身、齐家、治国、平天下”，有的是“明明德、亲民、止于至善”。儒学并不是宗教，而是中国人的一种哲学思想。

人不满足于现实世界而追求超越现实世界，这是人类内心深处的一种渴望，在这一点上，中华民族和其他民族并无二致。西方人在宗教中找到了那个世界，那就是上帝的世界，它在天堂之上。中国人在哲学里找到了超越现实世界的那个存在，那就是“圣人”的世界，是“至善”的世界。[①] 按照中国哲学，做人的最高成就是成圣，成圣就是个人和宇宙合而为一。中国人追求的是成为圣人，而不是成为神。中国人希望实现的是“至善”的大同世界，这个世界在人间，不在天堂。

从一开始，中国人就是以哲学的视角看待世界，而不是宗教视角。也许是中西方文明的这个源头差异，使中国很早就步入世俗社会，建立了前现代国家，创造了辉煌的农业文明；而西方在罗马帝国崩溃后则走进了宗教社会，在中世纪宗教社会里徘徊了近千年，历经磨难，直到 14—16 世纪，通过复兴古希腊文明，才从“黑暗时代”中走出来，找到了前进的方向，步入了世俗社会，建立了近代国家。也许是磨难的深度增强了彻悟的程度，文艺复兴后，欧洲由科学革命引发了工业革命，引领了近代工业文明的发展潮流。

在历史发展进程中，中国拥抱了农耕文明，同化了游牧文明，在数千年来的大部分时间里，中国一直是世界上的大国、强国。也许是长期的强盛导致了盲目自大，近代在海洋文明面前，中国闭关自守，在工业文明的浪潮中，中国统治者麻木不仁，使得中国错过了向工业文明转型的历史机遇而在近代跌落低谷。然而，中华民族以其特有的坚韧性和抗争精神，经过 100 多年的努力，在 21 世纪初再次崛起，中华文明再次焕发出了勃勃生机。

① 冯友兰：《中国哲学简史》，北京大学出版社，2013 年，第 5 页。

第二章

江河奔腾——农耕文明的崛起

黄河和长江孕育了中国的农耕文明。中国人以其独特的哲学视角，自强不息，创造了辉煌的中华文明。与欧洲社会发展历程不同，中国很早就进入了封建社会，建立了封建宗法制度。在结束了春秋战国时期数百年的战争冲突和社会纷争后，中国建立了中央集权郡县制国家。在中华农耕文明和北方游牧文明的首次大碰撞中，华夏民族击败了游牧民族，奠定了中国农耕文明的强国根基。

第一节　三皇五帝的传说

中国古代传说中的三皇五帝，是中国第一个朝代夏朝以前远古部落杰出首领的代表。传说燧人氏发明了人工取火；伏羲氏教民众渔、猎、畜牧的方法，创造八卦、文字；神农氏开创农业及医药。此即三皇①。三皇之后的首领黄帝、颛顼、帝喾、尧、舜为五帝②。五帝时期，黄河水患严重，大禹以疏导之法成功治水，被推为王。

传说燧人氏是中华民族的创立者，他为后世子孙留下了十项重大发明，其中最重要的发明，是距今约五万年前发明了“钻木取火”，继而又发明了“燧石取火”。中国古籍《韩非子・五蠹》中曾有记载：“上古之世……民食果瓜蚌蛤，腥臊恶臭，民多疾病。有圣人作，钻燧取火，以化腥臊，而民悦之，使

① 《四库全书总目》卷十二《经部十三・书类存目一》：《尚书大传》四卷、《补遗》一卷。

② 《世本》《大戴礼记》《史记・五帝本纪》。

王天下，号之曰燧人氏。”燧人氏发明人工取火，结束了远古人类茹毛饮血的历史，开创了中华文明的新纪元。自此，人类能够吃到熟食，能够在夜间工作，可以用火来防止野兽攻击，而且人类能够生火取暖，抵御寒冷。燧人氏因此被奉为“火祖”，位列三皇之首，被尊为“燧皇”。

伏羲氏根据天地万物的变化，发明创造了占卜八卦，以八种简单却寓意深刻的符号来概括天地之间的万事万物，同时创造了文字，从而结束了“结绳记事”的历史。伏羲八卦中所蕴含的天人合一的整体性、直观性的思维方式和辩证思想，成为中华文化的原点。他结绳成网用来捕鸟打猎，并教会了人们渔猎和驯养野兽的方法，家畜也由此而来。伏羲制定了人类的嫁娶制度，以所养动物或以植物、居所、官职为姓，以防止乱婚和近亲结婚，中华姓氏自此起源，绵延至今。他发明陶埙、琴瑟等乐器，创作乐曲歌谣，将音乐带入人们的生活。伏羲以高尚品德获得了各部落的拥戴，团结统一了中华各个部落，封禅泰山。伏羲取蟒蛇的身、鳄鱼的头、雄鹿的角、猛虎的眼、红鲤的鳞、巨蜥的腿、苍鹰的爪、白鲨的尾、长须鲸的须，创立了中华民族的龙图腾，龙的传人由此而来。在中国古代传说中，伏羲是中华民族人文始祖，是中国古籍中最早记载的王。

距今约 6000—5000 年前，中国以中原地区为中心出现了若干大型的部落，其中以炎帝部落的农耕技术最先进。炎帝最早掌握了农耕的关键技术并教会了部落进行耕种，被尊称为“神农氏”。炎帝还亲尝百草，发明了中草药，避免了因疾病及传染病的侵袭可能导致中华民族灭亡的危险。同时代的蚩尤部落冶炼技术发达，善于制作兵器，其青铜制兵器精良坚利，且部族勇猛剽悍，生性善战。在炎帝部落统治后期，蚩尤和炎帝部落互相攻伐，战乱不止。黄帝乘势崛起，先后打败了蚩尤、炎帝等部落，并把炎帝的农耕文明、蚩尤的冶炼技术继承了过来。后来炎帝部落和黄帝部落结成联盟，在黄河流域长期生活、繁衍，构成了以后中华民族的主干成分。炎帝和黄帝被尊奉为中华民族的祖先，中国人自称为炎黄子孙。由于黄帝部落为姬姓的夏部落，炎帝部落为姜姓的华部落，中华民族由此也称为华夏民族。

黄帝以后，黄河流域陆续产生了几位杰出的部落联盟首领，他们分别是尧、舜、禹。可以说，炎帝是中国农耕文明的开创者，黄帝传承了炎帝的农耕文明成就，并由尧、舜、禹发扬光大。“三皇五帝”奠定了中国农耕文明的根基，尧命羲氏、和氏测定历法，制定四时成岁，测定出了春分、夏至、秋分、冬至，为百姓颁授农耕时令；尧、舜、禹三代治水，最终由禹战胜洪灾，疏导水利，完成了治水的大业，为农耕文明发展创造了条件。

尧、舜、禹虽然是部族首领，但是《韩非子·五蠹》描述尧“茅茨不剪，采椽不斫，粝粢之食，藜藿之羹，冬日麑裘，夏日葛衣”，也就是说，尧住的是用没有修剪过的茅草芦苇、没有刨光过的椽子盖起来的简陋房子，吃的是粗粮，喝的是野菜汤，冬天披张鹿皮，夏天穿件粗麻衣。尧在位时，天下洪水滔滔，用鲧治水，九年无功而返，又启用禹，使洪水得以治理。尧设置谏言之鼓，让天下百姓尽其言；立诽谤之木，让天下百姓批评他的过错。尧帝开创了帝王“禅让”之先河，在位七十年，认为儿子丹朱不成器，确定有才德的舜为继承人。舜严于律己而又宽厚待人，舜年老时也采取同样的办法传位给治水有功的禹。大禹为了治理洪水，常年在外与民众一起奋战，置个人家庭于不顾，三过家门而不入，为治水耗尽心血与体力，终于完成了治水的大业。由于尧、舜、禹治理有方，当时中国社会获得了很大发展，呈现一片安宁祥和的太平景象，“天下大和，百姓无事”，他们也因此被后人尊奉为圣贤。大禹也因其显赫功德和人格被尊为古代中国的“圣王”。这些传说和故事，给中华民族留下了对圣贤明君的美好记忆和强烈向往。

第二节　家国天下与封建纷争

公元前 21 世纪，禹传位于自己的儿子启，改变了原始部落的“禅让制”，开创了中国“世袭制”的先例。启建立了夏朝，此后中国经历了商、周、秦、汉、晋、隋、唐、宋、元、明、清等朝代，一直以农耕为立国之根本。以“渔樵耕读”为代表的农耕文明成为千百年来中华民族的生产生活方式。中国传统文化中理想的家庭模式是“耕读传家”，即既要有“耕”来维持家庭生活，又要有“读”来提高家庭成员的文化素养。农耕文明推崇自然和谐，崇尚耕读生活，提倡合作包容，这些品质成为中华传统文化和价值追求的重要内容。

夏朝是中国第一个朝代，夏朝的地域，传说有“九州”。中国人常以“九州”形容中国地域之广，有时也以“九州”“神州”代表中国及天下。周朝（公元前 1046 年—前 256 年）地域更加广袤，据说有 150 万平方公里，人口众多，有近千万。周朝有句话：“普天之下，莫非王土；率土之滨，莫非王臣。”①

① 《诗经·小雅·北山》：“溥天之下，莫非王土；率土之滨，莫非王臣。”《左传·昭公七年》引作“普天之下”。

普天之下，所有地方都是周天子的地域，四海之内，所有的人都是周天子的臣民。与周朝同时代的古希腊国家叫城邦，国小民寡，一个城就是一个邦、一个国家，人口也不多，雅典、斯巴达是古希腊最大的两个城邦，人口估计最多也就几十万人。

中国人从建立国家开始，就制定了相应的国家制度，后人称中国最早的国家制度为宗法制度。大多数学者认为，中国的宗法制度萌芽于夏，成形于商，成熟于周。周朝的宗法制度严格区分嫡庶，确立嫡长子的优先继承权。根据嫡庶和宗族血缘关系的亲疏远近，宗族中分为大宗和小宗。周王自称天子，天子为天下的大宗，除嫡长子以外的其他儿子被封为诸侯。诸侯对天子而言是小宗，但在他的封国内是大宗，诸侯的其他儿子被分封为卿大夫。卿大夫对诸侯而言是小宗，但在他的采邑内却是大宗。卿大夫以下又有士，士是贵族阶级的最底层，不再分封。通过这种方式，周朝在全国范围内形成了以天子为根基的宗法系统。贵族的嫡长子总是不同等级的大宗，大宗不仅享有对宗族成员的统治权，而且享有政治上的特权。

周朝的分封制是和宗法制紧密结合在一起的。分封制也叫封建制，这与当时的生产力水平低下有一定关系。那时候交通不发达，周朝有辽阔的国土，光靠周王室管不过来，边远地区甚至去看一眼也做不到。周王只能管住京城及周围的那些地方，其他土地就分封给诸侯，让他们帮助管好自己的土地，并规定他们要承担的政治、军事和经济责任和义务。“普天之下，莫非王土”这句话的另一层含义是，普天之下土地都是周天子的，个人无权拥有，除非是天子分封给你，获得分封之后世代享用，但也不能转让买卖，只有使用权，没有所有权。当时欧洲的古希腊只能建立小城邦，可能也与当时的交通不便、生产力水平低的状况有关。

周朝形成了完善的封建宗法制。周王室与诸侯在血缘上有宗法关系，在政治上有分封关系，这些关系构成了封建宗法制度的核心。中国封建宗法制度的最大特点是以血缘为宗法纽带，家国同构，把家族和国家结合在一起，把伦理和政治结合在一起，把家族血缘远近和辈分关系与社会政治等级关系结合在一起，这对中国历史发展产生了深远影响。西方类似的封建制度，要到公元5世纪中叶西罗马帝国解体后才逐步形成，比中国至少晚了1500年。人类在封建社会中的人身自由要远大于奴隶社会，相对于中国，西方经历了漫长的奴隶社会，被奴役及失去人身自由的悲惨，使西方人对自由的渴望留下了深刻的记忆和文化印迹。法国启蒙运动杰出代表卢梭有句名言："人生而自由，但却无所不在枷锁之中。"西方从奴隶起义到资产阶级革命，几乎都是以争取自由的名义发起的。美国反抗英国殖民统治运动的代表人物帕特里克·亨利在美国革命前夜的一次动员会上，以"不自由，毋宁死"作为演讲的结束语而闻名。法国有一位美术家叫 Delacroix，他曾画了一幅著名的油画，名叫《自由引导人民》，画面描写在法国大革命时期，有位自由女神左手提枪右手举旗，引领着士兵争取自由，不畏流血牺牲，勇往直前。美国从英国殖民统治下独立后，法国人以该自由女神形象为蓝本，打造了一座自由女神像送给美国。这座自由女神像一直竖立在纽约海港内的自由小岛上，时刻提醒着人们珍惜和保卫自由。与西方不同的是，由于在中国封建社会及其后的中央集权郡县制社会里人们有相对的人身自由，但社会等级森严，因而中国人内心深处对社会平等有着更强烈的渴求。中国历史上的无数次农民起义都是打着"王侯将相宁有种乎""等贵贱、均贫富""均田免赋""有田同耕，有饭同食，有衣同穿，有钱同使，无处不均匀，无人不饱暖"等追求平等甚至平均主义的旗号，号召农民参加起义。

周朝封建宗法制虽然在一定时期内维系统治集团内部的秩序，加强对平民的统治，但随着世袭代际久远，宗族血缘和亲情关系淡化，各诸侯国与周朝王权的关系渐行渐远，王室逐渐丧失了对诸侯国的凝聚力、控制力。同时，贵族世袭制度造成了社会阶层的僵化、固化，导致社会缺乏活力和发展动力。且分封制使国家越分越小，越分越散，名义上还属同一个国家，还有同一个王室和天子，实际上都是诸侯各行其是，国家如一盘散沙，战乱频发。在公元前 770 年周朝进入春秋战国时期后，就出现了这样的状况。春秋初期全国共有 140 多个诸侯国，诸侯群雄纷争，齐桓公、晋文公、宋襄公、秦穆公、楚庄王相继称霸，史称"春秋五霸"。经过 360 多年的征战兼并，到战国初期还剩下 20 余家。其中又以秦国、齐国、赵国、魏国、韩国、楚国、燕国七国最强，史称"战国七雄"。据统计，从周元王元年（公元前 475 年）至秦王政二十六年（公元前 221 年）的 255 年中，发生的大小战争有 230 多次。①

西方在公元 476 年罗马帝国崩溃后也进入了封建社会，之后也出现了与中国春秋战国类似的问题。北方日耳曼游牧民族入侵西罗马帝国后，各路首领纷纷自立为王，原来的蛮族首领变成了国王，建立起小邦小国，国王又把土地分封给他的将士，这些将士也由蛮族化身为贵族，条件是一旦国王

① 史仲文、胡晓林：《中国全史（3）》之《中国春秋战国史》，人民出版社，1994 年。

需要军队对外征战，这些贵族就得提供支持。传统上日耳曼游牧民族推崇"子女均分制"的继承制度。"子女均分制"的继承方式对子女很公平，但国家会越分越小。除"子女均分制"外，日耳曼游牧民族也采用其他的继承方式。日耳曼游牧民族没有形成或确立明确的继承制度，也为以后欧洲国家继承权之争、国家分裂及战争冲突埋下了严重隐患。

在日耳曼游牧民族建立的众多国家中，作为日耳曼人一支的法兰克人建立的国家维系了较长的时间，那就是法兰克王国。它在查理大帝统治期间国力达到最盛，当时西欧的大部分土地都成了法兰克王国的领土。查理大帝死后，法兰克王国因继承权问题发生分裂，公元843年签订了《凡尔登条约》，国家被分裂为西法兰克、中法兰克和东法兰克，现代的法国、意大利和德意志的疆域就是以这个条约为基础形成的。

罗马帝国崩溃后，再次统一欧洲一直是许多欧洲人的梦想。东法兰克从法兰克帝国分裂出来后，于公元962年建立了神圣罗马帝国。通过长期的对外征服，神圣罗马帝国占领了捷克、意大利北部和波兰西部，并远征俄罗斯、匈牙利。在神圣罗马帝国的早期，皇帝拥有统治封建帝国的实际权力。到14世纪时，帝国演变为由王国、大公国、公国、侯国、宗教贵族领地和自由城市组成的政治联邦，皇帝只是帝国名义上的最高权威。神圣罗马帝国虽然有各成员国结成的"帝国"之名，实际上却逐渐演变成为一个松散的"邦联组织"。由于帝国没有公认的王室继承法，因此一旦皇帝去世，往往造成各选帝侯继任皇帝的纷争，导致帝国陷入无政府状态甚至内战。继位皇帝必须以武力战胜不支持他的其他诸侯，或者必须想办法赢得多数诸侯的拥戴，才能维系皇帝的权威。到1618年，当时神圣罗马帝国境内有近390个公国、侯国、宗教贵族领地、自由邦、自由城市、骑士领地等，神圣罗马帝国的皇帝也成了徒有其名的摆设，这种状况最终引发了三十年战争。三十年战争以新教徒和天主教徒之间的宗教战争开始，后来演变为诸侯国间的混战。战况十分惨烈，各邦国大约损失了60%的人口，有将近一半的男性死亡，日耳曼的经济倒退了近200年。战争开始时，神圣罗马帝国只不过是一个空壳，战争结束时，神圣罗马帝国变成了314个邦国和1475个骑士庄园领地。战争后参战国签订了《威斯特伐利亚和约》，神圣罗马帝国内的诸侯可享有自主权，这使得皇权进一步被削弱，帝国境内的诸侯各自为政，他们的领地犹如一个独立的王国。对此，伏尔泰在《论国家的形态和精神》一文中，曾给出这样的评价：神圣罗马帝国"既不神圣，也不罗马，更非帝国"。到了 18 世纪，经历了波兰王位继承战争、奥地利王位继承战争和七年战争等内战，神圣罗马帝国的皇帝更是徒有其名，甚至连德意志邦国的盟主都称不上，不久就退出了历史舞台。自此之后，直到欧洲成立欧共体及欧盟之前，欧洲连像样的联盟都没出现过，更不用说建立统一的国家。在 20 世纪上半叶，欧洲还引发了两次世界大战。

中国周朝的封建社会在进入春秋战国时代后，国家治理就出现了问题。那时的中国与中世纪欧洲封建社会出现的问题相似。有人说，欧洲在 5 世纪中叶进入中世纪封建社会后，争战了 1000 年。实际上，中国的封建社会在公元前 770 年进入春秋战国后，也争战了 500 多年。春秋战国时期，先后出现了“春秋五霸”“战国七雄”，诸侯争雄称霸，王室权威扫地，百姓民不聊生。当时中国的诸子百家苦苦思索，提出各种政治主张和治国思想，希望结束国家分崩离析的局面。中国的春秋战国时代，也是中国哲学、政治和人文社会思想百花齐放、百家争鸣的时代。

第三节 人类文明的轴心时代

在中国的春秋战国时期，特别是在公元前 5 世纪左右，中华文明和世界其他文明一起，产生了一系列奠定人类文明发展方向的重要思想，全人类最聪明的人似乎在突然间都一起诞生了。如果我们列个时间表就可以发现：老子比释迦牟尼大 6 岁，比孔子大 20 岁；老子死后 2 年，古希腊的苏格拉底诞生；列子比柏拉图大 23 岁；亚里士多德比孟子大 12 岁，比庄子大 15 岁；阿基米德和韩非子只差 7 岁；等等。人类历史上一大批著名的哲学家、思想家都产生在那个时代，后人称那个时代为人类文明的“轴心时代”，似乎人类智慧的轴心就在那个时候产生了。关键时刻中华文明没有缺席，这些中华先哲的思想，至今仍影响着中国和世界。古希腊文明在那个时候也表现得特别优秀，成为西方文明的源头。可以说，当古希腊的哲学家在希腊海边踏浪思考的时候，印度的哲学家正在恒河岸边打坐静思，中国的哲学家则在黄河岸边漫步沉思。由于他们所处的社会发展阶段和所处的社会地位不同，他们的使命也有不同。

公元前 5 世纪前后，以雅典和斯巴达为代表的希腊奴隶制城邦达到了极盛，雅典的民主制度更是古代世界的一朵奇葩，成为后世民主主义者心中的圣地。处于奴隶社会阶段，大多是奴隶主贵族阶层的希腊哲学家生活在衣食无忧、悠闲舒适的环境中，怀着对自然界的好奇，主要思考的是人和自然的本质和关系问题。而在同时期，中国正处于封建制度走向没落解体、战争频发和社会动荡的春秋战国时期，大多为没落贵族和处于士大夫阶层的中国哲学家，怀着对国家统一和社会秩序稳定和谐的强烈愿望和忧国忧民的浓厚情怀，主要思考的是人和人的关系和社会问题。释迦牟尼身为没落王族的王子，青年时期生活奢侈，极尽声色娱乐，但因深深困扰于生死问题和国家暗淡前景而出家，创立了佛教。那时的印度哲学家主要思考的是人和神的关系和极乐世界问题。印度哲学家思考人和神的关系，创立了佛学和佛教。西方哲学关注人和自然的本质问题，这也许是西方在文艺复兴后率先发展出了自然科学的原因之一。而中国哲学更关心的是人和人的关系，目的是建立稳定有序的国家秩序，因而在世界上最早建立了前现代国家制度。

春秋战国时期，中国出现了一批哲学家、思想家、政治家，史称“诸子百家”，如儒家、道家、墨家、法家、兵家、纵横家、名家、阴阳家等。他们提出了一系列治国理政思想，对中国社会和文化发展产生了广泛和深远的影响。

儒家的代表人物有孔子、孟子、荀子等。儒家崇尚“礼乐”和“仁义”，提倡“忠恕”和“中庸”之道，主张“德治”和“仁政”，重视道德伦理教育和人的自身修养。儒家强调教育的功能，认为重教化、轻刑罚是国家安定、人民富裕幸福的必由之路。主张“有教无类”，对统治者和被统治者都应该进行教育，使全国上下都成为道德高尚的人。在政治上，主张德政礼治，呼吁恢复“周礼”，并认为恢复“周礼”才能实现社会稳定有序、安定和谐。

道家的代表人物有老子、庄子、杨朱等。这一学派以春秋末年老子关于“道”的学说为理论基础，以“道”说明宇宙万物的本质、本源、构成和变化。认为天道无为，万物自然化生，否认鬼神主宰一切，主张道法自然，顺其自然，提倡清静无为，守雌守柔，以柔克刚。政治上主张“小国寡民”“无为而治”。

墨家的代表人物为墨子，这一学派以“兼相爱，交相利”为学说的基础。兼，视人如己，兼爱，即爱人如己，“天下兼相爱”，就可达到“交相利”的目的。思想上要求尊天事鬼，但又主张“非命”；经济上主张强本节用；政治上主张尚贤、尚同和非攻。

法家的代表人物有韩非、李斯、商鞅等，法家主张以法治国。战国末期，韩非综合商鞅的“法”、慎到的“势”和申不害的“术”，集法家思想学说之大成。这一学派在经济上主张废井田，重农抑商，奖励耕战；政治上主张废分封，设郡县，君主专制，仗势用术，以严刑峻法进行统治；在思想和教育方面，主张禁止诸子百家学说，以法为教，以吏为师。该学说为中国建立中央集权郡县制度，提供了思想指导和行动方略。

兵家的代表人物有孙武、孙膑等。兵家成就主要在军事思想、战略战术方面。“知己知彼，百战不殆”等军事名言都出自兵家，在国内外都享有盛名，当今社会也深受其影响。

名家的代表人物有惠施、公孙龙等。名家主要以论辩名（名称、概念）实（事实、存在）为主要学术活动。

纵横家的代表人物有鬼谷子、苏秦、张仪。他们是从事政治、外交活动的谋士。苏秦力主燕、赵、韩、魏、齐、楚等国南北合纵以拒秦，张仪则力破合纵，主张六国东西连横以事秦，纵横家由此得名。纵横家的活动对战国时期政治军事格局的形成和变化均产生了重要影响。

阴阳家的代表人物为邹衍，代表性思想为“阴阳五行”学说。阴阳学说认为阴阳是世间万物本身具有的正反两种对立和转化的力量，可以说明事物发展变化的规律。五行学说认为万物皆由木、火、土、金、水五种元素组成，其间有“相生”和“相胜”两大定律，可用以说明宇宙万物的起源和变化。五行相生相胜说把五行的属性释为“五德”，形成了“五德终始说”，并以之作为历代王朝兴废的规律，为新兴王朝的建立提供了一种理论解释和合法性根据。

战国时期，各国推行变法强国，其中以秦国的商鞅变法比较彻底，使秦国发展成为诸侯国中实力最强的国家。在秦国孝公时代，商鞅献上了一套“循名责实，信赏必罚”的变法计划。秦孝公大为赞赏，决心实行变法。商鞅变法主要包括以下主要举措：

一是建立县制，加强中央集权。废除分封制，推行县制。商鞅将全国的小都、乡、邑集合成四十一县，县置令、丞，取消旧贵族的封邑，加强了国家的集权。

二是建立户口制和连坐法，加强社会管理。编制户口，“什伍连坐”，商鞅“令民为什伍而相收司连坐，不告奸者腰斩”，“匿奸者与降敌同罚”。

三是打破世袭制，奖励战功。打破世袭贵族的特权，实行二十等爵制，按军功大小授予爵位，按爵位高低分配田宅，无军功者不可得爵，私斗者受罚。

四是废除井田制度，奖励耕织。以法律形式废除井田制度，开垦荒地，肯定土地私有制的合法性。农民“致粟帛多者”可免除徭役或租税，不努力耕作或弃本逐末者全家受罚成为仆人。而且，凡有两子以上不分家者“倍其赋”。允许土地买卖，承认土地私有权。这些政策有利于增殖人口、征发徭役和户口税，大大促进了经济的发展和国家实力的提升。

五是统一度量衡，促进贸易和税收。秦国上下有了标准的度量准则，方便了税收和交换，对赋税制和俸禄制度的统一产生了积极作用。

在商鞅变法的短短十多年间，秦国被治理得道不拾遗，山无盗贼，“乡邑大治”。商鞅变法直击封建制度后期最致命的三个弊端：分封制削弱了中央权力，造成国家分裂；世袭制造成阶层固化僵化，使得社会缺乏活力和发展动力；井田制制约了农民耕作的积极性，影响经济发展。而实行郡县制保证了国家政令畅通和有效实施；“军功爵”打破了阶层固化的藩篱，有了军功即使是仆人也可以升官晋爵，没有军功即使是过去的贵族也只能享受平民待遇，这一政策把秦国军队打造成了“虎狼之师”，作战时人人奋勇争先，杀敌立功；承认土地私有权，充分调动土地所有者的生产积极性，促进了经济发展。秦国经过商鞅变法成为当时最强大富足的国家。

第四节　迈入前现代国家

到公元前 221 年，秦国统一了中国，结束了自春秋起五百多年诸侯分裂割据的局面，建立了中国历史上第一个以华夏族为主体、多民族统一的中央集权郡县制国家。

秦统一六国后，秦始皇借鉴商鞅变法的成功经验，在全国全面推行中央集权的郡县制度，彻底改变了之前的封建宗法制度。郡是中央政府辖下的地方行政单位，由中央控制，不再是过去封建制那种相对独立的诸侯国。郡设郡守、郡尉、郡监等官吏，由中央任免，也不再是过去宗法制那样由具有血缘关系的宗族成员担任并继承。郡守为一郡最高行政长官，掌管全郡政务，郡尉辅佐郡守，掌管全郡军事，郡监掌管监察工作。

郡以下设县或道。内地设县，边地少数民族地区设道。县是秦朝统治机构中关键的一级组织，是从中央到地方政府机构中具有相对独立性的一个单位。满万户的县设县令，不满万户的设县长。令、长为一县之首，掌全县政务，受郡守节制。县令下设尉、丞。尉，掌全县军事和治安。丞为县令或县长的助手，掌全县司法。县的主要官吏由中央任免。

县以下设乡、里和亭。乡和里是行政机构，亭为治安组织。乡设三老、啬夫和游徼。三老掌教化，啬夫掌诉讼和税收，游徼掌治安。乡以下为里，是秦国最基层的行政单位。里设里正或里典，后代称里正、里魁。其职能除与乡政权职能大体相同外，还有组织生产的任务。此外，还有司治安、禁盗贼的专门机构，叫作亭。秦规定，两亭之间相隔十里，设亭长。汉朝开国皇帝刘邦就是亭长出身，亭遍布于城乡各要地。

秦朝中央机构实行三公九卿制，互相没有统属关系，由皇帝掌握最终决断权。三公职能分别为：丞相帮助皇帝处理全国的政事，太尉负责管理军事，御史大夫执掌群臣奏章，下达皇帝诏令，兼理国家监察事务。九卿职责为：卫尉掌管皇宫保卫，郎中令掌管警卫事务，太仆掌管宫廷车马，廷尉掌管司法诉讼，典客掌管外交事宜，奉常掌管宗庙礼仪，宗正掌管皇室内部事务，少府掌管山河湖海税收和手工业，治粟内史掌管财政税收。

秦始皇统一六国以后，以秦律为基础，参照六国律，制定了全境通行的法律。秦律经过汉朝的修补，成为唐朝以前历代法律的蓝本。秦始皇统一了全国的度量衡，自此长度、体积、重量均有了统一的国家标准。以秦国的文字为基础，参照六国文字，制定小篆，并写成范本，在全国推行。统一全国官道宽度，废止战国时各国形制和轻重大小各不相同的货币，改以黄金为上币，以秦国的圆形方孔铜钱为下币。文字、道路、货币、度量衡的统一，为经济、社会和文化的发展提供了便利条件，促进了国家的统一和发展。

秦朝历史虽短，但首创了皇帝制度和三公九卿制，废除了分封制、世袭制，代以郡县制和官僚制，克服了自西周以来施行的封建制导致国家越分越小、分崩离析的弊病，有利于国家统一，强化了中央对地方的统一管理。这种制度也克服了以往宗法制形成的世袭制世卿世禄、阶层僵化的问题，打破了以血缘为纽带的宗法政治结构，代之以能力和业绩为基础的士大夫官僚体系，实现了社会阶层流动，有利于国家选拔和使用人才。秦朝创下的这套中央集权郡县制度，经汉唐进一步完善，奠定了中国两千多年大一统的国家制度基础。在此后直至清朝，这些制度虽经修修补补，但基本框架未变。因此有人认为，中国古代"百代都行秦政法"。中国自秦朝就建立的这种国家制度与现代国家制度十分相近，有人称其为"前现代国家制度"，西方国家的类似制度一直要到近代资产阶级革命后才逐步建立起来。

第五节　农耕强国的奠基礼

中国农耕文明经受的第一次严峻挑战是在汉代。当时世界上有两大帝国长时间并肩共存，东半球是大汉帝国，西半球是罗马帝国。两大帝国威名远扬，西半球欧洲大国此后都以罗马帝国继承者为荣。

当时东西两大帝国遇到了相似的敌人，它们都是北方的游牧民族。中国北方的游牧民族是匈奴。为了对付匈奴，战国时期列国在北方纷纷筑起城墙来抵御。到秦统一六国后，秦朝新筑城墙，并将六国城墙加固连在一起，修建了一道以城墙为主体，城、障、亭、标相结合的军事防御体系——万里长城。秦帝国为修筑长城，加重了徭役、兵役和赋税，导致民不聊生，怨声载道，成为秦末农民起义的导火索，秦朝在建立 14 年后很快就倾覆了。

汉朝是中国历史上继秦朝之后的朝代。汉朝建立之初，实行轻徭薄赋、休养生息的政策，修复了多年战争带来的巨大创伤，减轻了百姓的负担。公元前 200 年，匈奴骑兵南下，汉高祖刘邦率步兵迎战，结果被匈奴围困在平城的白登山，也就是今天的山西大同。白登解围后，汉朝被迫跟匈奴和亲，息事宁人以求太平。文景二帝均主张无为而治、休养生息，倡导以农为本，国力显著增强，“文景之治”是中国大一统王朝的第一个治世。

汉武帝即位后，汉朝采取了一系列改革措施，锐意进取，开疆拓土，奠定了汉朝强盛的局面。在政治上，汉武帝加强皇权，施行推恩令，削弱了诸侯王的势力，大大加强了中央集权。在文化上，汉武帝罢黜百家，独尊儒术，使儒家思想取得正统地位，并成为以后两千多年中国社会的主流思想。“德主刑辅”“外儒内法”成为汉武大帝及以后各王朝治国之道。统治者以儒家德治为正统之道，并以法家法治方式为辅，即先用德礼教化，教化无效再施之以刑罚。在军事上，汉武帝派名将卫青、霍去病三次大规模出击匈奴，收复河套地区，夺取河西走廊，封狼居胥，打通了中原至西域的通道，将当时汉朝的北部疆域从长城沿线推至漠北，南部匈奴融入了汉民族。

汉武帝为反击匈奴，曾派张骞出使西域，联络西域诸国共同抗击匈奴。当时西域是指玉门关、阳关以西，葱岭（即帕米尔高原）以东的地区，主要是今天的新疆地区。当时玉门关、阳关就是汉朝边关，“劝君更进一杯酒，西出阳关无故人”“春风不度玉门关”说的正是这里。张骞第一趟出使用了 13 年时间，其中被匈奴人扣押了 11 年。虽没有完成任务，但他却了解了西域各国的风土人情、地理山川，当时西域各国都想跟汉朝往来。后来张骞第二次出使西域，汉朝与西域各国建立了友好关系。

汉朝开通了长安到中亚的丝绸之路，打通了东西方经济和文化交流的通道。从长安出发，经河西走廊、玉门关、阳关、敦煌，往南可以到达罗马帝国，往北的路线可以到达里海，即今天俄罗斯、伊朗和哈萨克斯坦交界的地方。通过丝绸之路，中国的铁器、丝绸及养蚕缫丝技术、铸铁术、造纸术先后西传，佛教也通过丝绸之路传入中国。与此同时汉武帝还开辟了一条海上丝绸之路，从广东沿海出发，然后向西，经印度支那半岛、马来半岛，出马六甲海峡，到达孟加拉湾沿岸，最远到达印度半岛南端。

公元前 60 年，西汉设置西域都护，标志着西域正式纳入中央政府管辖范围，新疆成为中国领土的一部分。据《后汉书》记载，公元 89 年，东汉名将窦宪率汉军联合南匈奴军队，与北匈奴会战于稽落山(今蒙古国额布根山)，北单于大败逃走，北匈奴先后有二十余万人归附汉朝。窦宪登燕然山(今蒙古国杭爱山)，由班固撰写《封燕然山铭》，刻石记功，史称燕然勒石。公元 91 年，窦宪再次出击，出塞五千里进攻金微山(今阿尔泰山)，大破北匈奴单于主力，北单于率余部仓皇向西逃窜，不知所终。

在汉代历史中，汉匈战争确立了汉朝的崛起之势，也决定了中国农耕文明的命运。它是东亚区域历史上游牧文明和农耕文明的第一次大规模对撞，汉朝凭借农耕文明的经济实力、组织动员能力和人口优势，学习借鉴游牧民族的作战方式，结合中华民族的军事思想和不屈不挠的民族意志品格，成为世界历史上为数不多的农耕民族打败游牧民族的特例，也奠定了中华民族和中华文明发展的基石。此后，华夏族也被称为“汉族”，华夏文字亦被称为“汉字”。

按照英国历史学家爱德华·吉本在《罗马帝国衰亡史》一书中的记载，被汉朝击败的匈奴人，采取了“转而向西方进军”的战略，最终兵临罗马城下，导致了这个西方古老帝国一朝覆亡。从这个角度看，汉匈战争的结果，不仅影响了中国及亚洲历史，也间接改变了欧洲的历史进程。

第三章

草原雄风——游牧文明的冲击

游牧文明在人类历史发展中发挥了重要的作用，游牧民族的迁徙改变了世界历史版图和发展进程。公元 4—6 世纪无疑是属于游牧民族的世纪，在亚欧民族大迁徙的风潮中，游牧民族不断向农耕民族的国家发起一波又一波的冲击。在欧洲，阿提拉的匈奴帝国和日耳曼人诸部落摧毁了西罗马帝国，并迫使东罗马帝国称臣纳贡，改变了欧洲的政治版图和发展走向，欧洲开始步入封建社会和宗教时代。在中亚，白匈奴部落控制了中亚大草原，并不断向印度和波斯发动攻击，改变了中亚的力量对比。在东亚，以鲜卑人为代表的游牧民族及其后裔成为中国北方的主角。到 13 世纪，蒙古草原上涌出的成吉思汗铁骑横扫了欧亚大陆，深入农耕腹地，开启了全球化进程。与其他地区不同的是，由于中国农耕文明的富庶繁荣和中华文明的吸引力、包容性，北方游牧民族进入中原地区后，主动积极地向汉文化靠拢，全面融入中华文明，成为中华民族的有机组成部分。

第一节　欧洲的上帝之鞭

罗马帝国自公元前 27 年建立起，一直受北方游牧民族的骚扰。罗马帝国有过辉煌的历史，在帝国极盛时期，经济空前繁荣，疆域宽广辽阔，地中海曾经是罗马帝国的内海。到公元 4 世纪末，罗马皇帝将帝国一分为二，分封给他的两个儿子。自此，罗马帝国被拆分为东、西罗马帝国，实行永久分治。

罗马帝国的命运与汉帝国不同，汉帝国击溃了北方的游牧民族，而罗马帝国最终被北方游牧民族彻底拖垮，只剩下东罗马帝国半壁江山，也即拜占庭帝国。在那些打垮西罗马帝国的北方蛮族中，就有被汉帝国击败的匈奴人，他们和当地的日耳曼蛮族联合在一起，把西罗马帝国瓦解了。也可以这么说，西罗马帝国是毁在被汉帝国打跑的匈奴人之手。匈奴在和汉帝国的战争中失败后，其中一部分先是迁到漠北，后来在汉军的追击下，开始了史无前例的民族西迁，到达欧亚交界地区后，沉寂了近两个世纪。到公元5世纪，匈奴人忽然汹涌而出。匈奴骑兵所向披靡，来时排山倒海，去时十室九空。他们灭了东哥特国，重创西哥特军。他们把与汉帝国作战所学到和积累的战争艺术和谋略，在欧洲国家身上发挥得淋漓尽致。匈奴民族在西方找回了祖先们在东方失去的荣光，并改变了欧洲的政治版图与格局。哥特人在惊悚之余，大部分渡过多瑙河涌入罗马帝国北部国境，并重创罗马帝国军队，几次攻陷并洗劫了罗马城，动摇了罗马帝国的根基。罗马帝国北部的其他几个部族，在匈奴人的压力下逃入高卢，越过比利牛斯山，进入伊比利亚半岛，并在那里建立了几个国家。一批盎格鲁-撒克逊人不堪匈奴压迫，渡海流亡到英伦三岛。在俄罗斯南部的草原民族也归入匈奴旗下，俄罗斯的斯拉夫人、芬兰人也告屈服。在公元5世纪中叶，匈奴王阿提拉成为欧洲最有权势的人，东西罗马都要向阿提拉进贡。由于阿提拉对西罗马帝国提出的政治联姻和领土要求遭到拒绝，阿提拉决定对西罗马帝国开战。西罗马帝国联合了所有受匈奴压迫的其他王国，双方在加泰罗尼亚平原上打了一场空前惨烈的会战，战死者有15万之众。此役不久，阿提拉出其不意地率军越过阿尔卑斯山直攻意大利，摧毁了意大利北部所有城市，并兵临罗马城下。罗马帝国不得不屈辱求和。此后，阿提拉被欧洲人看成是“魔鬼的化身”，是“上帝之鞭”，是上帝派来进行末日审判，来拷打基督徒的。

到了公元476年，在北方匈奴和其他游牧民族的不断打击下，西罗马帝国灭亡了。西罗马帝国崩溃前不久，基督教在历经了罗马帝国几百年的打压迫害之后，终于取得了罗马帝国国教的地位，欧洲从此进入了历时1000年的中世纪宗教社会。原来散居在罗马帝国境外的游牧民族和日耳曼部落强行大举迁移到帝国境内，摧毁了西欧传统的奴隶制，日耳曼部落本身的原始公社制度也随之解体。新建立的制度将部落氏族制度和罗马社会制度结合起来，形成了西欧封建社会的雏形。虽然日耳曼蛮族的武士文化和基督教文化融合生长出了欧洲骑士文化，但西欧再也没有实现过真正意义上的统一。东罗马帝国的版图也在不断缩小，但那里一直是顽强地坚守着欧洲文明和基督教的桥头堡。

第二节　中国的太极神功

游牧文明与农耕文明的冲突和融合一直伴随着中国古代北方边境历史的进程，众多的少数民族与汉民族共同演绎了一部风起云涌、波澜壮阔的史诗。历史上匈奴、鲜卑、羯、氐、羌、契丹、女真等游牧民族一度在中原建立过政权，经过历史风雨的洗礼和涤荡，他们一部分西迁，一部分在历史中湮灭，一部分融入汉民族，一部分仍保持了本民族的特征和习俗，生活在中华民族大家庭之中。

从公元 220 年汉朝灭亡后，中国进入了三国、魏晋、南北朝时期。这是中国汉民族和游牧民族大融合时期，中华文明以其强大的吸引力，将其他民族纳入怀中，以其博大的包容性，海纳百川，将其他文明同化于其中。中华文明如同中国的太极功夫：有时行云流水，连绵不绝；有时四两拨千斤，化有形于无形；有时铁指寸进，力拔山兮气盖世。直到近代，中国一直成功地让外来者甚至入侵者接纳自己的风俗习惯和文化传统，使他们完全融入中华文明中。

两晋时期许多北方少数民族迁至中原融合到汉民族中。到了南北朝时期，江南得到了开发，北方出现了各民族的大融合。鲜卑人逐步控制了中国北部半壁江山，建立了北魏帝国，逐渐结束了游牧民族的生产生活方式，主动向汉文化靠拢，全面融入中华文明。北魏孝文帝时期，将京城从现在的山西大同迁到农耕文明的中心地河南洛阳，实行《均田法》等农耕文明的法律。孝文帝规定：废除鲜卑语，学说汉语；改姓氏，穿汉服，不许再穿鲜卑服装；规定鲜卑族必须跟汉族人通婚，禁止鲜卑族之间通婚。到 6 世纪晚期，这些游牧民族后裔已经完全融合到中华民族和农耕文明之中。

随着隋唐帝国的建立，中国的一个新的大一统强盛时代揭开了序幕。隋朝开通了运河，以洛阳为中心，北通涿郡，南达余杭。这是世界上最早、最长的大运河。可以这么说，秦始皇修长城，隋炀帝修运河，辛苦了当代，造福了后人。不过，两人均被一些史学家称为暴君，两朝也都是二世而亡，秦朝从建立到灭亡只有 14 年，隋朝也才 38 年，足可见老子所言“治大国若烹小鲜”的深刻含义。相比秦朝修长城，运河的作用要大得多。长城最终没能挡住北方游牧民族的进犯，可是，在 20 世纪初津浦铁路通车以前的 1300 多年中，运河一直是中国南北交通的大动脉。因为中国的江河都是从西向东流向大海的，大运河解决了中国历代南北交通的大问题。

唐朝是中国历史上的盛世之一，与当时的阿拉伯帝国并列为世界上最强盛的帝国，声誉远扬海外。唐朝以后，海外多称中国人为唐人。唐代文化开放多元、兼容并蓄，给五胡十六国以来进入塞内的各个民族提供了一个空前的交流融合环境，在此过程中中华文明亦从外来文化中汲取了诸多营养。唐朝同世界各国的经济文化交流空前频繁，形成了开放的国际性文化。在当时欧洲一个1万人口的城市已经是个大城市了，而大唐的首都长安内城的人口就有100多万，有70多个外交使团，3万多外国留学生。长安城里吃的是阿拉伯面食，用的是罗马医术，拜占庭的金币和波斯王朝的银币均可通用。当时朝鲜半岛的高句丽、新罗、百济等国和日本等周边国家在其政治体制与文化等方面都受到唐朝的广泛影响。有人认为，人类历史上真正的文化中心有三个，一个就是公元7世纪中国唐朝的长安，另外两个是19世纪法国的巴黎和20世纪美国的纽约。

与汉唐王朝相比，宋朝并没有完成中国的统一。与北宋并存的政权有北边的辽、西边的西夏，另外还有回纥和吐蕃。南宋的北边有金和蒙古，它们均属于游牧民族。在整个宋朝，农耕地区始终在北方游牧民族的高压下艰难生存。但宋朝的经济繁荣程度可谓前所未有，宋朝时中国GDP占世界比重为60%，列中国历代第一。有些西方与日本史学者认为宋朝是中国历史上的文艺复兴与经济革命时期。在宋朝，农业、印刷业、造纸业、丝织业、制瓷业均有重大发展，航海业、造船业成绩突出，海外贸易发达。宋朝和南太平洋、中东、非洲、欧洲等地区50多个国家通商。宋朝的科技成就不仅成为中国古代科学技术史上的一个高峰，而且在当时的世界范围内也居于领先地位。中国古代四大发明除造纸术是在东汉时期发明外，其他的三项——活字印刷、火药、指南针，都是在两宋时期完成并开始应用的。

第三节　蒙古的草原雄鹰

如果说5世纪匈奴王阿提拉挥舞的“上帝之鞭”改变的只是欧洲的政治版图和社会走向，那么13世纪来自蒙古草原成吉思汗的铁蹄，踏碎的无疑是整个欧亚大陆的版图，改变的是欧亚大陆甚至是人类的走向。成吉思汗的蒙古帝国在草原中神奇崛起，他和他的“黄金家族”掀起的草原风暴，从东亚刮到中亚再到西亚，甚至波及欧洲和东南亚海岛，成吉思汗所向披靡，打下了一个3300万平方公里的超级大帝国，改变了亚欧大陆成吉思汗的政治版图和文明进程。蒙古帝国由元帝国本部加上四大汗国组成，人口超过了1亿。四大汗国分别为钦察汗国、察合台汗国、窝阔台汗国和伊儿汗国，汗国的统治者出自“黄金家族”，同奉蒙古帝国为宗主。

蒙古帝国吞并了东亚和西亚的许多国家，在人类历史上第一次把东西方文明版图拼接在了一起，开启了人类全球化的进程。这是蒙古帝国在人类发展史上写下的浓重一笔。蒙古帝国在征战过程中不断吸收其他民族的优秀将领来充实蒙古军队，尤其是大量地提拔任用回族和汉族将领。忽必烈灭南宋后，蒙古帝国进入全盛时期，汉族将领的数目已经超过蒙古帝国所有将领的一半。

当今世界上地域最大的国家俄罗斯的形成就有明显的蒙古帝国的因素。前金帐汗国的属国——莫斯科公国崛起后，发展成为后来著名的俄罗斯帝国。一些学者认为，俄罗斯是一个东正教蒙古国家，对于俄罗斯的统一，蒙古至少有一半功劳，莫斯科公国的强大应该归功于蒙古。莫斯科公国政府的制度是蒙古式的，莫斯科公国的贵族有20%曾与蒙古人通婚。俄罗斯人的日常生活深受蒙古影响，俄语中有大量蒙古语借字，其邮政、税收、服装也受蒙古影响，军制与法制也是从蒙古学的。蒙古人长达250多年的统治和长期的民族融合，使得俄国人和亚洲人难以截然分开。蒙古人不仅向俄罗斯输出了他们的管理制度，而且还塑造了俄罗斯人的灵魂。正如别尔嘉耶夫所说：俄罗斯民族就其灵魂结构而言属于东方民族，俄罗斯是中和了一切西方思想的基督教的东方。① 蒙古人来到俄罗斯前，俄罗斯的中心在基辅（今乌克兰首都），蒙古人来到俄罗斯后摧毁了基辅，并一手扶植起莫斯科，把莫斯科打造成俄罗斯的政治、军事和经济的中心。而现在的俄罗斯，正是莫斯科公国的延伸。

客观而言，元朝再次统一了中国，它也是中国历史上第一个由少数民族建立的大一统帝国。1211年，新疆各地纳入元帝国；1247年，吐蕃被蒙古招降，在元朝建立后首次纳入中国中央政府的直接管辖之下；1276年，元朝结束了云南长期割据的局面。元帝国的疆域空前广阔，国土面积达1400万平方公里，东起日本海，西抵天山，北含贝加尔湖，南至暹罗，包括西藏和台湾。由于民族矛盾和阶级矛盾的双重激化，元帝国仅统治了中国98年就在席卷

---

① 张冰：《俄罗斯文化解读》，济南出版社，2006年，第67页。

全国的农民起义的狂潮中灭亡，取而代之的是明王朝。

第四节 白山黑水的最后一击

中国在明朝前期国力强盛，无论是在制铁、造船、建筑，还是丝绸、纺织、瓷器、印刷等方面在世界上都遥遥领先，产量占全世界的三分之二以上，比农业产量占全世界的比例还要高出许多。明朝商品经济发达，出现了商业集镇和资本主义萌芽。

发源于白山黑水的满族是人类历史上最后一个入侵大型农业文明的游牧民族。清朝是中国历史上第二次，也是最后一次由少数民族建立的大一统帝国。游牧民族的最后一击，改变了中国和东亚发展的态势。清军入关后，在统治阶层的思想从游牧文明向农耕文明转型的过程中，西方和欧洲开始走向海洋，并逐步从农业文明走向工业文明。即使在这样的情况下，在清朝康乾盛世，当时中国的 GDP 在世界总份额中仍占到将近三分之一。[①]

汉唐宋元时期，中国一直是世界的贸易大国和贸易中心。明朝早期派郑和七下西洋，郑和的船队在印度洋上风光无限。后来因为倭寇猖獗，明朝开始实施海禁，而到清朝时发展到闭关锁国，禁止国人出海，限制外商来华。与此同时，欧洲各国经历了文艺复兴的洗礼，从中世纪的黑暗时代中走了出来，带着复兴的古希腊文明的豪情，纷纷扬帆远航，成了海洋大国和强国。

---

① 保罗·肯尼迪：《大国的兴衰》，中信出版社，2013 年，第 152—153 页。

第四章

惊涛拍岸——海洋文明的扩张

古希腊创造了灿烂的海洋文明和商业文明。在古希腊小国寡民的奴隶制城邦社会，诞生了贵族民主制度，尤其是雅典民主为后世民主政治提供了宝贵经验。雅典和斯巴达两个古希腊最强大的城邦陷入“修昔底德陷阱”，使古希腊走向衰亡。亚历山大帝国让古希腊文明传向四方，但亚历山大大帝的猝然离世导致帝国迅速解体，也为罗马帝国的崛起铺平了道路。罗马帝国横跨欧、亚、非三大洲，是欧洲人的骄傲，但在北方游牧民族的不断冲击下，罗马帝国走向崩溃。西方自此进入了封建宗教社会，历经千年磨难，才经由文艺复兴而觉醒。西方商业贸易推动了新航线的开辟，并发现了新大陆。资本主义经济的萌芽和殖民运动在给西方带来财富的同时，也给殖民地人民带来了深重灾难。商业贸易推动了西方工业革命的产生和发展。

第一节　古希腊的遐想

古希腊不是一个国家，而是一个地区的称谓。古希腊位于地中海东部，扼欧、亚、非三大洲的要冲，它的地理范围大致以希腊半岛为中心，包括爱琴海诸岛、小亚细亚西部沿海、爱奥尼亚群岛以及意大利南部和西西里岛的殖民地。在希腊找不到肥沃的江河流域和开阔平原，连绵不绝的山岭河川将陆地隔成小块。那里耕地缺乏，土地贫瘠，限制了粮食的生产，人地矛盾突出。但是，浩瀚的海域却赋予希腊先民以广阔的发展空间。温和宜人的地中海特殊气候使得希腊盛产葡萄酒和橄榄油，为商业贸易提供了商品；而曲折的海岸线、众多的优良港湾，为希腊从事海外贸易、海外殖民和经济文化交流提供了条件。这种地理环境和经济因素使古希腊成为海洋文明的发源地。

早在古希腊文明兴起之前，古埃及和美索不达米亚文明已经发展了几千年。由于古希腊独特的地理位置，埃及的宗教、波斯的哲学、腓尼基的文字、巴比伦的天文和其他民族的艺术、数不清的远古文明和几千年的文化成果都迅速传播到古希腊，使古希腊在吸收消化各种文明的基础上，产生了灿烂的文明。古希腊文明持续了约650年（公元前800—公元前146年），这一文明遗产在古希腊灭亡后，被亚历山大帝国、罗马帝国和阿拉伯文明所传承和延续，在欧洲文艺复兴时期重新兴起，成为整个西方文明的源泉。

古希腊城邦是以一个城市为中心，连同周围乡村构成的奴隶制城市国家。古希腊时有数百个城邦并存，各城邦独立自治，都是独立的主权国家。其中，雅典和斯巴达是古希腊最强大的城邦，人口有数十万。古希腊更多的是蕞尔小邦，人口不过一两万，大小也仅相当于中国的一个乡镇。

古希腊城邦的居民按照政治地位分为三大类：一是拥有公民权因而能够参加政治活动的自由人；二是没有公民权的自由人，他们或是来自外邦的移民，或是出于特定的历史原因与当权的公民集体处于不平等地位者，或是因贫困而失去公民资格者，或是因违法而被剥夺了公民权者，或是被释放的奴隶；三是没有公民权和人身自由的奴隶，处于被剥削、奴役地位，被视为有生命的工具。奴隶多系非希腊人，如战俘，但也有一部分是希腊人，例如斯巴达的“黑劳士”。古希腊城邦实行的是公民政治，城邦公民享有较充分的政治民主权利，尤其是雅典共和制为后世民主提供了宝贵的借鉴经验。

古希腊城邦公民，并非指全体成年人，而是指具有公民身份、有权参加公民大会的男性成员。古希腊公民身份及其政治权利和占有私有财产的多少直接关联，没有一定数量的财产就没有公民的身份和政治权利，奴隶连人身自由都没有。失去了财产意味着失去参与政治的权利，甚至沦为奴隶，这也使西方社会产生了强烈的财产权意识和对自由的珍视。古希腊的民主总体上是奴隶主及贵族的民主，财产与公民权利的联系直至近代仍被西方认同和遵循。

一般说来，城邦有三种政治机构：由全体成年男性公民构成的公民大会、议事会（如斯巴达的长老会议、雅典的五百人会议）和经选举产生的公职人员，特别是负责军事指挥的公职人员。在古希腊没有独立的祭司阶层，祭神和组织各种节庆活动是城邦政权机构的重要职责。

在希腊城邦向地中海沿岸扩张的同时，西亚的波斯帝国也在扩张，强大的波斯帝国征服了小亚细亚半岛上的希腊诸邦。公元前499年，小亚细亚半岛上的一些希腊城邦发动起义，得到雅典的支持。波斯国王大流士一世在镇压起义后，开始进攻雅典。公元前490年，波斯大军渡海西侵，但在马拉松战役中被人数居于劣势的雅典重装步兵击败，希腊人赢得了第一次希波战争的胜利。为了把胜利喜讯迅速告诉雅典人，一名士兵以最快速度从马拉松跑到雅典中央广场，对等待战况消息的人们说了一声“大家欢乐吧，我们胜利了”，之后就倒地牺牲了。在1896年于雅典举行的第一届奥林匹克运动会上，人们设置了马拉松赛跑项目，以此来纪念马拉松战役胜利和传递马拉松战果的英雄。

公元前480年，波斯大军再次进攻希腊。希腊各城邦也结成同盟，共御强敌。希腊联军的陆军以斯巴达人为主力，海军则以雅典舰队为主。希腊陆军在温泉关阻击波斯陆军，虽然兵败，但为希腊海军的集结赢得了时间。虽然波斯人攻入了雅典，将其全城焚毁，但希腊海军在萨拉米海战中一举击溃波斯海军。波斯人面临补给被切断的危险，不得不撤退。希腊人乘胜追击，解放了小亚细亚的希腊诸邦，第二次希波战争也是以希腊胜利告终。

希波战争以后，雅典成为希腊的霸主。雅典海军是希腊各城邦中最强大的军事力量。希波战争中，希腊各城邦建立了以雅典为首的提洛同盟，战后逐渐成为雅典实现其霸权的工具。以斯巴达为首的伯罗奔尼撒同盟不满雅典的霸权，双方发生多次摩擦。公元前431年，斯巴达的同盟底比斯进攻雅典的同盟普拉提亚，正式引发了伯罗奔尼撒战争。雅典依靠其强大的海军进行海上封锁，斯巴达则从陆地攻入雅典，试图迫其决战，双方互有胜负，但都未能取得决定性胜利，遂于公元前421年缔结和约。和平未能维持很久，公元前415年，雅典对西西里岛斯巴达的盟邦发动大规模远征，结果以惨败告终。西西里远征使雅典元气大伤，无力抵御斯巴达的攻势。公元前405年，雅典海军被全歼。次年，雅典向斯巴达投降，斯巴达成了希腊的新霸主。斯巴达的霸权也未能长久，希腊城邦陷入混战之中，希腊逐渐衰落。古希腊历史学家修昔底德在他所著《伯罗奔尼撒战争史》中，提出了“修昔底德陷阱”的概念。他认为，当一个崛起的大国与既有的统治霸主竞争时，双方面临的危险多数以战争告终。“修昔底德陷阱”的概念虽然是公元前四百多年提出来的，但至今仍被许多西方学者津津乐道。

公元前336年到前323年，位于古希腊北部、被希腊人称为蛮族的马其顿民族崛起，亚历山大迅速征服了属于海洋文明的古希腊地区。此后，亚历山大大帝的铁骑向东征服了波斯、埃及、印度等一个又一个农耕文明国家。亚历山大大帝是亚里士多德的学生，喜欢古希腊文明，在东征过程中，他将古希腊文明传播到各地，因而这个时期也称希腊化时代。东方的城市出现了优美的希腊式雕塑和建筑。亚历山大大帝在东方建立了几十座城市，都逐渐发展成为商业中心。埃及的亚历山大港至今仍是埃及著名的大海港。希腊化时代也使东方科技、文化和宗教等大量传入帝国疆域。东方的天文学和数学知识传入西方，丰富了西方的知识宝库。

由于亚历山大大帝突然病故，亚历山大庞大的帝国只存在了短短的13年便四分五裂，这与一个世纪后东方的秦帝国的短命有惊人的相似。

第二节　罗马帝国的荣光

亚历山大帝国解体后，分裂为100多个相对独立的城邦国家和地区。从公元前200多年开始，罗马不断向地中海东部的这些地区扩张。罗马利用希腊化诸国的各种内外矛盾制造不和，并使之相互削弱，必要时诉诸战争，逐步使各希腊化地区并入罗马。

从公元1世纪开始，罗马人慢慢建立起一个庞大的奴隶制帝国，疆域范围包括希腊和希腊原有的殖民地。罗马人比希腊人更骁勇善战，治理帝国的法律和城市建筑比希腊人高明，但其他方面主要学习和继承了古希腊文明遗产。罗马帝国在鼎盛时期，横跨欧、亚、非三大洲，地中海成了罗马帝国的内海，疆域西起西班牙、高卢与不列颠，东到幼发拉底河上游，南至非洲北部，北达莱茵河与多瑙河一带。到公元395年，罗马皇帝狄奥多西一世将帝国一分为二，即西罗马帝国和东罗马帝国，分给他的两个儿子，两者实行永久分治。

罗马人和古希腊人一样敬奉多神。罗马人认为，君主的地位与神明无异，但只要对皇帝敬拜，就可以有信奉自己宗教的自由。耶稣创立的基督教，规定只能敬拜唯一的真神，不肯把君王当作神一样崇拜。因此基督教在创立之初的三百年间，时常遭到罗马帝国的迫害。即便如此，基督教仍广为传播，在罗马帝国的各个角落开花结果。罗马的本土宗教总想让人相信今生是幸福的，但奴隶制社会的现实有太多苦难。而来自亚洲的宗教让人们寄希望于来世，因而更能止痛疗伤，基督教便是其中一种。公元313年，罗马君士坦丁大帝成为一位基督徒。公元381年罗马皇帝狄奥多西一世禁止了其他宗教，独尊基督教为国教。基督教在创立和传播400年后，成为罗马帝国唯一得到官方认可的宗教。从此，罗马帝国变成了基督教的天下，基督教成了罗马帝国的宗教。

基督教教会很快建立起了完整的宗教组织：神父、主教、大主教等神职人员不但是全职的而且有薪资，罗马的主教成了教皇，掌管整个教会。教会有它自己的教规和法律，设有法庭、监狱以执行宗教法规。而且教会不只管宗教事务，还管到其他世俗事务，例如财产继承、家庭婚姻，甚至国王的婚姻。教会也有它自己的税收体系，所有人民都有义务掏钱来供养它。公元415年，基督徒在主教的发动和带领下，以清除异教的名义在亚历山大港对古希腊文明的缪斯神庙进行了掠夺和破坏，并残杀了新柏拉图学派领袖。基督教自此也从遭受迫害转向对异教和异端施加迫害。主教和教士们开始大摇大摆地走在各个城镇里，甚至进军乡村，理直气壮地大肆摧毁异教的寺庙。

从公元5世纪开始，原本住在罗马帝国北部边境的匈奴和日耳曼游牧民族大举入侵西罗马帝国。与东方的大汉帝国命运不同的是，到了公元476年，西罗马帝国在北方游牧民族连续不断的冲击中灭亡了。帝国灭亡后，已经渗透到帝国各个角落之中的教会组织却完整地保存了下来，俨然像一个独立政府。在此后近千年时间里，欧洲进入了封建宗教社会，教皇和国王几乎平起平坐，各自管理着国家中的宗教和世俗社会，两者不时发生对国家主导权的争夺。

第三节　争战一千年

西方称从罗马帝国崩溃到意大利文艺复兴之前的近千年的历史为“中世纪”(公元476—1453年)。这个时期的欧洲没有一个强有力的政权来统治，封建割据带来频繁的战争，基督教对人们思想的禁锢，造成经济和社会发展停滞，人民生活在教权和王权双重压迫的痛苦中，所以中世纪也被称作“黑暗时代”。传统上认为这一千年是欧洲历史上战乱不断和黑暗痛苦的时期。

西罗马帝国灭亡之后，北方日耳曼各路蛮族首领涌入帝国腹地，纷纷自立为王，建立起许多小邦小国。国王把土地分封给他的将士，而这些将士则化身为贵族，条件是一旦国王需要军队，这些贵族就得提供。当时王国之间冲突不断，战争频发。由于欧洲没有形成固定的继承制度，这些小国分分合合，政权更替就如走马灯，国家通常是越分越小。渐渐地贵族把得到的土地变成了自己的私有财产，他们担心国王收回这些财产，希望限制国王的权力。私有财产神圣不可侵犯，政府的权力必须受限，这样的观念在西方广被接受，这对西方政府来说永远是个束缚。虽然欧洲国王努力争取国家权力，却始终没能变成东方那样有权力的君主。

由于中世纪社会动荡失序，民众生活贫困、精神痛苦，宗教为世人的来世描绘了一个“上帝之城”，在那个天国世界里充满了爱、欢乐和幸福。宗教以其精神上的镇痛作用而崛起，教会的权力不断扩大，并在欧洲社会中占据极其重要的地位。在中世纪漫长的岁月里，教皇和国王一直在争夺控制国家的主导权。国王没有教皇的认可就难以得到教徒和民众的拥戴；教皇没有国王的支持，教会的运行和发展便会出现困难。教皇和国王两者相互依存，又常发生冲突，时而教皇占上风，时而国王占优势。东西罗马帝国的分治使基督教世界出现了君士坦丁堡和罗马两个教廷，东西两个教廷关于基督教教义和教宗的矛盾不断激化，到 11 世纪中叶，基督教分裂为东正教和天主教。在欧洲中世纪近千年的时间里，神权与王权不断拉锯，宗教冲突频发，使得社会动荡不安，社会发展停滞不前。

在西罗马帝国崩溃后的几个世纪，耶路撒冷、巴勒斯坦和叙利亚地区都处在基督教的势力范围内。公元 7 世纪初，伊斯兰教在阿拉伯半岛兴起，并迅速向阿拉伯半岛以外的地区扩张，中东的势力格局从此发生巨变。在公元 7 世纪中叶，穆斯林在约旦击败东罗马帝国（也称拜占庭帝国）的军队，并占领了耶路撒冷（穆斯林称为古都斯）。耶路撒冷是犹太教、基督教、伊斯兰教三大宗教的圣地。公元前 1000 多年前，犹太人在此建立以色列国，并建造了雄伟壮观的圣殿。圣殿是存放约柜的神圣建筑，也是以色列人举行犹太教活动的神圣场所。耶路撒冷也是基督教的圣地，是基督教创始人耶稣传教、受难、复活和升天之地。耶路撒冷还被认为是伊斯兰教的第三圣地。根据古兰经的记载，伊斯兰教创始人穆罕默德曾在一天夜里奇迹般地从麦加来到耶路撒冷圣殿山，升到天堂见到真主，得到启示。犹太教、基督教、伊斯兰教信奉的是同一个上帝，但出于宗教经典、教义及历史等方面的原因，三个宗教之间的矛盾错综复杂。由于战争和冲突，犹太人建造的两个圣殿先后被毁，仅留下西边一道围墙，即西墙。后因犹太人常在这个象征信仰和苦难的石墙前深情祈祷，哭诉流亡之苦，此西墙也被称为“哭墙”。阿拉伯帝国占领巴勒斯坦后，在圣殿遗址上兴建了奥玛清真寺，在毗邻处兴建了阿克萨清真寺，用以纪念穆罕默德夜行前往耶路撒冷的事迹。犹太圣殿的西墙成了伊斯兰教的奥玛清真寺和阿克萨清真寺的围墙。

公元8世纪，阿拉伯人势如潮水般地向四面扩张。在西欧，阿拉伯军队渡过了直布罗陀海峡，挺进伊比利亚半岛中部(今西班牙)。当穆斯林侵入到法兰克王国的心脏地带时，被法兰克王国挫败，阿拉伯人在西欧的扩张步伐才被遏止，但阿拉伯人占领了西西里岛和许多地中海岛屿。在地中海东部，虽然君士坦丁堡抵挡住了阿拉伯人的进攻，但在这场征服风暴过后，巴勒斯坦地区的基督徒惶恐不安地生活在穆斯林的统治下，基督教教会丧失了他们的土地，这些土地被收归为伊斯兰国库及寺院所有。

当耶路撒冷落入穆斯林手中后，从11世纪末至13世纪末，罗马天主教为了收复圣地，掀起了8次十字军东征的浪潮。参加这场宗教战争的西欧士兵佩戴有十字标志，因此被称为十字军。十字军东征持续了近200年，聚合了当时的三大热潮——宗教、战争和贪婪，对中东的政治形势和民族感情产生了广泛而深远的影响，造成了基督教徒与穆斯林之间空前的仇恨和敌对。宗教是把锋利的双刃剑，以上帝的名义，既可带来友爱、关怀和温暖，也能产生仇恨、暴行和血腥。十字军在攻占了圣地耶路撒冷后，进行了空前的血腥屠杀，寺院、宫殿和民间的金银财物被抢劫一空，许多古代艺术珍品被毁。屠杀血洗后，十字军在寺院前举行宗教仪式，随后又投入了新的烧杀掳掠。十字军攻占君士坦丁堡时，在该城烧杀抢掠了一星期，将金银财宝、丝绸衣物和艺术珍品洗劫一空，使这座繁荣富庶的文明古城变成了尸山火海的废墟。十字军东征造成的灾难，成了基督教世界不堪回首的往事。

除宗教冲突和战争，中世纪欧洲社会由于领土争端、王位继承、势力范围划分等矛盾，战争冲突频发。在12世纪，英国在法国占有广阔领地，法国国王希望夺回被英王占领的土地，从而统一法国，但英国不愿退出，成为法国政治统一的最大障碍。1337年，因法国王位继承问题，引发英法百年战争。这场战争断断续续打了116年，最终法国取得了战争的胜利，完成国家统一，为其日后在欧洲大陆扩张打下了基础。

东罗马帝国(也称拜占庭帝国，395—1453年)延续了千年之久，是中世纪横跨欧亚大陆的最悠久的君主制国家。帝国在抵抗突厥入侵、十字军东征、奥斯曼帝国扩张的过程中逐渐衰落而四分五裂。1453年，经过两年的围困，奥斯曼帝国攻克君士坦丁堡（今伊斯坦布尔），拜占庭帝国的皇帝战死，帝国灭亡。此后，莫斯科大公宣布自己成为东正教的保护人。一直到20世纪初，奥斯曼帝国和俄罗斯帝国都认为自己是拜占庭的合法继承人。

第四节　欧洲的觉醒

15世纪中叶，随着奥斯曼帝国与拜占庭帝国间战争的持续和蔓延，拜占庭人在逃难的同时，将大量的古希腊、古罗马文化典籍和艺术珍品带到了意大利各城市。这时的意大利并非是一个统一的政治实体，有米兰、威尼斯、佛罗伦萨、教皇领地和那不勒斯五个主要城邦。尽管受到罗马教廷与神圣罗马帝国的牵制，但这些城邦社会相对自由，商业发达，资本主义经济也首先在这里萌芽。欧洲新兴资产阶级迫切希望摆脱封建宗教社会对资本主义经济发展的束缚，知识分子也对重新回到欧洲的古文化典籍和艺术珍品爱不释手，视如珍宝。他们借助研究古希腊、古罗马的艺术文化，通过文学和艺术创作来宣传人文精神。他们认为中世纪文化是一种倒退，而古希腊、罗马古典文化则是光辉发达的典范，他们力图复兴古典文化，由此兴起了一场声势浩大的文艺复兴运动。文艺复兴最先在意大利兴起，之后扩展到西班牙、法国、英国、德国等西欧各国。

到15世纪末，教会的腐败现象已十分严重，教会包办了一个人从出生的洗礼、结婚的婚礼到死去的葬礼，控制着个人的社会生活，宗教思想和习俗制约了社会发展。文艺复兴时期的许多学者，希望回到过去那个非基督教的社会。古典时代的人对死后的生命其实没有那么看重，对人在现实世界上的所作所为关注更多。他们欣赏人的力量和健美，不会满脑子想的尽是人性的邪恶堕落。文艺复兴以“人权”反抗“神权”，以“人性”否定“神性”，提倡以人为中心而不是以神为中心，肯定人的价值和尊严，追求现实生活中的幸福，倡导个性解放，为人文思想的觉醒拉开了序幕，从根本上转变了欧洲人的思想观念。

在文艺复兴的人文主义思想影响下，16世纪初，德国的马丁·路德发起了宗教改革运动。如果说文艺复兴是世俗世界对宗教思想及教会束缚的批评和反抗，那么宗教改革则是来自教会内部对基督教的直接冲击。宗教改革否定教会众多宗教权力和世俗权力，主张基督教会恢复到尚未罗马化之前的样貌，重塑早期的教会生活。宗教改革后，新教脱离了罗马教会和天主教，成为基督教三大教派之一。

1543 年哥白尼发表的《天体运行论》开启了一场影响深刻的科学革命。在哥白尼之前，“地心说”是基督教重要的理论基础。“地心说”认为地球是宇宙的中心，太阳、月亮和其他星辰都是绕地球旋转的。这种理论和《圣经》中的上帝创世的说法相一致，也是不容动摇的宗教信条。哥白尼通过对大量天文观测数据的分析计算，认为地球在做每天的自转和一年一圈绕太阳公转的双重运动，得出了太阳是宇宙中心的结论。恩格斯称誉哥白尼是第一个向神学挑战的现代自然科学的先驱。从此，自然科学便开始从神学中解放出来，也冲破了传统的宇宙观和自然观的束缚。哥白尼的《天体运行论》使人类的认识发生了根本性颠覆，如果地球不是宇宙中心，无数前人所相信的事物岂非成了一场空：谁还相信伊甸乐园、赞美诗的歌颂、宗教的故事呢？此后，开普勒、伽利略和牛顿等人的相关科学发现，打破了宗教和古希腊先哲思想对人们思想的束缚，改变了人类认识自然、改造自然的思维和行为方式。从此，教会权威逐步动摇，科学威信稳步上升，科学权威逐步取代了宗教权威和传统权威。

随着文艺复兴思想的传播、宗教改革的发展和科学革命的兴起，欧洲社会开启了漫长的世俗化过程。在世俗的世界里，宗教可以存在，但是属于私人事务，或是一群为某些信念所吸引的人的结社团体。宗教不能左右社会，不能强制每个人遵守宗教规定和仪式，也不能宰割人们的思想。新教抛弃了天主教禁欲主义的修行和空洞的训令，肯定个人世俗活动具有的道德意义，使得人们在追求商业利益时消除了罪恶感，使得资本主义经济发展有了宗教依据，促进了资本主义商业的发展。而科学革命为工业革命的萌发奠定了科技基础。

第五节　新航线与新大陆

自古以来海洋文明对商业情有独钟。马可・波罗在中国居住并为官 17 年，1295 年回国后发表《马可・波罗行记》（又名《东方见闻录》），向欧洲人介绍了他在东方最富有国度的见闻。中国的繁华昌明、发达的工商业、热闹的集市、华美的丝绸锦缎、宏伟壮观的都城、完善方便的交通等，使得欧洲冒险家和商人产生了前往东方淘金的无限神往。15 世纪以后，欧洲实行金本位制，形成了一股贵金属热。哥伦布说过：“黄金是一个奇妙的东西。谁有了它,谁就成为他想要的一切东西的主人。有了黄金,甚至可以使灵魂进入天堂。”恩格斯也说过:“葡萄牙人在非洲海岸、印度和整个远东寻找的是黄金;黄金一词是驱使西班牙人横渡大西洋到美洲去的咒语;黄金是白人刚踏上一个新发现的海岸时所要的第一件东西。”

15 世纪中叶以前,从西方通往东方的商路主要有三条。一条是陆路,即传统的“丝绸之路”,从君士坦丁堡登陆,经小亚细亚、黑海和里海南岸至中亚,再翻越帕米尔高原到中国。另两条是海路:一条从叙利亚和地中海东岸,经两河流域到波斯湾;另一条从埃及经红海至波斯湾,再换船到印度和中国。这几条商路需要经过意大利、阿拉伯、拜占庭和波斯等地的商人多次转手,才能将货物运抵东方。

拜占庭帝国灭亡后,小亚细亚和巴尔干半岛的大部分都落入奥斯曼帝国的控制之下,欧洲通往东方的原陆路、海路贸易通道完全落入了伊斯兰世界的掌控之中。继续通过这些贸易通道不仅有风险,而且要缴纳十分昂贵的税金,这迫使欧洲从海洋寻找其他通往东方的航道,由此开启了欧洲的大航海时代。

葡萄牙位于伊比利亚半岛的西南侧,大部分国土濒临大西洋。从 15 世纪初起,葡萄牙就积极开展对非洲的航海探险和殖民活动。15 世纪 30 年代,葡萄牙先后发现了几内亚、塞内加尔、佛得角和塞拉利昂。到 15 世纪 70 和 80 年代,葡萄牙人抵达刚果、安哥拉和纳米比亚。1487 年,一支葡萄牙船队沿非洲西海岸南下,途中遇到风暴,经过十几天的搏斗,船队漂到非洲东海岸的阿尔戈阿湾附近。这是欧洲人第一次绕过非洲南端到达非洲东海岸。1498 年,受葡萄牙国王的派遣,航海家达·伽马沿非洲西海岸,绕过非洲好望角抵达印度,开通了欧洲从大西洋出发到印度的海上东方航线。次年达·伽马率领满载香料、宝石的船队回到里斯本,受到隆重欢迎和奖赏。这次航行所得纯利为航行费用的 60 倍。为了确保与印度的贸易不受莫卧儿帝国和印度洋沿岸各土邦国的骚扰,葡萄牙于 1510 年在印度果阿建立了据点,修筑要塞,配备军队,保护葡萄牙商人的安全,同时在非洲沿海占据了一些岛屿和滨海作为据点,作为前往印度的中途补给站。

由于葡萄牙人率先发现并控制了从大西洋向东抵达印度沿线的关键据点,作为葡萄牙竞争对手的西班牙,不得不努力寻找另一条通往印度和中国的新航线。根据当时欧洲人掌握的地理知识,既然地球是圆的,从欧洲沿非洲海岸经大西洋向东可以到达东方的印度,从欧洲向西横渡大西洋也应该可以抵达东方的印度和中国。1492 年 8 月，哥伦布受西班牙女王派遣，带着给印度君主和中国皇帝的国书，率领三艘百吨级帆船，从西班牙巴罗斯港驶出，朝正西方向扬帆驶向大西洋深处。经过两个多月的艰苦航行，终于发现了陆地(属于中美洲加勒比海中的巴哈马群岛)，他把它命名为圣萨尔瓦多(救世主的意思)。这个救世主确实给刚刚从黑暗时代中走出来的西班牙和欧洲带来了希望和财富，但带给拉美土著印第安人的却是长达数百年的灾难。

哥伦布从欧洲向西穿越了大西洋，虽然发现了美洲新大陆，但实际上并没有到达富庶的东方。而葡萄牙人达·伽马向东开辟直通印度的新航线后，给葡萄牙带来惊人的财富，西班牙当局对此羡慕不已，希望继续远航找到抵达东方的航路。从 1519 年起，西班牙王室资助麦哲伦船队穿过美洲南端与火地岛之间的海峡，进入了太平洋。1521 年 4 月麦哲伦到达菲律宾，之后发现了著名的香料群岛，随后船队越过马六甲海峡，进入印度洋。到 1522 年 9 月，麦哲伦的船队回到圣卢卡港，麦哲伦船队找到了环绕世界的航道，完成环球航行的壮举。

新航路的开辟使得欧洲的贸易格局发生了巨大变化，世界贸易中心从地中海沿岸转移到大西洋沿岸，意大利的商业地位开始衰落，威尼斯、热那亚等地的商业中心地位先是被里斯本、塞维尔等城市取代，而伦敦、阿姆斯特丹更是后来居上，成为新的海上贸易中心。伴随商业贸易中心的转移，新的商业帝国开始崛起，大西洋的沿岸国家葡萄牙、西班牙、荷兰、英国和法国先后成为商业强国，但在向海外扩张的过程中，它们之间存在着激烈的竞争。17 世纪的荷兰获得“海上马车夫”的称号，但因其缺少自然资源和工业基础作为其海外扩张的后盾，在 17 世纪后期被英法取而代之。英国经过英西战争、英荷战争和英法战争，分别战胜了西班牙、荷兰和法国。到 18 世纪中叶，英国成为世界上最强大的海洋帝国。

开辟新航路和随之而来的殖民掠夺，对世界各国的发展产生了深远的影响。亚洲、非洲和美洲许多国家，先后成为西方殖民者掠夺的对象，逐渐沦为殖民地或半殖民地。葡萄牙和西班牙是殖民扩张的急先锋，而后起的荷兰、英国和法国等，利用其强大的军事和经济力量挤掉了西班牙和葡萄牙，继续在亚、非、美洲进行残酷的殖民掠夺，给那些地区的人民带来巨大的灾难。在这个过程中，殖民国家迅速完成了资本的原始积累。此后欧洲各国的资本主义经济，特别是工业、军事和科技加速发展，迅速超越亚洲并崛起。

第六节　殖民时代和人类灾难

1492年哥伦布第一次抵达了美洲，1496年哥伦布的弟弟在海地南岸修建圣多明各城，作为统治西印度群岛的首府。之后，西班牙殖民者以海地为基地，进而征服了牙买加、波多黎各(1509年)、古巴(1512年)和整个西印度群岛。到1519年科尔特斯登陆墨西哥，西班牙人征服了大多数的加勒比海岛屿，建立起新的殖民岛链。对于受奴役的当地人来说，这些殖民地就像是人间地狱。欧洲殖民者既贪婪又无情，以铁腕政策逼迫他们在矿场或农场工作，只要他们敢有一丝反抗，就可能会遭到杀害。不论是由于极度恶劣的工作环境，还是因为征服者带来的欧洲疾病，当地原住民大量死亡，整个加勒比地区的原住民几近灭绝[①]。

阿兹特克文明、玛雅文明与印加文明为中南美洲三大文明。西班牙殖民者占领加勒比海群岛后，听说在墨西哥内陆有个强大的帝国。1521年，西班牙人埃尔南多·科尔特斯率600人攻取特诺奇蒂特兰城，拥有1500万人口的阿兹特克帝国很快灭亡了，帝国首都只剩下一片废墟，墨西哥成了西班牙帝国又一个新的殖民地。[②]

1526年，西班牙殖民者从墨西哥南下，占领了尤卡坦半岛，用暴力方式建立了西班牙殖民地，并强制推行基督教，玛雅文明被摧毁。不肯屈服的玛雅人展开了长达百余年的游击战。1697年，最后一个玛雅城邦在西班牙人的炮火中灰飞烟灭。

1533年，西班牙人弗朗西斯科·皮萨罗率领180人，征服了一个人口约600万的秘鲁“黄金之国”印加帝国，开启了西班牙征服南美洲的时代。数千年来，中美洲的统治者几乎不知道有南美洲的存在。然而，西班牙人在征服墨西哥后短短不到10年，弗朗西斯科·皮萨罗不但发现了南美的印加帝国，而且把它灭了。由于殖民者对印第安土著人的残酷屠杀和伴随而来的疾病，美洲印第安人的数量由15世纪的数千万锐减至17世纪的数百万。英国作家威廉·霍维特曾这样写道：“西班牙人在征服美洲的过程中，至少屠杀了1000万印第安人。读到这些记载，谁都会禁不住愤怒，恨不得上苍

① 尤瓦尔·赫拉利：《人类简史》，中信出版社，2014年，第283—287页。

② 马吉多维奇：《世界探险史》，世界知识出版社，1988年，第275—284页。

伸出手来，把这些欧洲暴君从地面上彻底消灭。他们像觅食的野兽，在世界各地巡游，肆意破坏，比任何蛮族更为野蛮地嗜血。”①

由于西班牙征服的地区盛产金银，大量贵金属经西班牙流入欧洲，刺激了欧洲商业的发展。同时，由于咖啡、可可、茶叶、烟草、蔗糖、马铃薯等新消费品被引入欧洲，欧洲人的饮食习惯也大幅度改变。对这些消费品需求的增长，促使西班牙和葡萄牙在新征服的美洲广大地区，积极开采金矿、银矿，建立庄园来种植甘蔗、烟草和棉花等经济作物，这些矿场和庄园成为美洲生产和出口的支柱。自英国于1588年打败西班牙的无敌舰队之后，崛起的英国和法国从西班牙人手中夺取了加勒比海诸岛，并拓展了向美洲的殖民活动。英国在北美大陆的殖民地多在东部沿海一带，主要经营农业。法国于1603年在北美建立了新法兰西殖民地，荷兰也从葡萄牙手中夺取了巴西东北的沿海地区。从17世纪开始，英国、法国和荷兰成了这些地区的新主人，也变成了殖民扩张的新秀。

1600年，伦敦商人建立了不列颠东印度公司，着力在印度半岛扩张。荷兰在1602年成立的荷兰东印度公司，在爪哇的巴达维亚设立总部，这是荷兰在东方的贸易中心，通过它与中国、日本、印度、锡兰和波斯进行贸易。荷兰向东方渗透最初主要还不是殖民，而是垄断当地贸易，供给本国所需的咖啡、香料等商品。荷兰还于1624年侵占了中国台湾，并成立荷兰西印度公司，积极向北美洲扩张。

不论是种植甘蔗、棉花等农作物还是采矿，都是劳动密集型产业。热带阳光猛烈，蔗园环境更是疟疾肆虐，因此愿意在蔗园工作的人寥寥无几。如果使用正式劳工，成本就会变得太过昂贵，无法适应大众消费需求，这些甘蔗园的欧洲主人就把脑筋动到了奴隶上。

黑人奴隶种植园制度由葡萄牙人在非洲的马德拉群岛、佛得角群岛首创，之后传入英、法、荷控制的地区。西班牙人从16世纪初开始把非洲黑人运入美洲。对奴隶和贸易的需求，促使西班牙、葡萄牙两国以及英国、荷兰、法国、丹麦等国家在西非沿海建立了许多商站，贩卖奴隶、象牙、黄金和辣椒等。辣椒当时被欧洲人称为“天堂的种子”，今天的科特迪瓦也叫种子海岸，它的另一个名字叫象牙海岸。从欧洲国家对这些殖民地的命名，如黄金海岸、象牙海岸、奴隶海岸等就可以看出，西非的殖民地基本上都属于资源掠

---

① 许海山:《美洲历史》，线装书局，2006年，第72页。

夺和贩卖奴隶的殖民地。

应该说,奴隶贸易背后的黑手并不直接是国家或政府,这项产业的环境完全是由于资本的贪婪和由自由市场提供的。民间贩奴公司甚至在阿姆斯特丹、伦敦和巴黎证交所上市,出售股份。欧洲中产阶级希望有投资赚钱的机会,购买了这些股票。靠着这些投资,贩奴公司获利颇丰。自由市场无法保证利润会以公正的方式取得或是以公平的方式分配。相反,因为有追求利润和经济成长的渴望,如果没有约束,人们就会全力扫除一切可能的阻挠,不受任何道德伦理的束缚,也就很容易衍生成一场灾难。有一些宗教冲突杀害了数百万人,原因可能是出于狂热和仇恨。然而,自由资本主义在殖民贸易中也害死了数百万人,原因则是出于贪婪和冷漠。大西洋奴隶贸易的兴起,并不是因为欧洲人对非洲人有什么种族仇恨,而是由于资本的血腥和贪婪。很多庄园主远在欧洲,他们关心的是庄园的生产和收成,关心自己赚了多少钱,根本没把非洲奴隶的生死放在心上。荷兰东印度公司在印度尼西亚的军事行动,背后出钱的也是一群善良的荷兰人,他们爱孩子,会捐钱给慈善事业,也懂得欣赏音乐和艺术,但他们看不到也感受不到爪哇、苏门答腊、马六甲这些地方人民的痛苦。从 16 世纪到 19 世纪,大约有 1000 万非洲奴隶被运到美洲,其中有大约七成都在甘蔗园里工作。奴隶的劳动条件极度恶劣,大多数奴隶生活悲惨,英年早逝。而且欧洲人通过发动战争俘虏非洲人,再从非洲内陆千里迢迢运至美洲,还有数百万非洲人在这样的战乱或运送过程中丧命。①

大西洋奴隶贸易并非非洲灾难的终结。在工业革命之初,对欧洲人来说,非洲最有价值的资源就是奴隶。工业革命以后,机器代替人力劳动,普通的人力资源不再是最迫切的需求,而制造机器和生产的原材料成了工业化的关键;同时,工业革命产生的各种工业品需要寻找消费市场;还有工业革命使欧洲国家产生了剩余资本,剩余资本也需要新的投资市场。这几个因素叠加在一起,使欧洲先发国家急于扩大殖民地,争夺和瓜分非洲就成了必然的结果。

1876 年,比利时国王成立了一个非政府人道组织,宣称目的是探索中非,打击刚果河沿岸的奴隶贸易。同时该组织也表示会修筑道路、兴建学校和医院,为当地居民改善生活条件。1885 年,比利时在巴黎召开了一个瓜

① 尤瓦尔·赫拉利:《人类简史》,中信出版社,2014 年,第 321—323 页。

分非洲的会议。会议关于欧洲列强在非洲的领土扩张达成了协议。欧洲列强同意将刚果盆地大约230万平方公里土地拨给该组织管理使用,这里被称为刚果自由邦。这片土地足足有比利时国土的75倍大。但从来没有人为此问过这片土地上足足3000万非洲人的意见。在很短的时间内,比利时这个所谓的人道组织就成了商业机构,其真正的目的只是成长和获利。他们压根儿就已经忘了修建学校和医院这回事,整个刚果盆地遍布着矿场和农业庄园,多数由比利时官员掌控,而且无情地剥削着当地人民。其中最恶名昭著的就是橡胶产业。当时橡胶迅速成为大宗商品,橡胶出口也成了刚果最重要的收入来源。负责收集橡胶的非洲村民被规定上缴的量越来越大,而且一旦少缴,就会遭到严厉惩罚。就算是最保守的估计,从1885年到1908年的23年间,在刚果追求产量和利润的代价是,足足让600万刚果人命丧黄泉,至少占当时刚果人口的两成。有些人估计惨死人数甚至高达千万。①

在1885那次会议之后不到20年的时间里,整个非洲大陆就被瓜分完毕。法国人占领了西非的广大地区;英国和德国占领了东非的广大地区;意大利由于动手慢,只抢占了红海沿岸的两个土地贫瘠的殖民地:厄立特里亚和索马里。到1914年之前,整个非洲只有埃塞俄比亚是唯一独立的国家。埃及名义上为独立国家,但完全受英国的控制。

1768年英国派出一支由库克率领的远征队前往南太平洋进行科学考察。库克这场远征带回了数量惊人的天文学、地理学、气象学、植物学、动物学和人类学资料,成了以后许多学科得以发展的重要基础。这次远征也征服了澳大利亚和新西兰,奠定了英国占领西南太平洋的基础,让数百万的欧洲人移民到这些新土地。在库克远征后的一个世纪间,澳大利亚和新西兰最肥沃的土地都被欧洲移民掠夺强占。原住民不仅人数锐减了90%,幸存者也受到严重的种族歧视和迫害。对于澳大利亚原住民和新西兰毛利人来说,库克远征队带来的是毁灭性灾难,本土文化几近灭绝,原住民几近灭种。

在亚洲,1600年英国侵入印度莫卧儿帝国,建立东印度公司,1757年以后印度逐步沦为英国殖民地。1764年英国征服孟加拉地区,当时这里是印度最富有的省份。新的统治者除了横征暴敛之外并无心治理,所实行的经

---

① Georges Nzongola-Ntalaja: *The Congo from Leopold to Kabila: A People's History*. London: Zed Books, 2002, p. 22.

济政策简直是场灾难，短短几年后便导致孟加拉地区爆发了大饥荒。饥荒持续了近 5 年，在这场灾难中，有 1000 多万人死亡，相当于全孟加拉地区人口的三分之一。①

俄国从 19 世纪 60 年代起加速了对外高加索、中亚、西伯利亚及远东的殖民和征服，并向蒙古、中国的新疆和满洲地区渗透。到 1876 年，俄国已经占领了 1700 万平方公里的土地。法国征服了越南、老挝、柬埔寨，英国占领了马来半岛和北婆罗洲，控制了波斯湾和阿拉伯半岛南部。在大洋洲，新兴的德国从西班牙手中购买了加罗林群岛、马里亚纳群岛等殖民地。除了直接征服殖民地外，殖民国家还将一些经济落后的国家变为半殖民地，如中国、朝鲜、暹罗、波斯、阿富汗、奥斯曼帝国等，在这些国家攫取了海关、交通、通商、筑路、开矿、建厂、开办银行、训练军队等特权。

第七节 海洋文明的崛起

海洋是生命的摇篮，地球表面积的 71%都是海洋。2000 多年前的古罗马哲学家西塞罗就说过："谁控制了海洋，谁就控制了世界。"在过去的几百年中，葡萄牙、西班牙、荷兰、英国乃至今天的美国在世界上的优势都是以海权为基础的。

中国在明代(1405—1433 年)，曾派遣航海家郑和率领庞大船队七下西洋，先后访问了亚非 30 多个国家和地区，最远抵达今东非肯尼亚的马林迪，并绘制了完整的航海图，完成了世界航海史上的壮举。印度和阿拉伯的航海家早就航行在印度洋上，他们还沿非洲东岸向南航行，最远也到过现在的莫桑比克。但亚洲各国从此降下了风帆，停止了向蓝海远行的脚步。

在 1500 年到 1750 年的 250 年间，西欧意气风发，成为海洋和新大陆的主人。但就算在当时，面对亚洲的超级强权，欧洲还是小巫见大巫。欧洲人之所以能成功征服美洲，在海上称王，主要是因为亚洲帝国对这些地方兴趣不大。地中海的奥斯曼帝国、西亚的波斯帝国、印度的莫卧儿帝国，以及中国的明清两朝，在同期也是蓬勃发展，领土显著增长，人口及经济增长幅度前所未见。1775 年，亚洲占了全球经济总量八成的比重。仅仅中国和印

① Vinita Damodaran："Famine in Bengal：A Comparison of the 1770 Famine in Bengal and the 1897 Famine in Chotanagpur"，The Medieval Histroy Journal，2007(10)：1-2，151.

度，就占了全球生产量的三分之二。相较之下，欧洲还是个经济侏儒。[①]

数千年来，传统欧洲海洋文明主要局限在地中海区域。阿拉伯和意大利的商人在欧亚大陆之间贩卖香料、丝绸、宝石和香精之类的名贵商品。从发现美洲新大陆后，欧洲通过进入和控制大西洋、太平洋，从东西两个方向经由海洋走向全球，控制和主宰了美洲、非洲和大洋洲，欧洲的商业贸易从此进入了新的发展阶段，世界贸易的商品发生了根本性的变化，由原来的名贵商品交易变成大众商品交易，贸易额也成倍地增加。欧洲各国争夺海外殖民地、贸易主导权和海上霸权的竞争也日趋白热化。

16世纪的海洋无疑是葡萄牙、西班牙的天下。这两个国家被大西洋和地中海两大水域包围，造就了这里的人民对海洋的渴望。在拜占庭帝国灭亡后，西方通往东方的传统商路被奥斯曼帝国控制后，葡萄牙、西班牙因其地理特点，将目光转向大西洋，经大西洋从东西两个方向开辟了通往东方的新航线和新商路，最早在美洲、非洲和亚洲建立了殖民地。

荷兰也是一个面向大海的民族，经过80年的战争后，荷兰在1609年从西班牙手中获得独立。依托先进的造船技术，荷兰全力以赴造船并开拓海上贸易，建立了一支强大的海军。荷兰舰队两次打败葡萄牙舰队，垄断了东方贸易，使荷兰在17世纪上半叶成了“海上马车夫”和海洋霸主。荷兰的船队控制了欧洲和远东的大部分贸易，挪威的木材、丹麦的海鱼、波兰的粮食、俄国的毛皮、东南亚的香料、印度的棉纺织品、中国的丝绸和瓷器等，大多由荷兰商船转运，经荷兰商人转手销售。阿姆斯特丹成了世界货物集散地和银行、保险、证券业的中心。

17世纪下半叶，英法两国分别在海上和欧洲大陆崛起，在海陆两大强权的夹击下，荷兰的海上霸权很快走到了尽头。1651年，英国颁布了《航海条例》，规定英国的进出口产品只准英国船只或原生产国船只运送，这无疑是对荷兰航运业的巨大打击，导致了1652—1653年、1665—1667年、1672—1674年三次英荷战争。战争以英国胜利告终，荷兰接受了《航海条例》。差不多在同一时间，法国又在陆地上多次入侵荷兰，不仅使荷兰元气大伤，而且被迫与英国结盟，将自己的海上利益让渡给英国，英国崛起成为海上新霸主。

---

① Robert B. Marks: *The Origins of the Modern World*. Rowman & Littlefield Publishers, Inc., 2006.

长期以来，由于英国与法国、西班牙在贸易上的竞争和在殖民地上相互争夺，以及普鲁士与奥地利在神圣罗马帝国的体系内外争夺霸权，从1756年至1763年，欧洲爆发了“七年战争”。在战争中，法国与奥地利结盟共同对抗英普同盟。当时欧洲的主要强国均参与了这场战争。英国企图夺取法国的殖民地，垄断整个制海权；普鲁士企图吞并萨克森，将波兰变为自己的附属国；奥地利企图削弱争夺中欧霸权的对手普鲁士，收复1740年被侵占的西里西亚；法国则力图吞并英国国王在欧洲的世袭领地汉诺威，保护法国在美洲和东印度的殖民地，遏制普鲁士的势力；瑞典试图夺取普鲁士的波美拉尼亚；俄国力图阻止普鲁士东侵，并扩大自己在西方的领地。法国在战争初期取得了胜利，1756年5月，在地中海西部的巴利阿里群岛海战中，法国舰队战胜了英国舰队。但从1758年开始，法国在欧洲战场被普鲁士拖住了手脚；在海上和各殖民地的战役均遭到失败，英国逐渐掌握了战争的主动权。1760年英国占领了加拿大、路易斯安那的一部分、佛罗里达和法国在印度的大部分殖民地。1763年2月，英法签订《巴黎和约》，普鲁士与奥地利签订了《胡贝尔图斯堡和约》，结束了“七年战争”。“七年战争”共造成了约90万至140万人死亡，影响了欧洲、北美、中美洲、西非海岸、印度以及菲律宾等地区。英国是“七年战争”中最大的赢家，法国在《巴黎和约》中被迫将整个加拿大割让给英国，并从印度撤出，只保留了可怜的5个小镇，英国成了海外殖民的霸主，迈向了建立日不落帝国的道路。

欧洲商业和海外贸易的繁荣极大地刺激了欧洲各国的生产。为了满足市场日益增长的需求，欧洲必须改变其生产组织和制造技术，采用新的生产方式、加工技术和方法，改变原来那种小规模的手工业小作坊的生产方式。借助科学革命的春风，他们终于发现和发明了他们想要的东西，那就是机器化大生产，由此掀起了一场声势浩大的工业革命。另一方面，欧洲经商业贸易、殖民掠夺获得的巨大财富也为工业革命准备了必要的资本。

第五章

机器轰鸣——工业文明的崛起

如果从生产力发展水平的角度看，从机器能大规模替代人类的体力和脑力劳动的方式去考察工业文明，那么，蒸汽机的发明无疑是人类迈入工业文明社会的标志。以此角度，我们可以将工业文明划分为两个阶段：第一阶段为机器代替人的体力劳动；第二阶段为机器代替人的脑力劳动。那么，人类目前正处在从工业文明第一阶段向第二阶段迈进的转折点，其进展的情况，取决于人工智能技术的发展状况。

蒸汽机的发明，彻底改变了人类的生产生活方式，揭开了工业革命的序幕。马克思在1848年出版的《共产党宣言》中这样描述工业革命："自然力的征服，机器的采用，化学在工业和农业中的应用，轮船的行驶，铁路的通行，电报的使用，整个大陆的开垦，河川的通航，仿佛用法术从地下呼唤出来的大量人口，……过去哪一个世纪料想到在社会劳动里蕴藏有这样的生产力呢？"

第一节　工业革命的号角

从16世纪中叶起，哥白尼、开普勒、伽利略和牛顿等人的科学发现，打破了古希腊先哲思想和宗教思想对人们思想的束缚，改变了人类认识自然、改造自然的思维和行为方式，掀起了一场科学革命。随着科学开始解决一个又一个过去认为无法解决的问题，许多人也开始相信，只要取得并应用新知识，人类就能解决所有的问题。科学革命发生在资本主义兴起的历史时期，追求利润最大化是资本主义经济的根本动力。应用科学技术手段，用机器来代替人的手工劳动，提高劳动生产效率，降低生产成本，实现利润最大化，成为工业革命的原动力。

几千年来，人类主要依靠人力、畜力、风力或水力进行生产，而风力和水力的利用严重依赖气候和地理环境。实际上人类每天都面对着能源生产史上最重要的发明，每次烧水泡茶，在水煮沸的那一刻，水壶的盖子会开始跳上跳下，这时热能被转换为动能。但是过去没人注意到这件事的真正潜力。

到 18 世纪，人类发明了一种使用热能作为动力的机器，这项新科技首先诞生在英国的煤矿里。随着英国人口膨胀，森林遭到砍伐，英国逐渐面临木柴短缺的问题，人们开始用煤炭作为替代品。许多煤矿层都位于会被水淹的区域，而且只要淹水，矿工就到不了较低的矿层。为解决这个问题，大约在 1700 年左右，英国的矿井里开始回荡着一种奇特的轰鸣声，可以说吹响了向工业革命进军的号角，那就是蒸汽机发出的声音。最早的蒸汽机主要用于矿井抽水，而且效率很低。1769 年，苏格兰人詹姆斯·瓦特在总结前人经验的基础上，对蒸汽机进行了改进，制成了第一台单动式蒸汽机，从此这个吞火吐雾的大力士横空出世了。

蒸汽机的发明是工业革命的重要标志，各种机器都需要动力推动，蒸汽机可以完成这个关键任务。蒸汽机的使用，犹如阿拉丁找到了神灯一样，人类突然可以创造出各种力大无比、无所不能的机器巨人，为人类完成那些人力所不能及的人间奇迹。蒸汽机提供了人类利用热能的一种方法，为机械提供了一种新动力，其历史意义无论怎样夸都不为过。蒸汽机使人类的生产方式发生了根本性的变革，过去传统的手工业小作坊生产变成了以蒸汽机为动力的机器大工业生产。

蒸汽机迅速在采矿冶金、轻工纺织、机械制造等行业中被推广使用，促进了各个产业的机械化。广泛使用的蒸汽机需要燃烧大量的煤，大量机器需要用钢铁来制造，这就促进了采矿和冶金方面一系列的革新。在采矿方面，蒸汽机不仅用于矿井抽水，而且用来凿岩、碎石、选矿、输送等，大大提高了生产效率和产量。在冶金技术方面，人们发明了去除熔融生铁杂质的搅炼法，使人类能冶炼出了高品质的铁和钢，从而改善了制造机器的原材料，也改进了机器的性能。1790 年，英国铁的产量为 8 万多吨，煤产量为 760 多万吨。到 1796 年，生铁产量猛增到 12.1 万吨，煤产量达到高 1000 多万吨。[①] 到 1860 年，英国煤和铁的产量比全世界其他地区加起来的总产量都要高。由于蒸汽机的发明和使用，转眼之间，英国就取得了世界工厂的地位。

1807 年，美国的富尔顿制成了第一艘适用的明轮推进的蒸汽机船，之后的一百多年，蒸汽机始终是船舶航行的推进动力。早期的汽船仅用于江河和沿海的航行，1838 年，“天狼星号”和“大西方号”汽船分别朝相反方向穿越大西洋，所用时间为最快的帆船所需时间的一半左右。英国拥有无与伦比的造船能力和财力，到 19 世纪中叶，仅英国皇家海军就拥有 200 余艘先进的蒸汽动力舰船，总吨位达 60 万吨，官兵 20 万[②]。依靠这支强大的海军力量，英国不仅巩固了它在欧洲的海上地位，而且掠夺了亚洲、非洲、美洲和大洋洲的大片殖民地，建立了“日不落帝国”，使英国迈入海上霸权的黄金时代。

1825 年，一名叫斯蒂芬森的英国工程师将蒸汽机装到了一辆满载煤炭的列车上，让引擎牵引这辆货车沿着铁轨将煤炭从矿场送到约 20 公里外的港口，这是史上第一列蒸汽动力火车。1830 年 9 月，第一条商业化铁路开通，连接了利物浦与曼彻斯特，用的是与抽水或纺织相同的蒸汽动力。不过短短 20 年后，英国的铁轨长度已达数万公里。

1883 年，德国工程师戴姆勒研制成功了以汽油为燃料的内燃机，相对于蒸汽机，内燃机体积小、运转速度快，较好地满足了交通运输装备的要求。1886 年德国人卡尔·本茨成立了奔驰汽车厂，试制成功世界上第一辆单缸发动机三轮汽车。此后，他的事业蓬勃发展，奔驰汽车开始名扬四海。1890 年，戴姆勒创建了自己的汽车公司，1897 年戴姆勒公司生产出“凤凰”牌小客车。到 1903 年，以公司主要投资人女儿名字“Mercedes”(梅赛德斯)命名的小客车投产，其前置发动机有 35 匹马力，有前车灯、挡风板，双门 5 座敞篷车造型更加接近现代轿车的特征，大大提高了戴姆勒公司的商业地位。1926 年上述这两家汽车公司正式合并成立戴姆勒-奔驰汽车公司。该公司生产的德国汽车品牌——梅赛德斯-奔驰，至今仍被认为是世界上最成功的高档汽车品牌之一。

德国发明了汽车，但美国把汽车送入了寻常百姓家。美国人发明的两

① 张友伦、李节传：《英国工业革命》，天津人民出版社，1980 年，第 45—49 页。
② 史滇生：《世界海军军事史概论》，海潮出版社，2003 年，第 128 页。

项生产工艺，使工业产品进入大批量生产的时代，大大提高了工业产品的生产效率，降低了生产成本，使普通大众消费得起，各种工业产品从此走进了千家万户。这两项生产工艺就是标准化生产和流水化作业。

公元前200多年前，中国秦始皇实行的“书同文，车同轨，统一度量衡”就是一种国家标准化，它为古代中国的治理奠定了良好基础。在制造领域实行标准化生产之前，同一产品的相应零件尺寸和精度不统一，一个产品由一个工人加工制作全部零件并自己装配，生产效率低下，而且当某个零件不能正常工作，由于零件不能互换，只能重新加工制作，维修时间长、成本高且十分不便。标准化生产就是制造标准的、可互换的零件，然后用这些零件装配成完整的产品。美国发明家伊莱·惠特尼是标准化生产的创始人。1780—1782年他在父亲开设的商店工作，制造和修理小提琴及各种五金零件。最初他在制锁中制作标准化零件，保证零件可互换，降低了锁的生产成本，缩短了锁的维修时间。1798年，惠特尼获得了美国政府制造步枪的合同，要在1800年前为美军供应10000至15000支滑膛枪。按传统的生产方法，这个生产任务是难以完成的。但惠特尼按照枪支零件的尺寸设计出一套专门器械和流程，让一般工人通过使用它们，分工生产不同的零件。用这种工艺流程生产出来的零件尺寸及公差控制在一定范围内，符合特定标准，任何零件皆能适用于任意一把同型号的步枪，只要将它们组装起来便可成为一支完整的步枪。惠特尼发明的新工艺和生产方式，使得生产过程大大加速。他曾当着美国总统杰斐逊和其他高级官员的面，实地表演从一大堆散装零件中装配步枪，从而得到普遍认可。由此开始，美国制造了第一批标准化的、零件可以互换的枪支。在惠特尼之后的数十年间，零件被制造得愈来愈精确，能生产出完全可以互换并保证产品装配和性能要求的零件。这种先加工互换零件再装配产品的方法，开辟了美国工业大批量生产的新时代。

第二种生产工艺是流水化作业。亨利·福特因为发明了能将汽车零件运送到装配工人所需要的地点的环形传送带，赢得了名声和大量财富。1908年，福特汽车公司开始生产福特T型车。亨利·福特采用了流水线大批量汽车生产的新方法，每一个工人只负责一个简单的生产工序，生产效率成倍地增加，规模效益十分明显，这种生产方式对当时美国制造业来说是一次翻天覆地的技术革新。由于采用了高效的生产组织方式，福特汽车生产效率越来越高，每辆车的售价也迅速下降，由原先850美金一辆车的价钱降至360美元，美国普通工人用一年工资就足以买一辆T型汽车。至1918年年底，全美国的汽车有一半都是福特公司生产的T型车。从1908年10月1日第一辆T型汽车下线，到1927年夏天结束T型汽车生产，福特公司共售出1500多万辆T型车。

以内燃机为动力的汽车发明后不久，出生在美国俄亥俄州的莱特兄弟成功地将一个6马力的内燃机装上了他们制造的“飞行者一号”飞机上。1903年12月17日，在北卡罗来纳州的霍克海滩上，“飞行者一号”试飞成功。1904年1至5月，莱特兄弟制造了第二架飞机——“飞行者二号”。从5月到年底，“飞行者二号”总共飞行了105次。1905年6月，他们又设计制造了“飞行者三号”飞机。这架飞机的性能远远超过了前两架。它还可以进行重复起降、倾斜飞行、转弯和圆周飞行、8字飞行。能进行这些有效的机动飞行表明，“飞行者三号”已具备了实用性，因此它被看作是历史上第一架实用动力飞机。莱特兄弟发明的飞机预示着，一个新的工业领域——航空工业诞生了。

内燃机需要消耗燃料，汽车和飞机制造业的发展带动了石化产业的发展。石油是提炼燃油的主要原料，也是许多化学工业产品如化肥、杀虫剂和塑料等的生产原料。为了得到更多的燃料和化工产品，地质学家发明了各种石油勘探方法，化学家发明了从原油中提炼出汽油、煤油和润滑油等种种石油炼制方法。由此诞生了石油勘探、油田开采、油气输送、石油炼制、化工制药等石化产业。

1820年，丹麦人奥斯特发现了电流的磁效应。既然电流能产生磁效应，那么磁效应也必定能产生电流。英国著名物理学家、化学家迈克尔·法拉第怀着这种信念不懈探索着磁生电的实验，在1831年发现了“电磁感应现象”。1865年，有人研制出永久磁铁式的发电机。但是，由于当时的磁体材料的磁性还很弱，所以不足以发出强大的电流。1866年德国西门子用电磁铁代替永久磁铁，发明了自激式的发电机，发出了强大的电流，具有了使用价值，迅速被推广使用。虽然电动机的发明早于发电机，但是，只有发明了发电机，有了强大的电流，电动机才得到了广泛的应用，成为工业装备和家电产品的主要动力装置。

1882年，法国电气工程师德普勒成功地将2000伏的高压直流电从米斯巴赫送到57公里以外的慕尼黑，但同时也暴露出直流输电损耗大的重大弊端。英、德、俄、意等国的科学家和工程师很快研究出交流发电机、交流电动机以及交流变压器，解决了交流高电压远距离输电技术。这样，深山峡谷的水力可以转成电能输送出来，供城市使用，也可以在煤矿附近开设发电厂，把燃煤产生的热能转化成电能输送到城市使用。有了电能这个中介能源，我们就可以把大自然的各种粗犷的能源转化为精细的电能，为各种实际需要提供精准的能源和动力。

从蒸汽机到内燃机，人类从利用热能发展到利用化学能，是动力机械和能源装备的一次革新。但从蒸汽机与内燃机到发电机和电动机，从利用化学能到利用电能，则是工业革命的一次飞跃。电能可输送到世界各个角落，送到城市和乡村，送到企业和千家万户，由此诞生了电力电气行业，各种电器产品喷涌而出，人类从此走进了电气化时代。

在农业文明时代，相对于欧洲基督教文明圈，亚洲儒家文明圈更加繁荣、富庶。欧洲在经历了中世纪近千年的黑暗时代的磨难后终于醒悟，通过文艺复兴和启蒙运动解放了思想，通过科学革命和工业革命走上了工业化道路，实现了欧洲的崛起。近代欧洲崛起本质上是工业文明生产生活方式的崛起，世界近现代史也是工业文明崛起和农业文明衰落的历史。欧洲国家相继进行了工业革命，增强了国家实力，世界的经济、文化、科学的中心也从亚洲转移到了欧洲。

第二节　工业化的浪潮

工业化是一个农业社会向工业社会转型的历史过程。相对于原始社会，农业社会的人们不需要在大片土地上满山遍野地寻找食物，采集果实，捕捉猎物，不用再过风餐露宿、缺衣少食、饥寒交迫的生活。人们可以在自己的房前屋后，凿井而饮，耕田而食。若自己拥有一片土地，成片种上几种农作物，虽然也要承受风吹雨淋日晒，但只要辛勤劳作且无天灾人祸，就能养活自己和家庭，并过上男耕女织、童叟相依、温饱无忧的定居生活。随着工业革命的兴起和机器的使用，农作物的种植由人力改为机器耕作，农业生产从个体劳动转变为农场的规模经营，农业生产力成倍提高，农村产生了大量剩余劳动力。人们大批从农村走进了城市，从农田走进了工厂，被组织在一条条生产流水线上，按照生产分工，在一个几平方米的狭小空间里操作机器，按照生产要求和流水线的节奏，完成特定的工作任务，大规模地生产出某种特定的产品。与传统手工业生产相比，工业化生产规模更大，组织性更强，生产效率更高，产量更大，产品价格更低，生产利润更高。工业化的过程伴随着生产工具机器化、生产分工精细化、生产节奏同步化、生产产量规模化、生产组织集中化、劳动人口城市化等方面的生产生活方式的变革。在这个过程中，劳动力不断地由农业向非农产业转移，人口不断地从农村向城市集聚。

工业化最初只是一种自发的社会现象，是工业革命的深化和发展。欧洲国家的资本积累和科学技术发展为工业化发展奠定了基础，这些国家相继进入了工业化社会。这种以大规模机器生产为特征的工业生产方式取代了原有的农业社会个体劳动与手工业的生产生活方式，使欧美成为工业化的引领者，极大提升了这些国家的综合国力。

英国 18 世纪 60 年代以瓦特蒸汽机的改良和广泛使用为起点，以 19 世纪三四十年代机器制造业机械化的实现为标志，基本完成了工业革命，综合国力大增。1840 年，完成了工业革命的英国立即对中国发动了第一次鸦片战争，工业文明的新秀英国轻而易举地战胜了当时的东方农业文明大国中国，这标志着世界进入了以工业文明为主导的新时代。英国工业革命不仅影响了西欧和北美，推动了法、美、德等国的技术革新，而且还扩展到东欧和亚洲，俄国和日本也出现了工业革命的浪潮。

英国在 1791 年建立了第一个织布厂。随着棉纺织机器的发明、改进和使用，棉纺织行业迅速实现了机械化，相关技术很快被英国其他轻工业部门（如毛纺织、麻纺织、丝纺织、造纸、印刷等）采用，到 19 世纪初，英国整个轻工业基本上实现了机械化①。到 19 世纪 40 年代，机器大工业生产在英国工业生产中已占居统治地位，空前提高了劳动生产率。马克思在《哲学的贫困》一书中指出，在 1770—1840 年的 70 年间，英国工人每个工作日的生产率平均提高了 27 倍。② 随着工业和城市的繁荣和发展，农村人口大量转入城市，城市人口猛增，英国城市人口已占全国人口的四分之三。英国在工业革命 80 年左右的时间里，建立了强大的纺织工业、冶金工业、煤炭工业、机器工业和交通运输业。列宁曾指出："19 世纪中叶英国几乎完全垄断了世界市场。"③由于英国是工业革命的发源地，其他国家的工业化有了可以借

---

① 李强、李斌、李建强："对英国工业革命时期纺织机械发明传统观点的再解读"，《丝绸》，2014 年第 6 期，第 68—74 页。

② 张友伦、李节传：《英国工业革命》，天津人民出版社，1980 年，第 64 页。

③ 列宁：《哈利·奎尔奇》，载《列宁全集》第 19 卷，第 370 页。

鉴的经验和成果，特别是在1825年英国解除了机器输出禁令以后，机器大量出口，从1825年到1840年英国机器出口价值由2万英镑增至60万英镑，是原来的30倍。同时，英国还对外输出了新技术和技术人员。因此，其他国家的工业化发展都比英国快，完成时间都比英国短。法国完成工业革命用了约60年时间，美国用了约50年时间，德国用了约40年时间，日本只用了约30年时间。

法国在1789年爆发大革命后，逐步扫除了封建制度障碍，到19世纪初，法国开始了工业革命。当时，虽然英国政府禁止本国的机器和技术资料输出国外，但英国和法国只隔了一条海峡，英国很难阻止技术传入法国，法国轻工业特别是棉纺织业的发展十分迅速。到19世纪40年代末，法国已有566个棉纺织厂，共拥有11.6万台纺纱机和350万纱锭，年消耗棉花在6000万公斤以上。同时，法国的煤铁产量增长迅速，煤产量达500万吨，生铁产量40万吨。法国的交通运输产业也发展得很快，建成了约3000公里的铁路线。到19世纪60年代末，法国铁路总长度已达1.8万公里，基本上完成了主要铁路干线的建设，近代工厂也在各地普遍建立，法国工业部门中使用的蒸汽机已有3.27万台，工业总产值达到120亿法郎，仅次于英国，居世界第二位。到1870年，法国的工业革命基本完成。①

直到18世纪末，当英国的工业革命正在热火朝天进行的时候，德国还处在邦国林立的分裂割据状态，政权和土地仍都掌握在容克地主手中，农奴制导致德国的经济发展长期处于落后状态。在法国大革命的冲击下，在城市，德国取消了封建行会制度，打破了手工业行会的行业垄断，促进了市场竞争和手工业生产向机器大工业生产的转型。在农村，德国进行了农奴制改革。农奴制改革废除了农民对地主的人身依附关系，允许农民通过缴纳赎金成为自己份地的所有者，或通过割让份地赎买与土地相关的封建义务。免除了封建义务的农民在获得了人身和择业自由的同时，开始了急剧的分化。由于赎买的条件苛刻，除少数富裕农民上升为富农外，绝大多数人走向破产，沦为雇佣劳动者，为工业革命提供了自由劳动力。而容克地主在这个过程中不仅占有了更多的土地，同时也攫取了巨额的赎金，为工业革命积累了资本。这种工业化方式被后人称为“普鲁士式道路”。1825年以后，英国取消了机器出口和技术人员出国的禁令，德国可以从英国进口机器和招聘

① 许永璋：《世界近代工业革命》，辽宁人民出版社，1986年，第115—121页。

技工，使德国工业革命获得后发优势，发展速度相对较快。1834 年由 38 个德意志邦联的邦国组成了以普鲁士为首的德意志关税同盟，德国境内大部分邦国结成了一个紧密的贸易经济区，促进了德国工业革命的发展。从 1850 年至 1870 年，德国轻工业和重工业迅速增长，德国的蒸汽机动力由 26 万匹马力增至 248 万匹马力，煤产量由 670 万吨增至 3400 万吨，生铁产量由 21 万吨增至 139 万吨，钢产量由 6000 吨增至 17 万吨。1870 年，德国已基本完成了工业革命，在世界工业总产量中的比重升到 13.2%，铁路线长度增至近 2 万公里，超过了法国，进入先进工业国家的行列。在此期间担任普鲁士王国首相的俾斯麦，采用“铁血政策”，在 1866 年发动了普奥战争并取得胜利；在 1870 年又进行普法战争，打败了法军；1870 年年底将德国南部 4 个邦国并入了德意志联邦，实现了德国的统一，建立了德意志帝国。俾斯麦担任了德意志帝国首任宰相，被称为“铁血宰相”。经济学家凯恩斯曾说过：“德意志帝国与其说是建立在血与铁上，不如说是建立在煤与铁上要更真实些。”德国强大的军事力量是以雄厚的物质力量作后盾的，法国在战场上被德国打败之前，它在工业实力方面就已经被德国超过了。1871 年德意志帝国成立后，崛起的德国取代了法国，成为欧洲大陆的霸主。

俄国地跨欧亚大陆，地理上的因素使欧洲工业革命的浪潮很快涌入了俄国。与德国差不多时间，从 19 世纪 30 年代开始，俄国开始了工业革命的进程，从纺织业到冶金业都进行了一系列的技术革新。据不完全统计，在 19 世纪 30 年代至 50 年代期间，俄国使用的蒸汽动力增加了 37 倍。但由于俄国是一个沙皇专制的农奴制国家，从整个社会经济来说，封建农奴制仍占统治地位，农民还被束缚在土地上，自然经济还占优势，这就使得自由劳动力的来源和市场的扩大都受到限制。农奴制已成为俄国工业化和资本主义经济发展的严重障碍。仅在 1858 年至 1860 年的 3 年间，俄国就发生了近 280 多次农民起义。愈演愈烈的农民起义迫使沙皇亚历山大二世于 1861 年 3 月发布了废除农奴制度的法令和特别宣言，进行自上而下的农奴制改革，走上了“普鲁士式”工业化道路。农奴制改革使俄国的工业革命进入了一个新的时期，工场手工业逐渐地为机器工业所代替。如果说改革前使用机器生产的还只是个别工业部门的话，那么，改革后各个工业部门都在使用机器了。到 19 世纪 80 年代，彼得堡、莫斯科、里加、顿涅茨克、巴库等成了全俄工业基地。与英、法、德等国不同，俄国工业生产的技术设备主要靠从国外引进，本国没有建成独立的、门类齐全的机器制造业，这表明俄国的工业革命并不彻底。俄国也没有真正实现工业化。19 世纪末 20 世纪初，俄国农业在整个国民经济中仍占优势地位。1897 年，俄国的农业人口尚占全国人口总数的六分之五，俄国仍没有摆脱农业国的落后状态。

17 世纪初，英国人来到北美大西洋沿岸，开始建立第一个殖民地弗吉尼亚。此后大批移民来到北美，其中大多数是英国人，也有来自欧洲其他国家的人，此外还有不少是从非洲贩运过来的黑奴。到 18 世纪 30 年代，英国人已在北美大西洋沿岸建立了 13 个殖民地。18 世纪中叶，英属北美殖民地的经济发展迅速。北部工商业发达，造船业是主要的工业部门之一，甚至英国本土都有很多人购买这里制造的船只；中部盛产粮食，生产的小麦和玉米远销欧洲市场；南部种植园经济盛行，黑人奴隶是种植园的主要劳动力，除生产稻米外，那里主要种植烟草和棉花等经济作物。北美生产的很多产品甚至能在国际市场上与英国的产品一争高低。在英国经营北美的同期，法国也在北美极力拓展殖民地，并控制了密西西比河东岸部分区域和加拿大全域。由于英、法的传统矛盾和对北美殖民地的争夺，英国与法国在 1756 年爆发了七年战争。英国虽然在此战争中打败了法国，控制了北美大部分地区，但长期的战争导致了财政困难。英国政府不断地向北美各殖民增加税收，导致殖民地人民强烈不满。1775 年美国独立战争爆发。经过 8 年的战争，美国虽然在政治上摆脱了英国的殖民统治，但经济上仍严重依赖英国，受英国控制。1807 年，美国政府通过了禁运法案，断绝与英、法的贸易，这导致 1812 年再次爆发了英美战争，历史上称之为“美国的第二次独立战争”。这次战争于 1814 年以美国的胜利而结束。战后美国提高关税以防止外国商品与本土产品的竞争。禁运法案和提高关税在美国工业化的初期保护了美国本土工业，加之美国是个移民国家，可以通过外来移民获得欧洲的先进工业技术和资金，这使美国的工业化具有得天独厚的条件。美国的经济资源十分丰富，加利福尼亚金矿的发现和开采，吸引了大量外国投资，基本上解决了美国工业革命所需的资金问题。从 1810 年到 1850 年，美国工业化进展迅速，工业总产值增长了将近 9 倍。但美国的工业化受到了南方种植园奴隶主的阻挠，特别是在美国的西部大开发过程中，北方希望在西部地区发展资本主义工商业，限制甚至禁止奴隶制度的存在；南方则力图在西部甚至全国扩展种植园奴隶制度，双方的矛盾在局部地区酿成了武装冲突。1861 年 4 月，美国南北战争爆发，到 1865 年 4 月，南北战争结束。北方的资本家战胜了南方的奴隶主，彻底摧毁了奴隶制，维护了国家统一，为工业化迅速发展扫清了道路。到 1890 年，美国工业已在工农业总产值中占百分之八十。1894 年，美国工业产量已占全世界工业总产量的三分之一。[①]到 19 世纪末，美国已超越英国，成为世界第一的工业强国。

日本在美国"门户开放"的炮舰政策下，为了避免沦为欧美国家的殖民地、半殖民地，在明治政府的强力主导下，自上而下走上了工业化道路。日本的工业化始于 1868 年的"明治维新"。明治政府提出了"富国强兵""殖产兴业"的政策，希望动用国家力量尽快完成工业化。1870 年日本成立工部省，聘请外籍专家和技术人员，培养高级工业技术人才，同时大力引进欧美的科学技术、机器设备和经营管理制度，建立国营的现代工业企业。明治政府进行币制改革，用硬币代替纸币，稳定了通货，为私人投资企业铺平了道路。1880 年后，明治政府廉价地向私人转让国营工厂，引发了私人创办企业的热潮，工业革命进入了迅速发展的新阶段。但是，日本工业化发展一开始就没有稳固的基础，工业化的资金来源大部分靠农民缴纳的地租和地税，进口机器设备主要靠出口生丝的收入，工业品的消费也主要靠占人口 70% 的农民。落后的农业、狭小的国内市场同迅速发展的大工业之间产生了尖锐矛盾，到 1890 年，日本就出现了生产过剩的明治危机。为了转移国内矛盾，日本走上了对外侵略扩张的道路，以开拓海外市场和对外掠夺。日本把第一个侵略扩张目标瞄准了人口众多、地大物博、市场潜力巨大而又十分脆弱的中国。1894 年，日本精心策划发动了甲午战争。那场战争打断了中国工业化的进程，也使日本独霸了朝鲜，占领了中国市场，扩大了日本商品的销路。日本通过侵略战争获得了中国的巨额战争赔款，完成了其原始资本积累。日本再次出现了投资热，工业、交通运输业以及金融贸易都获得了大发展，从而迅速完成了工业革命，成为亚洲第一个实现工业化的国家。

从 19 世纪初开始，工业革命从英国逐渐传播到欧洲大陆以及世界的其他地区。到 19 世纪末，欧洲主要国家、美国和日本基本上完成了工业革命，由此诞生了人类社会一种新的文明形态——工业文明。迄今为止，工业文明仍是最富活力和创造力的文明，它创造了巨大的物质财富，极大提高了人类改造自然、征服自然的能力。工业文明的崛起，迅速地改变了人类的生产和生活方式，同时也改变了国际政治关系格局。

---

① 许永璋:《世界近代工业革命》，辽宁人民出版社，1986 年，第 137 页。

第三节　工业文明的崛起

工业革命发生一个多世纪以后，这场革命的广泛和深远影响日益显现了出来。在生产技术上，机器生产代替了手工劳动，生产量和生产率成几十倍甚至上百倍的增长。19 世纪初，英国一个普通纺纱工纺出的棉纱，相当于工业革命前两三百个手工纺纱工同时间纺出的棉纱产量。工业革命大大改变了人与自然的关系和人与人之间的关系。在人类历史发展的长河中，在数百万年的时间里，由于生产力水平低下，世界上大多数人虽然终年含辛茹苦，仍无法从自然界获取维持温饱的衣食。在中世纪的欧洲，无论乡村或城市，约有一半的人经常处于难以维持生命的最低生活水平。遇到荒年，往往饿殍遍野。直到 16 世纪末和 17 世纪初，在英国各地还有许多人饿死，甚至在首都伦敦也有饿死人的事发生。就全世界来说，工业革命前的 1750 年，全世界人口约 7.5 亿，以当时生产力的水平来看，全世界顶多只能养活 10 亿人。工业革命 100 年后，世界人口激增，1850 年为 12 亿人，1950 年为 25 亿人。虽然人口激增，但工业革命带来的生产力的巨大增长，足以保证全世界人口的生存和发展。英国在 19 世纪的 100 年中，人口增加了近 3 倍，但按人口平均计算的实际收入仍然增加了 4 倍。英国工业革命的历史作用，超过了一般意义的社会变革。工业革命在交通技术方面取得的重大进步，在国际关系上也产生了非常深远的影响。在工业革命之前，各地区和各国之间的交通非常不便，山川阻隔往往成为不可克服的障碍，各地区、各国人民之间永世隔绝，互不来往。工业革命后，交通运输工具飞速发展，为国际交往和国际贸易提供了可能和便利，世界被越来越紧密地联系在一起。

在工业化过程中，欧洲各国均发生了“圈地运动”。圈地运动产生了一批失地农民，这些失地农民流落到城市，成了靠出卖自己劳动力生活的城市贫民。由于工业革命取得的技术进步，工业化生产逐步成了农业的支柱。过去靠肌肉力量完成或根本完不成的事情，现在都可由机器来完成。由于有了化学肥料、工业杀虫剂和各种激素及药物，无论是农作物还是家禽家畜的产量都大幅跃进。畜牧业的工业化，再加上农作物种植的机械化，使农业只需要越来越少的农民，农村出现了大量的剩余劳动力，而工业化也使城市创造了大量的就业机会。各国工业化的过程伴随着农业劳动力向工业劳动力转移，使得农村人口向城市迁移，工业化引发了前所未有的城市化进程。

1800年全世界的城市人口只占总人口的3%，随着工业革命的兴起，机器大工业和社会化大生产的出现，涌现出许多新兴的工业城市和商业城市，世界人口迅速增长，城市人口比例不断上升。从1800到1950年，地球上的总人口增加1.6倍，而城市人口却增加了23倍。1800年，欧洲超过10万人口的城市只有23个，总人口为550万；到1900年，超过10万人口的城市达到135个，总人口达到4600万，增长了7倍多。在美国，在1780—1840年的60年间，城市人口占总人口比例从2.7%上升到8.5%。1870年美国开始工业革命时，城市人口所占的比例不过20%，而到了1920年，其比例骤然上升到51.4%。到1914年，英国、法国、比利时、德国和美国等西方国家的大部分人口都生活在城市里，而且这种城市化的进程还在不断地扩大。

工业化和城市化后，城市和工业开始像雪崩一样生产出各种新产品。比起以前，人类生产出更多钢铁，制作出更多服装，兴建出更多建筑，还制造出令人瞠目结舌、超出想象的各种产品。许多国家有史以来第一次生产超出了消费能力甚至消费需求，这进一步促进了国家间的商业贸易，甚至贸易成为维系国家发展、繁荣和实现财富积累的手段。而航海和交通技术的发展，为国际贸易和远洋贸易提供了条件。一些欧洲先发工业化国家开始采用各种手段，甚至不惜采用战争手段，打开其他国家贸易的大门。

如果说欧洲人发现新大陆只是无心插柳，只是在前往东方中国和印度的路上，无意中发现了一个宝藏，因而暂时停下了脚步，忙着淘金挖宝，那么，当这个宝藏快挖尽时，资本的逐利本能使他们突然间又想起了他们原来出发时的目标，那个让他们魂牵梦绕的地方——世界的东方和中国。

欧洲通过对美洲、非洲和大洋洲的征服、瓜分和掠夺，完成了资本原始积累，积累了大量资源和财富；通过大航海积累了丰富的航海经验；通过工业革命，造出了丰富的工业产品，需要更加广阔的市场。同时它们也造出了快枪、坚船和利炮，终于有能力入侵亚洲，击败亚洲各大帝国，打开各国市场，再进行分赃作业。等到奥斯曼、波斯、印度和中国等亚洲帝国终于惊觉情势不妙时，为时已晚。

完成了工业革命的欧洲，在一系列战争中将传统亚洲大国打得抬不起头。它们征服了亚洲的大片土地，全球的权力中心转移到了欧洲。此后一个世纪，欧洲紧紧掌握着世界经济，控制了世界大多数地区，成为全球新秩序的主宰。

第六章

大江东去——三千年未有之大变局

1874年，李鸿章上书朝廷："臣窃惟欧洲诸国，百十年来，由印度而南洋，由南洋而中国，闯入边界腹地，凡前史所未载，亘古所未通，无不款关而求互市。我皇上如天之度，概与立约通商，以牢笼之，合地球东西南朔九万里之遥，胥聚于中国，此三千余年一大变局也。"他认为"中国遇到了数千年未有之强敌，中国处在三千年未有之大变局"，中国"外须和戎，内须变法"。中国以后"若不稍变成法，徒恃笔舌与人争，正恐长受欺侮"，"今当及早变法，忽令人笑我拙耳"。中国近代的衰落被李鸿章不幸言中。

不论李鸿章是否真正清楚这场大变局的真正内涵和影响，从人类历史、经济和社会发展角度看，当时中国和亚洲面临的，是一场工业文明和农耕文明碰撞的大变局，是一场从农业文明向工业文明艰难转型的大变局，是一场传统社会走向近代社会的大变局。

第一节　中欧碰撞

中国的农耕文明推崇"重义轻利"。"志士仁人，无求生以害仁，有杀身以成仁"，"不义而富且贵，于我如浮云"，而商人重利，所以士、农、工、商四类人中，士为贵，农工次之，商为末，这是中国传统文化中根深蒂固的价值观念。农耕文明重视农业，在数千年农耕文明历史中，"农耕立国""重农抑商"是中国历朝的基本治国之策，也是明清"海禁"政策的重要依据。欧洲海洋文明依赖商业贸易，工业革命后的欧洲更需要商业贸易。当欧洲商人来到中国时，两种文化迎头相撞。当时的清政府费尽周折想紧闭国门，而欧洲人挖空心思要打开中国的大门。

中国人在宋朝发明了火药和指南针，这些发明通过丝绸之路，传播到了欧洲。到19世纪，当这些发明创造经过了欧洲工业革命的洗礼，再次回到中国时，变成了火枪、坚船和大炮，成了打开中国大门的利器。

一、鸦片战争——难以启齿和不堪回首的战争

中国古代一直是世界上最富饶的国家之一，以其独特的文化传统和数千年养成的优越感步入近代。当工业革命浪潮席卷欧美、工业文明强势崛起之时，中国社会特别是统治阶层仍在农业文明社会天朝上国的迷梦中自我陶醉，对与外国通商和技术革新漠不关心，也不感兴趣，对即将威胁其生存的科技和工业文明大潮茫然无知。这种状况最终给中国带来了有史以来最难承受的屈辱和苦难。

清朝初年，由于经过数十年的战争，生产遭受严重破坏。在康熙、雍正、乾隆三代的一百多年中，清朝统治者的治国思想和方式完成了从游牧文明向农耕文明转型。这段时期中国的经济快速发展，人口迅速增长，国力得到恢复并走向强盛，社会发展达到清朝统治的最高峰。中国的国内生产总值恢复到世界的三分之一，手工业品产值占世界手工业品产值的百分之三十。[①] 到乾隆年间，清朝的文治武功走向极盛，乾隆以“十全武功”自誉，平定了准噶尔与回疆大小和卓之乱，使川黔等地改土归流。当时江南与广东等地的丝织与棉织业发达，景德镇的陶瓷业达到历史高峰。[②] 西方传教士将中国文化介绍给欧洲人，引发了18世纪西方的中国热潮[③]，有人称这个时代为“乾隆盛世”。但在这盛世背后暗藏着严重的隐患和巨大危机。康乾时期虽然人口数倍于明朝，铁和布匹这两项工业产品的总产量指标却始终未能恢复到明末水平。清朝统治者认为兴商办厂既不合祖宗成法，也对国家无利。雍正认为：“农为天下之本务，而工贾皆其末也。今若欲于器用服玩之物，争尚华巧，必将多用工匠。市肆之中多一工作之人，即田亩之中少一耕稼之人。且愚民见工匠之利，多于力田，必群趋而为工，则物之制造者必多，物多则售卖不易，必至壅滞而价贱。是逐末之人多，不但有害于农，而

---

① 保罗·肯尼迪：《大国的兴衰》，中信出版社，2013年，第152—153页。

② 姜公韬：《中国通史·明清史之清朝的极盛与中衰》，九州出版社，2010年，第154—161页。

③ James I. Wong: *Chinoiserie and Sinophilism in the 17th- and 18th-century Europe*（《17至18世纪欧洲的中国风和中国热》），Koinonia Productions，1984.

并有害于工也。小民舍轻利而逐重利，故逐末易而务本难。苟遽然绳之以法，必非其情之所愿，而势所难行。惟在平日留心劝导，使民知本业之为贵，崇尚朴实，不为华巧。如此日积月累，遂成风俗。虽不必使为工者尽归于农，然可免为农者相率而趋于工矣。”他认为：“招商开厂……断不可行。”① 到 1840 年左右，中国工业产量仅为全世界的 6%。无论是总产量还是在全世界的比例，都不及 200 年前的明末。“重农抑商”的思想，遏制了清朝工商业的进一步发展。

一方面，清政府担心工商业冲击农业，使得清朝的“立国之本”遭受侵蚀外；另一方面，在清朝康乾时期农业社会发展正处于鼎盛期时，英国商人向中国推销包括鸦片在内的商品，对中国农业社会传统造成了现实冲击和破坏。这些导致清政府不断强化“闭关锁国”的消极苟安政策。1757 年乾隆皇帝以海防重地规范外商活动为由，下令除广州一地外，停止厦门、宁波等港口的对西洋贸易，实行所谓的“一口通商”政策。1759 年，清政府颁布了《防范外夷规条》，根据这一文件建立了“公行”机构，即广州十三行。公行是由官方允许的商人组成的垄断性外贸组织，外国人来广州做买卖必须经由公行，其行动也由公行的行商负责约束。条规还规定，外国商人只准在规定的时间，即每年的 5 月至 10 月间来广州进行贸易，期满必须离去，在广州期间他们只能住在由公行所设的“夷馆”内；外商在华只能雇用翻译和买办，不能雇人向内地传递信件；中国人不准向外商借贷资本等。公行的外贸垄断经营和相关约束规定引起了英国商人的不满。1792 年 9 月，英国政府任命马戛尔尼为正使，乔治·斯当东为副使，以祝贺乾隆皇帝 80 大寿为名出使中国，这是西欧各国政府首次向清朝派出正式使节。1793 年 9 月，使团抵达热河，向清政府的代表和珅递交了国书，但因礼仪问题发生争执。最终双方达成协议，英国作为独立国家，其使节行单膝下跪礼，不必叩头。英国使团向乾隆提出了英国的通商要求，并向清政府赠送了一批体现英国科技水平和产业实力的产品和模型，其中包括前膛枪、加农炮等武器，望远镜、地球仪等天文学仪器，以及钟表、热气球和一艘英国最先进的 110 门炮舰模型。清廷上下对这些近代科技反应冷淡，只是将之作为“贡品”“玩意”收藏，根本没有意识到其中的科技含义及军事价值。乾隆皇帝以无先例为由，拒绝了英国提出的进一步开放通商口岸、开设英商居留地和仓库、给予英国商船和

① 《清世宗实录》，五十七卷。

商人相关贸易便利、在北京常设使馆及商行等要求。乾隆认为,“天朝物产丰盈,无所不有,原不藉外夷货物以通有无”,中国作为天朝上国,不需要外国的商品即可自给自足,“尔岛国远在重洋,与世隔绝”,而中国首都“乃寰内四海之中心……凡我藩属国臣民,在京开业经商之事,未曾有也”,双方不存在平等贸易的基本条件,两国的贸易也无扩大之可能。[①] 对西方列强的贪婪一无所知的清帝国不知道,英国使团离开时对中国的印象是一个不祥之兆,马戛尔尼在日记中写道:“两艘英国军舰足以对付帝国全部的海军力量……无须个把月,即可摧毁沿海的所有航运,令靠捕鱼为生的沿海省份居民陷入饥荒。”

英国完成工业革命后,需要像中国这样广大的市场作为商品出口地,英国人希望中国能开放贸易。由于中国出产的茶叶、丝绸、瓷器等奢侈品在欧洲市场十分受欢迎,但英国出口的羊毛、呢绒等工业制品在中国却不受青睐,而且清政府对海外贸易征收高关税,英国在中英贸易中存在较大的贸易逆差。为了扭转对华贸易逆差,英国开始向中国走私毒品鸦片,从中获取暴利。

鸦片俗称大烟,是罂粟植物蒴果。罂粟花鲜艳美丽,结出的果实中含吗啡、可待因和罂粟碱。人类从罂粟植物中获取鸦片有几千年的历史,主要用在医药上,三国时名医华佗就使用大麻和鸦片作为麻醉剂。生鸦片经烧煮和发酵,可制成精制鸦片,属初级毒品,吸食时会散发香甜气味,长期吸食会成瘾并严重影响身体健康。19 世纪的清朝书籍《梦厂杂著》记录了吸食鸦片上瘾的痛苦和后果:“瘾至,其人涕泪交横,手足委顿不能举,即白刃加于前,豹虎逼于后,亦唯俯首受死,不能稍为运动也。故久食鸦片者,肩耸项缩,颜色枯羸奄奄若病夫初起。”

由于鸦片贸易猖獗,中国民间吸食鸦片成风,由此中国人得到了“东亚病夫”的蔑称。1839 年,道光皇帝为解决鸦片的弊端,派林则徐到广州禁烟。林则徐到任后,勒令外国烟贩交出所有鸦片,并承诺不再贩卖,保证“嗣后来船永不敢夹带鸦片,如有带来,一经查出,货尽没官,人即正法,情甘服罪”。林则徐共查缴鸦片 2 万余箱,并于虎门海口悉数销毁。英国认为中国此举侵害了英国商人的利益,国会对此事进行了激烈辩论,许多英国国会议员持有这些鸦片贸易公司的股份,最终以 5 票的微弱优势通过了对中国采

① 亨利·基辛格:《论中国》,中信出版社,2012 年,第 36—37 页。

取军事行动的决议。这是一场连英国人自己都难以启齿的战争,因而英政府始终未正式宣战,英国人称之为第一次英中战争或"通商战争",中国人称此战为第一次鸦片战争。

1840 年发生的中英鸦片战争,是当时世界上最强大的农业文明国家和最强大的工业文明国家的第一次对撞。在这场战争中,"半野蛮人坚持道德原则,而文明人却以自私自利的原则与之对抗。一个人口几乎占人类三分之一的大帝国,不顾时势,安于现状,人为地隔绝于世并因此以天朝尽善尽美的幻想自欺。这样一个帝国注定最后要在一场殊死的决斗中被打垮:在这场决斗中,陈腐世界的代表是激于道义,而最现代的社会的代表却是为了获得贱买贵卖的特权——这真是任何诗人想也不敢想的一种奇异的对联式悲歌"①。完成了工业革命的英国挟其强大的工业基础和军事实力,迅速取得了战争的优势。1842 年在流放伊犁的途中,林则徐在给友人信中的一段话,道出了这场战争的一些细节,并分析了战败的军事装备因素:"彼之大炮远及十里内外,若我炮不能及彼,彼炮先已及我,是器不良也。彼之放炮如内地之放排枪,连声不断。我放一炮后,须辗转移时,再放一炮,是技不熟也。求其良且熟焉,亦无他深巧耳。不此之务,既远调百万貔貅,恐只供临敌之一哄。况逆船朝南暮北,惟水师始能尾追,岸兵能顷刻移动否? 盖内地将弁兵丁虽不乏久历戎行之人,而皆觌面接仗。似此之相距十里八里,彼此不见面而接仗者,未之前闻。徐尝谓剿匪八字要言,器良技熟,胆壮心齐是已。第一要大炮得用,今此一物置之不讲,真令岳、韩束手,奈何奈何!"②正如林则徐在他的一首诗中所言,"苟利国家生死以,岂因祸福避趋之"。林则徐知道,持长矛弓箭的大清不是船坚炮利的英国人的对手,在民族生死存亡之际,他勇挑重担,奋起抗争。虽然清军开战初期奋力作战,但很快就陷入溃败。总体上,这是一场农耕文明时代冷兵器与工业文明时代热兵器的战争,结局可想而知。1842 年清朝战败,被迫求和。

1842 年清政府被迫同英国侵略者签订了中国近代史上第一个不平等条约——《南京条约》。1843 年 10 月中英又签署了《虎门条约》,作为《南京条约》的附约。条约规定中国割让香港,赔偿英国鸦片损失和军费;开放沿

① 中共中央马克思列宁恩格斯斯大林著作编译局:《马克思恩格斯论中国》,载《鸦片贸易史》,人民出版社,1997 年,第 64 页。

② 蒋廷黻:《中国近代史大纲》,东方出版社,1996 年,第 18 页。

海 5 个“通商口岸”，英国在中国的进出口关税须与英国议定；英国享有领事裁判权，英国人在中国犯罪可不受中国法律制裁等。条约还规定“设将来大皇帝有新恩施及各国，亦应准英人一体均沾，用示平允”，英国享有了其他国家与清朝签订的不平等条约的一切权利。其他列强不想英国独大，纷纷胁迫清政府签订了类似不平等条约。1844 年，中美签订《中美望厦条约》，法国与中国签订《黄埔条约》。从 1845 年起，中国与比利时、瑞典等国家也签订了类似条约。鸦片战争的失败和《南京条约》等一系列不平等条约的签订，使中国丧失了领土、司法、关税、贸易等一系列主权，中国社会性质发生了根本变化。欧洲列强入侵不仅打破了中国天朝上国的世界秩序臆想，而且撼动了清朝统治的合法性根基。

西方各国迫使清政府开港通商，加上地方官吏地主兼并土地，使中国传统的农业经济遭到破坏。各地农民纷纷起义，如华北的捻军起义、华南的“云南回变”等，各地起义中以 1851 年洪秀全领导的广西金田起义影响和声势最为浩大。洪秀全建立了太平天国，然而，起义军建立的政权既不太平，也非天国，曾国藩、左宗棠与李鸿章纷纷组织湘军与淮军围剿起义军，太平天国内部也发生了“天京事变”这样悲剧性事件。太平天国最后于 1864 年在湘军、淮军以及外国军人组成的常胜军、常捷军围攻之下灭亡。

在漫长的历史长河中，中国也曾遭受过外族入侵，这些入侵者的一个共同特征是渴望分享中华文明，希望在中国土地上居住，享受其文明并最终融入中国人的生活。但和以往的入侵者不同，欧洲的入侵者并没有这种愿望，他们认为自己的社会更加先进，入侵的唯一目的是攫取财富和经济利益，而不是要归顺中华文化。在短短的 10 多年时间里，中国便从辉煌的农业文明上国天朝宝座上跌落，沦为殖民势力瓜分争夺的目标，其自给自足的自然经济解体，逐渐成为世界资本主义国家的原料供给地和商品销售地，开始沦为半殖民地半封建国家。

1856 年，英国借口“亚罗号事件”、法国借口“马神甫事件”，共同发动了第二次鸦片战争。到 1860 年，英法联军相继强迫清政府签订《天津条约》和《北京条约》。俄罗斯趁火打劫，从 19 世纪 50 年代到 80 年代，侵吞中国北方一百五十多万平方公里的领土。根据一系列不平等条约，中国丧失了大量领土、主权和财富，中华民族的危机进一步加深。

圆明园是清朝用了 150 多年时间建成的，以其宏大的建筑规模、精美的建筑布局、杰出的建造技艺、丰富的文化收藏和博大精深的民族文化内涵而享誉于世，被誉为“一切造园艺术的典范”，被法国作家维克多·雨果称为“理想与艺术的典范”。在第二次鸦片战争中，英法联军洗劫并纵火焚烧了圆明园。大火三天三夜不灭，烟雾笼罩北京城，久久不散，无数艺术珍品毁于一旦。圆明园陷入一片火海的时候，曾劫掠了希腊的帕特农神庙、下令焚毁圆明园的英军统帅额尔金得意忘形地宣称：“此举将使中国与欧洲惕然震惊，其效远非万里之外之人所能想象。”纵火者把这种行径看作是了不起的战绩，而只要还有良知的人都会被这种野蛮的罪行所震惊和激怒。雨果在1861年写道：“有一天，两个强盗闯进了圆明园，一个洗劫，另一个放火。似乎得胜之后，便可以动手行窃了……两个胜利者，一个塞满了腰包，这是看得见的，另一个装满了箱箧。他们手挽着手，笑嘻嘻地回到了欧洲。……将受到历史制裁的这两个强盗，一个叫法兰西，另一个叫英吉利。”

中国人并没有忘记鸦片战争，对这场战争的记忆以及此后中国遭受的屈辱影响着中国对西方的看法。火烧圆明园是过去200年里最恶劣的文化毁灭罪行之一，被英法联军劫掠并流落到世界各地的圆明园艺术品，仍刺痛着中国人的心。圆明园被焚毁后残存的几根柱子和一堆乱石，不时在唤醒中国人的历史记忆。为了不让历史的悲剧重演，国家富强成为此后中华民族的不懈追求。

二、洋务运动

经过两次鸦片战争的失败和太平天国的打击，清廷的开明派开始认识到西方坚船利炮的威力。为了解除内忧外患，实现富国强兵，维护清朝统治，以恭亲王奕䜣、曾国藩、李鸿章、左宗棠、张之洞为代表的洋务派，开始了以学习西方文化及先进技术为主要内容的洋务运动。洋务运动的基本思路就是“师夷制夷”“中体西用”。“师夷制夷”就是要学习西方的长技用以抵制西方的侵略，“中体西用”是以中学为主体，西学为辅用，目的是在学习和引进西方科学技术的时候，维护中华民族的文化传统，保持中华民族的本色。

洋务运动的根本目标是“自强”“求富”。洋务派主张学习西方的声、光、电、化知识，学习西方的轮船、火车、机器、枪炮制造技术，学习西方创办报刊、学校等，提倡兴“西学”、办“洋务”，认为中国要富强，就必须学习西方的科学技术，生产新式武器，建立新式军队，达到“自强”的目的，要大力兴办民用工业和运输业，达到“求富”的目的。洋务派开创了中国近代众多第一，如第一座钢铁厂、第一座机器制造厂、第一所近代化军校、第一支近代化海军舰队、第一条铁路等。

洋务运动遭到了守旧派的反对和抵制。以同治皇帝的老师、工部尚书倭仁为代表的守旧派，高唱“立国之道，尚礼义不尚权谋，根本之图，在人心不在技艺”，主张“以忠信为甲胄，礼义为干橹”来抵御外侮，顽固地认为中国根本无须向外国学习。守旧派与洋务派斗争十分激烈。守旧派和洋务派的斗争，本质上是农耕文化和商业文化的冲突，是农业文明传统和工业文明变革的冲突。在两千多年的农耕文明发展历史中，“农本商末”观念是中国传统的主流思想。从统治阶层看，一方面，私人工商业主通过商品交换与高利贷盘剥了农民，另一方面，商业活动丰厚的利益回报又会吸引相当一部分农民“舍本趋末”，从而削弱王朝的统治基础。自战国时形成“奖耕战”“抑商贾”政策开始，秦汉后“重农抑商”“崇本抑末”渐成国策，到宋元“专卖”法乃至明清“海禁”，均是重农抑商政策的表现。“重农抑商”“农本商末”政策深深影响了中国的古代历史。在价值观方面，孔子说：“君子喻于义，小人喻于利。”中国传统文化主张重义轻利，把求义还是逐利作为区分君子和小人的标准。实际上，孔子并不完全否定利，他说过：“因民之所利而利之，斯不亦惠而不费乎？”孔子反对的是“见利忘义”，要求君子“见利思义”。如果利不符合道义的要求，就应不顾个人利害、得失，甚至不惜牺牲个人生命，舍利而取义。洋务派认为守旧派空谈误国，“陈论甚高，持论甚正”，然而“以礼义为干橹，以忠信为甲胄，无益于自强实际。二三十年来，中外臣僚正由于未得制敌之要，徒以空言塞责，以致酿成庚申之变”。李鸿章告诫说：“目前时局，外须和戎，内须变法。倘若依旧固守成规，不思变革，国家日衰矣。各国一变再变而蒸蒸日上，独中土以守法为兢兢，即败亡灭绝而不悔。”

1861 年，咸丰皇帝去世，其子载淳继位，即同治皇帝。咸丰皇帝死前任命肃顺等八大臣赞襄政务，但两宫太后与恭亲王奕䜣发动了辛酉政变，随后两宫垂帘听政，最后由两宫之一的慈禧太后获得实权。慈禧太后与原有保守势力有冲突，为了稳定其地位，她对洋务派采取了扶植政策。洋务派登上清朝的政治舞台后，大规模引进西方先进的科学技术，兴办近代化军事工业和民用企业，洋务运动迅速开展起来。

在李鸿章等人主持下，中国创办了一批近代军事工业。江南机器制造总局、金陵制造局、福州船政局、天津机器局等一批大型近代军事工业相继问世。短短几年，中国就已经具备了铸铁、炼钢以及生产一些军工产品的能力，包括大炮、枪械、弹药、水雷等新式武器和蒸汽轮船，装备了新式军队。

他们还开办了天津北洋水师学堂、广州鱼雷学堂、威海水师学堂、南洋水师学堂、旅顺鱼雷学堂、江南陆军学堂、上海操炮学堂等一批军事学校，为近代军事人才培养做出了贡献。北洋海军的建立，是洋务运动在军事方面的标志性成果。它曾经是中国可以威慑海洋的先进军事力量，在世界海军史上也占有一席之地，并且在培养北洋海军的过程中，还带动了一系列的近代工业发展。

随着军事工业的创办，洋务派认识到强大的国防基础在于整个国家经济的发展，需要有能源、钢铁等产业与之配套。同时，为了维护民族利益，也必须发展民族经济，与洋人“商战”“争利”。于是，民用工业和新式交通运输业也发展起来。1872 年，李鸿章在上海建立了轮船招商局，这是洋务派创办的第一个民用工业企业。招商局开办仅三年时间，就为清政府引资一千三百多万两银子，还将业务发展到国外，打破了外国航运公司的垄断局面。

此后，中国近代采矿、电报、邮政等行业相继出现。轻工业也在洋务运动期间得到大力发展。1880 年，左宗棠创办的兰州织呢局，成为中国近代纺织工业的鼻祖。中国近代纺织、自来水、发电、机器缫丝、轧花、造纸、印刷、制药、玻璃制造等，都是在 19 世纪七八十年代开始建立起来的。在洋务运动的推动下，中国民用工业得到了迅速发展，奠定了中国近代工业的基础。

随着近代军事和民用工业的发展，洋务派认识到新型人才在国家发展中的重要性。1862 年，恭亲王奕䜣创办京师同文馆，开创了中国近代教育的先河。1866 年京师同文馆增设算学馆，成为一所综合性学堂。此后，上海广方言馆、福州船政学堂、上海机械学堂、天津电报学堂等新式学堂纷纷创办。与传统官学相比，这些新式学堂培养了一批新式人才，如翻译人才、军事人才、工程技术人才等。洋务派还发起留学运动，1872—1875 年清政府派遣了 4 期共 120 名幼童赴美留学，1877—1897 年先后派出四批福建船政学堂的学生赴欧留学。京师同文馆、上海广方言馆以及江南制造局的译书馆，翻译了一批西方自然科学、社会科学、人文科学著作。大量西学著作的翻译出版，打破了中西文化的壁垒，促进了中西文化交流与融合。

但是，从修建铁路这项工作上，可以看出当时中国从农业文明转型到工业文明之艰难。自从 1825 年英国建成了世界上最早的一条铁路之后，由于它在经济上、政治上以及军事上所起的作用，铁路越来越为人们所重视，于是欧美各国接踵而起纷纷效法，在短短十余年间铁路建设就取得了长足进步。1865 年，美商在北京宣武门外修建了一条一里多长的铁路，作为样品，希望引起国人关注，但没几天就被步军统领衙门拆掉了。1880 年，怡和洋行修建了从上海到吴淞的铁路，引起官员一致反对，最后借口压死了一个士兵，以 28 万两白银买下后拆毁，投入海中。1881 年，因煤炭运输的需要，建成了从唐山到胥各庄全长 22 里的铁路。然而，消息很快传到京城，守旧派们立即闹腾起来，说是“机车直驶，震动东陵，且喷出黑烟，有伤禾稼”，于是“奉旨查办”，简易蒸汽机车“旋被勒令禁驶”。其实，清东陵远在唐山以北遵化县的马兰峪，离唐胥铁路还有近百公里。既然不许用火车头，只好改用驴和马拖着车厢在铁路上走，成为世间一大奇观。①

19 世纪 60—70 年代，在经历了列强入侵和太平天国运动的双重打击后，清王朝的统治已江河日下，摇摇欲坠。之后兴起的洋务运动开启了中国工业化的进程，使得清朝的国力有了一定程度的恢复和增强，清朝一度出现了较安定的局面。1862—1878 年间，左宗棠先后平定陕甘回变、新疆回乱并收回伊犁，中国在国际上的地位和形象因此有了相当大的改善。至 19 世纪 80 年代，清朝军队的装备和洋务运动之前相比已有了明显的提高。在 1884—1885 年中法战争期间的一系列战役中，清军和法军互有胜负。国内国际形势稍趋缓和，1888 年（光绪十四年），慈禧太后挪用巨额海军军费扩建颐和园，为自己筹备“万世盛典”②。历史的发展证明，洋务运动后出现的所谓“同治中兴”景象，不过是愚昧和腐朽的大清王朝在垂死前的回光返照而已。

正当中国朝工业化方向艰难前行时，一件改变中国历史发展进程和亚洲政治版图的大事，打断了中国工业化蹒跚的步伐，那就是中日甲午战争。这次向中国发起挑战的，不是来自遥远的欧洲，而是来自和中国一衣带水的邻邦日本。如果说欧洲列强用枪炮打开中国的大门，是为了“谋财”的话，那么，这次日本向中国举起屠刀，那是来“害命”的。西方列强漂洋过海来到中国，主要是为了谋取经济利益，而日本不仅想侵占中国广阔的领土，而且想取代中国，成为东亚国际秩序新的中心。

---

① 余明侠：《李鸿章和甲午战争前后的铁路建设》，《江苏社会科学》，1994 年第 6 期。

② [美]芮玛丽著，房德邻等译：《同治中兴：中国保守主义的最后抵抗（1862—1874）》，中国社会科学出版社。

第二节　中日恩怨

日本是群岛国家，与亚洲大陆最近的距离也有大约160公里，长期以来一直孤处一隅。日本的传统文化和政治思想有一个突出特点，那就是认为日本天皇是天照大神的后裔，天照大神生了第一位天皇，并赋予他的后代永远统治的权力。日本传统官方意识形态强调日本人是神的后裔，使一些日本人自以为与众不同的意识变为近乎宗教般的狂热。

自古以来，处于中华文明圈边缘的日本吸纳了大量中华文化的内容。虽然日本在亚洲衰落时想脱亚入欧，但是欧洲是否认可日本是欧洲国家，那要欧洲人自己来确定。而在历史上，日本是吸吮中华文明的乳汁成长起来的。儒家思想一以贯之的"忠恕之道"，"尽己之谓忠，推己之谓恕"，意即尽自己的心是忠，用自己的心推及他人就是恕。忠恕是中国儒家处理人际关系的基本原则。中日文化很重要的一个区别是，中国的儒家文化注重"仁"，仁者爱人，推己及人，仁包含"忠"与"恕"两个方面的要求。即要尽己之力爱人，推己及人，己所不欲勿施于人。而中国儒家文化传入日本后经日本神道教改造，只注重"忠"，尽己谓之忠，但缺少了"恕"，少了推己及人，己所不欲也强加于人。日本通过明治维新，从一个闭关守旧的封建落后国家，一跃而成为亚洲的工业强国，之后日本在谋求摆脱欧美不平等条约欺压的同时，又把类似的不平等条约强加给亚洲邻国，从往日受西方欺凌的受害者变成亚洲邻国的加害者。在南京大屠杀中，日本军人举起屠刀，用中国人进行"百人斩"的斩首比赛，以虐杀俘虏与平民为荣，只要觉得自己忠于日本帝国，做灭绝人性的恶行也可以心安理得，甚至乐在其中。当今日本右翼对待靖国神社、南京大屠杀、二战性奴（日本称"慰安妇"）等问题的态度，也有这种文化和心理在作祟。日本的武士道精神推崇"忠"和"勇"，但以忠为先，尽忠是绝对价值①，但少了恕。中华文化也尚武，但中国人推崇"侠士"而非"武士"。侠士是侠义之士，既有侠也有义，既要武功高强，又必须遵守仁义之道，但以仁义为要②，这样才配称侠士，也才能得到人们的尊重。

---

① ［日］山本常朝著，李冬君译：《叶隐闻书》，广西师范大学出版社，2007年，第36—37页。

② 杨伯峻：《论语译注》，中华书局，2013年。

一、千年幽梦

在中国的三国时代，日本的本州岛西南部兴起了一个强大的政权，叫邪马台国。在日语中，“倭”“大和”与“邪马台”的读音相通，皆为 YAMATO，音译便成了邪马台。当时邪马台的统治者都是女王。据《后汉书》记载，公元 238 年，邪马台国的卑弥呼女王派遣使者朝见魏帝曹叡，魏帝赐予卑弥呼刻有“亲魏倭王”的紫绶金印一枚，包括铜镜百枚在内的礼物若干。之后不管中原的政权怎么更迭，日本都向中国称臣，在中国魏晋宋齐梁陈六代，六朝皇帝都册封日本的统治者为倭王、安东都督府都督、安东将军等。在此期间，大和国继邪马台国兴起，并于 4 世纪末完成了日本列岛的统一。大和政权的最高统治者为大王，大王已经具备专制君主的某些特征。①

公元 600 年前后，在中国隋朝的时候，日本的圣德太子推行改革，制定“宪法十七条”，强调豪族作为臣下要尽忠，服从天皇，意在加强中央集权。圣德太子在日本的地位就相当于中国周朝的周公。他借鉴中国的制度对倭国的体制和制度进行重构，国名由 YAMATO 改成了 nibeng（日语音），写成汉字就是日本，并把统治者称谓由大王改成天皇，同时把前面几代的先王都追封为天皇。这也导致中日伦理关系的一个严重冲突。中国皇帝历来被尊为天子，日本的大王突然变成了天皇，比中国皇帝还长了一辈。中国是一个十分注重伦理的国度，不论日本文化这种设计是无意之失还是恶意相向，这种中日伦理秩序设计，对中国而言无论如何都是无法接受的②。中国皇帝虽然不高兴，但作为泱泱大国、礼仪之邦，当时日本不过是蕞尔小邦、蛮夷之地，中国没有与日本较真，只要日本与中国的邦交文书上不出现这种辈分伦理次序，不到中国来炫耀日本自诩的身份和文化，只在他的岛国内自娱自乐，中国也没再与日本计较。

隋唐时期，日本正处于社会变革时期，从唐朝贞观年间开始，日本不断派人到中国学习，每次派出的遣唐使团多达百人以上，有时多至五百余人。中国的律令制度、文化艺术、科学技术以及风俗习惯等，通过他们传入日本，对日本的社会发展产生了重大影响。日本的大化革新是由留学唐朝的学者

---

① 田久川：《古代中日关系史》，大连工学院出版社，1987 年，第 50—51 页。

② 《隋书》载有高祖文帝与日本遣隋使的对话：“开皇二十年，倭王姓阿每，字多利思北孤，号阿辈鸡弥，遣使诣阙。上令所司访其风俗。使者言倭王以天为兄，以日为弟，天未明时出听政，跏趺坐，日出便停理务，云委我弟。高祖曰：‘此太无义理。’于是训令改之。”

回国策划的。公元646年，孝德天皇开始大化革新，日本从这一年开始有了年号。大化革新是日本由奴隶社会向封建社会过渡的标志，奠定了日本的国家发展方向。大化革新完善了日本的统治制度，为日本确立了一套在当时颇为先进的管理体制，稳定了日本的社会环境，社会经济得到发展，为以后的繁荣奠定了基础。

唐代高僧鉴真对中日交往做出了突出贡献。鉴真大师55岁那年，两个日本高僧普照和荣睿来到中国求法。日本当时的佛教戒律不完备，僧人不能按照律仪受戒。普照和荣睿来到中国请鉴真大师东渡扶桑，传播佛法，鉴真大师毅然应允。鉴真六次东渡扶桑，最终成功并受到日本的隆重欢迎。鉴真到日本不仅传播佛法，还把中华先进文化传播到了日本，包括豆腐制作技术。一些日本人说原来的日本文化就是一锅豆浆，中国文化就像卤水，点进去之后才变成了豆腐。中国在经历元灭宋之后，有些日本人认为对汉唐文化继承得最好的是日本，自认为日本风俗是："国比中原国，人如上古人。衣冠唐制度，礼乐汉君臣。"①

历史上中国、日本、朝鲜三国关系错综复杂。朝鲜半岛战略地位十分重要，是日本进入亚洲大陆的跳板。朝鲜历史上的第一个王朝是中国商代商纣王的叔叔箕子建立的，周灭商时，为保存殷商一脉，箕子带领族人出走朝鲜，建立了箕子朝鲜。汉朝初年，燕国人卫满领着族人到了朝鲜，推翻了箕子朝鲜，建立了朝鲜历史上的第二个王朝——卫氏朝鲜。汉武帝时期，汉朝出兵灭了卫氏朝鲜，在朝鲜北部设立了乐浪郡、玄菟郡、真番郡、临屯郡等四个郡，将辽东和朝鲜北部连成一片。其后不久，汉朝将临屯、真番二郡并入乐浪、玄菟二郡。乐浪郡治所设在今朝鲜平壤，玄菟郡治所则设在今朝鲜咸兴。东汉末割据辽东的公孙氏在乐浪郡南部设立了带方郡。到了魏晋时期，朝鲜半岛高句丽、新罗、百济三国崛起并形成鼎立状态，高句丽在半岛北部，新罗和百济分别在半岛的东南部和西南部，三国在逐步吞灭其四邻小国的过程中，相互之间争斗不息。到5世纪初，高句丽先后攻占了乐浪郡、带方郡，占据汉江以北地区，并夺得辽东、玄菟二郡。百济受高句丽逼迫，都城一再南移，而其东邻新罗也不断对其进行攻击。于是，百济北面和中国北方游牧民族政权交好以牵制高句丽，东面与刚刚统一日本列岛的大和政权交好以牵制新罗。

---

① 朱彝尊：《明诗综》卷九十四，载《答大明皇帝问日本风俗诗》，中华书局，2007年。

日本一向视朝鲜半岛为“宝国”，一直企图扩张进入朝鲜半岛。早在公元345年至404年间，日本就曾七次举兵入侵新罗，虽然均被新罗、高句丽及其联军击败或击退，但日本还是占领了位于百济、新罗之间一块叫任那的夹角地带，把它作为在朝鲜半岛进行扩张的根据地①。直到562年，任那才被新罗收复。到隋唐时期，朝鲜三国兵争不息，百济欲灭新罗，联合高句丽和日本，屡屡出兵新罗，攻城略地。新罗四面受敌，处境险恶，只好向唐朝求助。唐朝在诏告三国罢兵未果的情况下，数次派兵入朝，水陆并进，北征高句丽，南攻百济，增援新罗，日本也派军增援百济。公元663年，唐朝新罗联军与百济残部和日本援军会战于白江口。当时日本战船有400余艘，唐朝、新罗联军只有170艘战船，兵力也处在劣势，但唐罗联军大败日军，这就是著名的白江口会战②。白江口之战是中日之间的第一次战争，日本经此大败以后，认识到自己远不是中国的对手，转而向中国示好，频繁派出遣唐使团，留学中国，学习唐朝的政治、军事、经济和文化。在白江口会战之后的900多年间，日本没有再染指朝鲜。

明朝万历年间的1590年，丰臣秀吉打败了各路对手，统一了日本，结束了日本一个多世纪的内战，接着宣布了他更为宏大的愿景：他要建立世界上最庞大的军队，开入朝鲜半岛，征服中国，使全世界臣服于日本脚下。对于日本表现出来的巨大野心，中国起初不以为意，认为这只是狂人臆语。1592年，丰臣秀吉调动近20万军队渡海入侵朝鲜，日军势如破竹，一个月攻陷朝鲜京城，驱逐朝鲜国王。得知日本的真正目标是中国后，明朝集结辽东及戚家军约4万人，由李如松统领，奔赴朝鲜作战，在平壤之战中大败日军。1597年1月，日军14万大军再侵朝鲜，朝鲜再次向明朝求援，明朝再次调集4万兵力赴朝救援，后续不断增兵，最高至7万。日军在丰臣秀吉死后，战争难以为继，于是全部从朝鲜半岛撤退。万历朝鲜战争对当时东亚的政治军事格局有着深远影响。明朝保卫了朝鲜半岛，但国力也受到相当大的损耗。朝鲜从亡国到复国，实力被严重削弱。日本元气大伤，丰臣秀吉集团的势力被削弱而间接导致江户幕府崛起。1615年江户幕府消灭了丰臣氏，日本改弦更张，摒弃了丰臣秀吉的黩武主义对外政策。此后近300年，日本

---

① 田久川：《古代中日关系史》，大连工学院出版社，1987年，第52—53页。

② 《旧唐书·卷八十四·列传第三十四》：“仁轨遇倭兵于白江之口，四战捷，焚其舟四百艘，烟焰涨天，海水皆赤，贼众大溃。余丰脱身而走，获其宝剑。伪王子扶余忠胜、忠志等，率士女及倭众并耽罗国使，一时并降。百济诸城，皆复归顺。”

没有再出兵朝鲜。

日本是个岛国，处在地震带上，生存环境险恶，扩张并殖民到大陆是日本的梦想。在东北亚古代历史中，日本每次向大陆的武力扩张，均被中国遏制。到了19世纪，欧洲人来到中国，用舰炮轰开了中国大门，目的是想与中国通商贸易，为在中国谋取经济利益，甚至采取过野蛮恶劣手段谋取不义之财，但总体上欧洲人主要是想"谋财"，为了"谋财"也有过"害命"。但日本不同，历史上日本几次向大陆扩张，不仅仅是为了掠夺资源和财富，更重要的是为了领土扩张，占领和征服朝鲜甚至中国。萌生于丰臣秀吉时代的日本的大陆政策，总方针是向朝鲜和中国等大陆国家进行武力扩张，进而称霸亚洲，甚至征服全世界。所以日本向大陆扩张，既"谋财"，也"害命"，还要"鸠占鹊巢"。这也是当今日本右翼势力竭力否认侵略历史，纵容军国主义思潮，谋求修改和平宪法，其亚洲邻国特别是韩国、朝鲜和中国对日本动向高度警惕的重要原因。

到了19世纪末，日本再次向中国伸出魔爪，发动了甲午战争。与历史上历次战争的结果不同，甲午战争以中国惨败、日本完胜而告终，日本初步实现了丰臣秀吉的扩张战略构想。日本之所以能赢得这次战争，与日本的明治维新密切相关。

二、明治维新

在19世纪中期，日本处于最后一个幕府——德川幕府时代。和中国清朝相似，德川幕府对外实行"锁国政策"，禁止外国的传教士、商人与平民进入日本，也不允许国外的日本人回国，甚至禁止制造适于远洋航行的船只。在此期间，日本只允许同中国、朝鲜和荷兰等国通商，而且只准在长崎一地进行。①

1853年7月，美国海军准将马休·佩里率领舰队强闯进入江户(今东京)岸的浦贺。美国舰队的黑色铁甲军舰是日本从来没有见到过的，日本人称这次事件为"黑船事件"。美国舰队的4艘军舰共有63门大炮，而当时日本在江户湾的海防炮射程及火力能达到4艘军舰水平的大约只有20门。佩里的到来令日本人十分震惊，他们深切感受到日本与美国的巨大差距。佩里把美国总统米勒德·菲尔莫尔写给日本天皇的信交给了德川幕府，要

① 王觉非、刘祚昌:《世界史·近代史编》，高等教育出版社，2001年，第126—127页。

求同日本建立外交关系并进行商业贸易。在“不开国就开战”的威胁下，幕府不敢拒绝开国通商的要求，但又恐怕接受佩里带来的国书后会受到国内的抨击，于是幕府借口要得到天皇的批准方可接受条约，并和佩里约定在次年春天给予答复。

1854 年 2 月，佩里再次率领舰队来到日本，这次一共来了 7 艘军舰，而且舰队一直驶入江户湾内，到达横滨附近才停船。面对佩里的强硬姿态，幕府只好接受开国的要求，于是双方在横滨签订了《日美亲善条约》，这也是日本与西方列强签订的第一个不平等条约。其他西方列强跟随美国，纷纷向日本提出通商的要求，于是英国、俄国、荷兰等西方列强都与日本签订了亲善条约，日本被迫结束锁国时代。

在德川幕府掌权的 200 多年间，从来不准天皇参与政治，但是这次为了降低各藩的反对声音，德川幕府想以天皇的名义缔约，因此破例邀请各大名（日本的封建领主）、武士、学者甚至平民，针对开国之事提出意见。于是天皇及其朝臣、大名及其家臣（武士）纷纷举起了救国的旗帜，趁机跃上政治舞台。一系列不平等条约的签订，使德川幕府成为日本社会讨伐的对象。日本封建阵营出现分化，中下级武士号召“尊王攘夷”。他们刺杀与西方势力勾结的幕府当权者，袭击在日本的西方商人和外交官，进攻西方列强船只等。由于受到幕府军队与西方列强的严厉镇压，“尊王攘夷”运动最终失败。

“尊王攘夷”运动失败后，许多有识之士认识到，要想改变日本现状，就必须推翻幕府统治，实现富国强兵。于是，“尊王攘夷”运动演变为倒幕运动。长州（今山口县）、萨摩（今鹿儿岛县）、土佐（今高知县）、肥前（今佐贺县和长崎县）是日本西南部的 4 个强藩。这些藩国在历史上与幕府矛盾较深，接受海外影响较早，输入近代科学技术和拔擢中下级武士都比较积极，成为武装倒幕的根据地。

1867 年孝明天皇死后，太子睦仁亲王（即明治天皇）即位，倒幕势力积极结盟举兵。1868 年（戊辰年）1 月 3 日，天皇发布《王政复古大号令》，废除幕府，令德川庆喜“辞官纳地”，数日后德川庆喜在大阪宣布《王政复古大号令》为非法。1 月 27 日，以萨摩、长州两藩为主力的天皇军 5000 人，在京都附近与幕府军 1.5 万人激战，德川庆喜败走江户。此后天皇军大举东征，到 1869 年 6 月，日本全境实现统一。

以天皇为首的新政府上台后，于 1868 年 4 月发布政治纲领《五条誓文》，6 月公布《政体书》，表明新政府改革封建旧制度和积极向西方学习的决心。9 月天皇下诏将江户改称东京，10 月改年号为明治，1869 年 5 月迁都东京，全面拉开了明治维新的大幕。明治政府在完成了政治重建后，实施了富国强兵、殖产兴业和文明开化三大政策。[①] 富国强兵，就是改革军警制度，创办军火工业，实行征兵制，建立新式军队和警察制度；殖产兴业，就是引进西方先进技术、设备和管理方法，大力扶植工商业的发展；文明开化，就是学习西方文明，发展现代教育，提高国民知识水平，培养现代化人才。

在政治方面，实行"版籍奉还""废藩置县"政策。明治维新以前，藩士（主要是武士）与藩主是家臣与主君的关系，家臣的主要工作就是保护藩主、为藩主打仗，主君给家臣俸禄，他们之间是一种人身隶属关系。实行"版籍奉还"后，藩士的户口由各藩转到国家，解除了藩主与藩士的人身依赖关系。废除各藩，将日本划分为 3 府 72 县，废除了大名在各藩征税的权力，结束了日本长期以来的封建割据局面，建立了中央集权式的政治体制，天皇集一切权力于一身。

在社会和文化方面，废除传统时代的"士、农、工、商"身份制度，将皇室亲缘关系者改称为"皇族"，过去的公卿诸侯等贵族改称为"华族"，幕府的幕僚、大名的门客等改为"士族"，其他从事农工商职业和贱民一律称为"平民"，形式上"四民"平等，但实际上仍存在等级之分。在此基础上，收回华族和士族的封建俸禄，实施《户籍法》，建立户籍制度，颁布《废刀令》，禁止武士带刀。提倡学习西方文化及习惯，翻译西方著作。在历制上，停用阴历，改用太阳历（年号除外）。

在产业方面，设立工部省，引进西方近代工业技术和工商业。改革土地制度，废除原有土地政策，许可土地买卖，实施新的地税政策，废除各藩设立的关卡。统一货币，设立中央银行。撤销工商业界的行会制度和垄断组织，推动工商业的发展。

在教育方面，设立文部省，颁布教育改革法令——《学制》，发展义务教育。将全日本划分为 8 个大学区，各设 1 所大学，下设 32 个中学区，各有 1 所中学，每 1 个中学区下设 210 个小学区，每一个小学区设 1 所小学，全国总计有 8 所公立大学，256 所中学，53760 所小学。颁布《教育敕语》，灌输武士道、忠君爱国等思想。此外还选派留学生到英、美、法、德等先进国家留学。

在军事方面，改革军队编制，发展国营军事工业。陆军参考德国训练，

① 竹内理三：《日本历史辞典》，天津人民出版社，1988 年，第 222 页。

海军参考英国海军编制。颁布征兵令，凡年龄达20岁的成年男子一律须服兵役。到了明治时代中后期，开始推行军国主义政策，军事预算急剧增加，约占政府经费的30％～45％。

在交通设施方面，改善各地交通，兴建新式铁路、公路。1872年，日本的第一条铁路——东京至横滨间铁路通车。到了1914年，日本全国铁路总里程已经超过7000公里。

在司法方面，仿效西方制度，于1882年订立法式刑法，于1898年制定法德混合式民事法，于1899年订立美式商法。在宗教方面，基于政治原因，政府大力鼓励神道教，宣扬忠于天皇的思想，同时亦容许其他宗教的存在，1873年日本取消禁止基督徒传教的禁令。

1889年天皇颁布了《明治宪法》，建立了议会。普选产生的众议院代表代表选民的意见，有权质疑政府高官，但没有人事任免、外交决策、财政预算等方面的实权，也不能提出此类议案。参议院的成员一半以上是世袭的，有四分之一是天皇特别任命的，参议院对众议院有监督权。

日本经过“明治维新”近30年的发展，国力日渐强盛，先后废除了幕府时代与西方各国签订的一系列不平等条约，重新夺回了国家主权，进入了工业化的快车道。可以说，“明治维新”是日本历史的转折点。日本从此走上独立发展的道路，并迅速成长为亚洲乃至世界强国。日本走上强国之路，同时也走向了扩张之路。

三、甲午战争

通过明治维新，日本国力日渐强盛，就加紧了对外扩张的步伐。日本扩张最大的制约因素来自中国。中国是传统亚洲大国，当时虽然国力日衰，但依然举足轻重。中国与亚洲周边国家存在着传统的宗藩关系。在这一国家关系中，中国自称并被尊为“天朝上国”。藩属国要接受中国皇帝对其国王的册封，奉中国为“正朔”，向中国纳贡，而中国则“薄来厚往”，通常给以价值远高于贡物的“回赐”，而且要承担保护属国安全的义务。藩属国依靠中国的威势，可以免遭他国的侵犯，并巩固其国内的统治秩序。对中国而言，重要的是所谓“守在四夷”，即以周边藩属国的稳定来保障边疆的安全。从某种意义上说，这种关系带有准军事同盟的性质。

1871年中日两国签订了第一个条约《中日修好条规》。该条约第一款规定：“嗣后大清国、大日本国倍敦和谊，与天壤无穷。即两国所属邦土，亦各以礼相待，不可稍有侵越，俾获永久安全。”[①]通过《中日修好条规》的签订，日本获得了与中国“比肩同等”的地位。但日本想要的远不止这些，也没有遵守这一条约，而是开始加快向中国传统势力范围的扩张。

日本第一个扩张目标是中国的藩属国——琉球。1872年9月，日本完成了对琉球的秘密侵占，将琉球国改为日本的“琉球藩”，将琉球国王册封为“藩王”，列入日本华族（明治政府世袭贵族）。1874年，日本借口1871年发生的“牡丹社事件”（琉球船只因台风漂流到台湾，有船员在与台湾民众的冲突中死亡），对外宣称琉球王国属于日本的“内藩”，琉球群岛是日本的领土，还声称琉球人是日本臣民，乘机大举进攻台湾岛，向中国明示琉球是日本的领土，并占领台湾的“藩地”。[②] 这是近代史上日本第一次对中国领土的武装侵略。经美英等国的“调停”，在清廷承认日军侵台是“保民义举”，即间接承认琉球人是日本属民后，日本才从台湾撤军。由于清廷的软弱无能，日本于1879年完全吞并了琉球王国，改设为冲绳县。

日本的第二个侵略目标是中国的另一个藩属国——朝鲜。朝鲜很早就与中国建立了宗藩关系。1592年丰臣秀吉兴兵侵朝，明朝政府曾出师援朝。对清政府来说朝鲜紧邻清朝统治者的“龙兴之地”，相比其他藩属国的安全，清政府对朝鲜的安全更加重视。1876年2月，日本以武力打开朝鲜国门，强迫朝鲜政府签订《江华条约》，否定了朝鲜和清朝的传统宗藩关系。日本在朝鲜取得了自由贸易、免征关税、日币使用权、获得居留地、自由勘测朝鲜海岸、领事裁判权等特权，朝鲜的主权遭到严重破坏。[③] 1882年朝鲜发生壬午兵变，中日两国同时出兵朝鲜，清军虽然在这次事件中压制住了日军，但日本还是如愿在《济物浦条约》中取得了在朝鲜的派兵权和驻军权。1884年，日本帮助朝鲜开化党发动甲申政变，企图驱逐中国在朝鲜的势力。袁世凯率清军击败了日军，镇压了这次政变。但日本人还是利用了清廷的昏庸同清朝订立了《天津会议专条》，规定中日两国同时从朝鲜撤兵，两国出兵朝鲜须互相通知。《济物浦条约》使日本取得了以保护公使馆为由出兵朝鲜的权利，《天津会议专条》则使日本取得了与中国在朝鲜共同行动的权利，这两个条约为后来的中日甲午战争埋下了隐患。

---

① 王芸生：《六十年来中国与日本》第一卷，生活·读书·新知三联书店，2005年，第45页。

② 廖敏淑：《〈中日修好条规〉与甲午战争——以修约交涉为中心》，《抗日战争研究》，2014年第4期。

③ 王如绘：《〈江华条约〉与日本大陆政策的实施》，《抗日战争研究》，1999年第4期。

1887年,日本参谋本部制定了“清国征讨策略”,提出“以五年为准备之期,然后待可乘之机而攻击之”。此后日本一直密切关注着中国一举一动,举国上下雄心勃勃,以赶超中国为目标,准备进行一场以“国运相赌”的战争。1892年,日本提前完成了自1885年起的10年扩军计划。而在此期间的中国,经过数十年的洋务运动,虽初见成效,但北洋海军自1888年正式建军后,就再没有增添任何舰只。与日本新添的战舰相比,清军不仅舰龄大,火力弱,射速慢,航速缓,而且部队编制落后,管理混乱,训练废弛,战斗力低下。因为需要经费为慈禧太后筹备六十寿辰,1891年以后,北洋水师甚至连枪炮弹药都停止了采购。

1894年1月11日,朝鲜爆发东学党起义,朝鲜政府军节节败退,向宗主国清朝求援。日本通过其驻朝公使馆探知清廷将要出兵朝鲜的消息后,欣喜若狂,认为发动战争的时机已至,乘机也派兵到朝鲜,借机挑起事端,找寻借口对中国发动战争。日本参谋本部的作战计划分三期实施:第一期,陆军首先占领全朝鲜,将清军在朝部队击败,以诱使清军北洋舰队出战,然后歼灭之,从而夺取制海权;第二期,占领辽东半岛和山东半岛,建立进攻中国内地的基地;第三期,从渤海湾登陆,在直隶(今河北)平原与中国野战师决战。[①] 清军到朝鲜后,未经战斗就把起义平息下去了,但因撤军问题中日两国发生对峙。清朝很快掉入了日本精心设计的战争陷阱中。日本持续向朝鲜增兵。当中国意识到日本想发动战争也向朝鲜增兵时,两国间的战争爆发了。1894年7月25日,日本不宣而战,袭击了增援朝鲜的清军运兵船,击沉了清军借来运兵的英国商轮“高升”号,挑起了甲午战争。

一方蓄谋策划、精心准备和另一方麻木不仁、仓促应战的结果是,日本取得了甲午战争的全面胜利,中国在战争中一败涂地。洋务派李鸿章建立的北洋舰队全军覆灭,这宣告了洋务运动的破产。清政府于1895年与日本签订《马关条约》,日本一跃成为亚洲强国,完全摆脱了半殖民地的地位。而中国的国际地位则一落千丈,财富大量流出,国势颓废,工业革命的步伐也被打断。甲午战争的失败,对中国社会的震动之大,前所未有。一向被中国看不起的“倭寇”竟全歼北洋水师,索得巨款,割走国土。朝野上下,由此自信心丧失殆尽,陷入空前的民族危机。

---

① 关捷:《甲午战争前日本的战备及其战略计划——兼驳“甲午战争突发论”》,《山东社会科学》,2014年6期。

第三节　路在何方

磨难的深度等于彻悟的程度。如果说两次鸦片战争的失败还没让清朝真正醒悟过来，只是觉得自己技不如人，通过洋务运动师夷长技就足以制夷，那么甲午战争的惨败，号称亚洲第一的北洋舰队全军覆灭于蕞尔小邦的日本之手，使人们开始意识到，清朝的失败不只是技不如人那么简单。面临"三千年来未有之大变局"的中华帝国开始了一个由传统天朝上国向近现代国家转型的艰难历程。

在欧洲封建君主专制社会向近代社会的转型中，1688 年英国的"光荣革命"建立的君主立宪制和 1789 年开始的法国大革命建立的共和制最具代表性，提供了两种社会变革途经和模式。1917 年俄国爆发的十月革命建立了苏维埃政权，也提供了另一种可选方案。了解这些国家的历史和当时的社会环境，可以更好地理解它们的社会政治变革是怎么发生的，它们的社会制度是怎样建立的，从中也可以更好地理解中国近代的发展历程和道路探索。

一、英国的"光荣革命"和君主立宪

从古代到中世纪，英国只是大西洋中的蕞尔小岛，未受到人们的重视，岛上的具体情况知道的人很少。直到中世纪，欧洲大陆的一些人还以鄙夷的眼光来看待它。但到了近代，英国一跃而成为在欧洲举足轻重的强国，各国统治者无不对它刮目相看。1688 年英国的"光荣革命"推翻了封建君主专制，建立了君主立宪制国家，开创了君主立宪的先河。英国是世界上第一个完成工业革命的国家，工业革命让英国成为无可争辩的经济强国。依靠日益富强的国力和强大的海军，英国先后在 16、17、18 世纪击败了西班牙、荷兰、法国，成为所向无敌的海上霸主。它将殖民主义的触角伸向全世界各个角落，逐步建立起人类有史以来最庞大的"日不落"帝国。英国经济学家杰文斯在 1865 年曾这样描述大英帝国："北美和俄国的平原是我们的玉米地，加拿大和波罗的海是我们的林区，澳大利亚是我们的牧场，秘鲁是我们的银矿，南非和澳大利亚是我们的金矿，印度和中国是我们的茶叶种植园，东印度群岛是我们的甘蔗、咖啡、香料种植园，美国南部是我们的棉花种植园。"大英帝国在鼎盛时期，有 4 亿～5 亿人口，占当时世界人口的四分之一，领土约占到了世界陆地总面积的四分之一，是有史以来领土面积最大的殖民帝国。

与许多欧洲大陆国家相似，外族入侵催生了英国的封建农奴制。在不列颠群岛上很早就有人类活动，约在公元前700年以后，居住在欧洲西部的凯尔特人不断移入不列颠群岛，其中有一支称为不列吞人，不列颠这一名称来源于此。公元43年，罗马帝国入侵不列颠后将其设为罗马帝国的一个行省。5世纪初，罗马驻军为应对帝国北部匈奴人和日耳曼人入侵，被迫全部撤离不列颠，罗马对不列颠的统治宣告结束。同一时期，由于匈奴人在欧洲大陆的南侵，一批原来居住在欧洲大陆的盎格鲁-撒克逊人和朱特人等日耳曼部落，涌入并征服了不列颠。盎格鲁人把不列颠称为“盎格兰”，谐音“england”，这是英格兰名称的由来。到7世纪初，这些入侵者先后建立起7个国家，史称“七国时代”。盎格鲁-撒克逊人入侵时是氏族部落组织，入侵过程中，原来的氏族组织解体，土地逐渐变成私有财产，出现了贵族、大地主、依附农和奴隶，英国社会进入封建化过程。从8世纪末到11世纪初，丹麦人屡屡入侵英国。在丹麦人占领期间，英国的封建化过程加速。1066年，法国诺曼底公爵威廉率军入侵不列颠，被加冕为英王威廉一世，建立了诺曼王朝。威廉建立起的强大王权，对巩固英国封建秩序起了积极作用。①

与欧洲其他国家不同的是，英国有长期而持久的议会传统。在建立君主立宪制度前，英国议会发展经历了400年的时间。所谓“议会”，最初的含义就是进行谈判或讨论的会议。英文“parliament”一词就是从“parley”(谈判、会谈)一词演变而来的。早在“七国时代”，国王与封建贵族代表就组成“贤人议会”共同治理国家。贤人议会的主要职能就是根据世袭原则选举王位继承人，辅助国王决定王国内外大事，包括制定各种法律。正如史学家罗·巴特所认为的“议会的根源深藏于盎格鲁-撒克逊人进入英格兰之初即有的协商习惯”。“国王未征求意见和得到同意前不得行动”成为公认的规则，那时英国议会已经萌发出了嫩芽。诺曼王朝国王威廉一世基本继承了贤人议会的体制，以后，诺曼王朝在贤人议会的基础上建立起了“大议会”，国王征收特别税款问题须由“大议会”讨论决定，但英国国王和封建贵族的利益冲突和权力争夺从未消停。1215年，大贵族为抗议国王约翰未经同意

① 蒋孟引：“英国封建化过程的特征”，载《蒋孟引文集　英国历史：从远古到20世纪》，南京大学出版社，1995年，第76—97页。

就向他们征收特别捐赠的做法，联合社会其他阶层，拟定了《自由大宪章》，并以武力相威胁，逼迫国王约翰于同年6月15日签署了大宪章。大宪章保护了封建领主的利益，也保护了市民的贸易自由权利。约翰被迫宣布，国王向贵族征税，必须先召集贵族大会，征得他们的同意。此后"parliament"一词在英国官方文件中就专门指国王所召集的贵族及地方代表会议。但此后，因国王常不遵守《自由大宪章》，英国君臣之间内战不断。约翰的继位者亨利三世对罗马教皇唯命是从，不顾《自由大宪章》的约束，加重捐税，引起教会和贵族们的不满和抗争。1258年，贵族发动兵谏，迫使亨利三世签订了《牛津条例》。该条例除了重申大宪章的主要条款外，还确立了议会法规的最高权威：一切法令不得与议会法规抵触。后来亨利三世拒绝承认《牛津条例》又引发了内战。1265年，贵族孟福尔率军击败了国王军队，召开了第一次有贵族、僧侣和市民代表参加的议会，这被认为是英国议会的开始。英国议会分上院和下院。上议院也称贵族院，由大主教和主教为代表的神职人员和贵族组成，下议院由平民代表组成。

在中世纪，英国议会还只是从属于王权的封建议会。一方面，没有国王的召集，议会就开不了会；另一方面，没有议会的批准，国王就无权加税。英国封建社会的历史始终伴随着王权和议会的权力斗争。1327年废黜爱德华二世是英国历史上的一个重要事件。爱德华二世倚重姻亲和内府管理政务，压制议会，引起大贵族的不满。于是大贵族趁国王滞留国外之机，召集议会开会，全体议员一致同意废黜爱德华二世，立其长子为国王。议会在向国王通知这个决议时还威胁说，如果爱德华二世拒绝退位，议会将废除王子的继承权，迫使爱德华二世主动退位。这次事件实际上是一次弹劾案，开创了议会弹劾国王的先例。这次事件也开创了在国王缺席的情况下议会可自行召开的先例。①

1337—1453年，英国和法国为了领土和王位继承问题发生战争。这场战争断断续续打了116年，当时又发生了黑死病流行。在战争和疫病的双重打击下，加之教会和教主腐化堕落、王室和王子贪婪专横，英国的经济和社会遭受严重创伤，民不聊生。1380年，国王为征集英法战争经费增收人头税，导致爆发起义。虽然起义失败，但震撼了英国的封建农奴制度。15世纪时，英国农奴制实际上已经解体，绝大多数农奴赎得人身自由成为自耕

① 刘建飞、刘启云等：《英国议会》，华夏出版社，2002年，第3—5页。

农。封建主阶级也发生变化，从富裕农民、占有土地的商人以及中小贵族中产生了新贵族，他们采用资本主义经营方式，用雇佣劳动关系取代了人身依附关系。传统封建主和旧贵族制度陷入危机，封建骑士制度逐步解体，为资本主义经济发展创造了有利条件。① 15—16 世纪，毛纺织业成为英国的“民族工业”，对羊毛的需求成倍增加。英国新兴的资产阶级和新贵族通过限制或取消原有的共同耕地权和畜牧权，把圈占的土地变成私有的大牧场、大农场，这就是英国历史上著名的“圈地运动”。圈地运动造成大批自耕农失去土地而破产，沦为流浪者。从 1530 年起英国国王颁布了一系列血腥立法，迫使流浪者受雇于新贵族和资本家。另一方面，16 世纪以后，英国陆续出现了许多贸易公司，从事海盗掠夺和海外贸易，积累原始资本。1588 年，英国舰队打败了西班牙无敌舰队，在攫取世界海洋霸权上迈出了关键一步。

15—16 世纪的英国，除了封建农奴制解体、资本主义生产生活方式萌芽外，还有两个重大事件对英国社会发展产生了重要影响，那就是文艺复兴和宗教改革。经历了中世纪近千年的宗教社会的压抑，教会的腐化堕落使欧洲及英国社会普遍厌恶天主教的神权地位及其虚伪的禁欲主义。文艺复兴主张维护人的尊严、自由、情感，充分地肯定了人的价值，重视人性，成为人们冲破中世纪宗教束缚的思想解放运动，这场运动也使新兴资产阶级追求经济利益和物质财富有了文化和思想基础。受文艺复兴思想冲击，16 世纪欧洲兴起了宗教改革运动，否定了教会的世俗权力和众多宗教权力。宗教改革后，新教从天主教中分裂出来。新教强调通过深入教徒的现世生活去求得上帝的救赎。新教这种对世俗行为的鼓励，使得人们在追求商业利润时解除了罪恶感，使得商业资本主义的各个领域都有了宗教伦理依据，为资本主义经济发展扫清了思想精神和道德伦理障碍。

在 17 世纪的英国，新教占据主流，相对于天主教，新教在英国被视为自由与人权的保证书。当时英国的敌人——法国和西班牙的专制君主都信奉天主教，而那些试图架空议会的英国前国王不是信奉天主教就是倾向天主教思想。英国议会主要由新教教徒、贵族士绅阶层组成，保护议会权力与保护新教信仰，成为贵族和新教教徒殊途同归的共同目标。

随着英国资本主义经济的发展，经济实力日益强大的资产阶级和新贵族越来越不能忍受封建王权的专制统治。查理一世 1625 年继位后迎娶了

① ［英］F. E. 霍利迪：《简明英国史》，江西人民出版社，1985 年，第 29—42 页。

一位信奉罗马天主教的法国公主，重用当时有争议的教会人物。很多英国人认为这种做法使得英格兰教会与罗马天主教会的关系太紧密了，而且他们普遍对国王的信仰持不信任态度。在与法国和西班牙双线作战时，由于议会不信任国王而拒绝给战争拨款，查理采取了无奈又极端的措施：典卖妻子嫁妆；向富有的臣民强行借款，并监禁拒不借款的几名爵士；让士兵住进民宅白吃白喝；不经议会批准而征收关税等。这些做法进一步激化了君与臣、国王和议会的矛盾。1641 年 11 月，议会向国王提出《大抗议书》，此事的连锁反应引发了国王与议会之间的第一次英国内战。查理一世在这次内战（1642—1645 年）中，被议会首领克伦威尔指挥的部队击败。此后议会希望他能接受君主立宪制，但查理一世不仅拒不接受，还与苏格兰结盟，并逃到了怀特岛郡。他的这种行为彻底激怒了议会，从而导致了第二次英国内战（1648—1649 年）。在这次内战中，查理一世再一次被击败，随后他被捕、审判，并以叛国罪被处死。此后一段时间，英国处于克伦威尔空位期。查理一世的儿子詹姆斯二世直到 1660 年复辟后才行使权力。①

英王詹姆斯二世没有吸取父亲查理一世因宗教信仰问题被处死的教训，公然提倡天主教。1688 年，英国发生了议会政变，整个过程没有流一滴血，史称“光荣革命”。詹姆斯二世被废，他的女婿威廉和女儿玛丽戴上了王冠，共同统治英国，并接受了《权利法案》。至此，英国议会与国王持续了近半个世纪的权力斗争，以议会全面胜利而告结束，英国至此也被确立为新教国度。以光荣革命为起点，英国国家权力由君主转移到议会，国王“统而不治”。从 1707 年起，国王不再对国会通过的法律行使否决权，国会享有了完全的立法权。从 1717 年起国王不再出席和主持内阁会议，国家行政权力开始掌握在内阁手中，并形成以政党领袖为内阁首相的政党制度和内阁制度，而内阁则对国会负责，国会对行政权力有监督控制权，英国成为典型的君主立宪国家。

《权利法案》是议会权力以及个人权利的综合体。法案规定的个人权利包括：人民有向国王请愿的权利（教会人士曾向詹姆斯二世请愿，希望国王更改他的宗教政策，结果遭到詹姆斯惩罚）；人民不得被课以过高的保释金和罚金；人民有不遭受残酷与非常惩罚的自由；新教徒有携带武器的权利；陪审团成员不得由国王选派等。议会权利包括：国王必须定期召开国会会

① 程西筠等：《英国简史》，商务印书馆，1981 年，第 27—43 页。

议；国王不得拖延或搁置法令（詹姆斯二世对不利于天主教的法令百般推迟）；没有议会同意，国王不得征收税赋（詹姆斯二世和他之前的君主都曾利用国王的威权征税）；没有国会同意，国王不得于和平时期设置常备军队（詹姆斯二世就设了一支）；国王不得自设法庭（詹姆斯二世曾经自设法庭以实现他对教会的掌控）；国王不得干涉国会议员的选举（詹姆斯二世曾经暗中运作，试图选出一个比较赞同他想法的议会）；国王不得干涉议会的言论自由；议员发表言论时不用担心会受到法律制裁（如今称为议会特权）等。

就这样，英国议会成为君主立宪体制的一个常设单位。君主依然握有相当的权力：挑选首长、拟订政策、缔结条约、对外宣战。不过，由于君主只能在国会同意下征收税金，君主选出的行政首长必须获得国会的支持。久而久之，这条限制就衍生成这样的制度：表面上国家的执政者是君主或王室代表，但无论大小国事，他们都得听从各部会首长的建言，而这些首长必须向国会负责，这也是英国现行的制度。

后来，国会颁布了两项重要条款，其迄今为止依然是英国宪制的一部分。一是英国国王必须信奉新教，必须是英国教会成员，且不能与天主教徒结婚。二是法院法官由英国国王指派，但唯有两院皆投票通过，才能撤除其职。法官的独立性也因此获得了保障，不再受任命他们的国王和他的诸相所左右。《权利法案》是英国君主立宪制的宪法文本，为议会确立了它在政府体制里的强势、常设、独立的立法单位的地位。

英国在 1688 年“光荣革命”后建立起来的君主立宪制度，不仅对英国以后的历史发展，而且对欧美许多国家的政治都发生了重要影响。在 17 世纪的西欧以及世界其他地区，君主专制是一种普遍的政体形式。西欧的法国、西班牙、奥地利以及丹麦、瑞典、德意志的一些公国，都建立起了君主专制制度。英国的君主立宪制和议会制，成为这些封建专制国家许多追求社会变革和进步人士推崇的榜样。18 世纪法国的启蒙学者伏尔泰、孟德斯鸠以及其他一些政治家，都曾在他们的著作中表达了对英国民主政治的向往。19 世纪末，中国的维新运动兴起的时候，英国的政治制度也是维新派人士效法的榜样。①

在中世纪中期，英国和法国拥有十分相似的封建制度，但在此后的国王和贵族的权力争夺战中，英、法形成了不同的权力格局。英国的国家权力从

① 王觉非：《近代英国史》，南京大学出版社，1997 年，第 4 页。

国王手中逐步转移到议会手中。而在法国，权力却逐步集中到国王手中。在经历了启蒙运动的洗礼后，法国走上了激进变革的道路。

二、法国大革命和民主共和

1789 年爆发的法国大革命是一场深刻的社会革命。法国在这段时期经历了一个史诗式的转变。这场大革命结束了法国多个世纪的君主专制统治，在法国确立了共和制度。这场大革命还震撼了欧洲的君主专制制度，给它们以沉重的打击。

法国的历史最早可追溯到罗马帝国时期，公元前 58—54 年，罗马恺撒大帝征服了高卢，此后，高卢进入罗马帝国统治时期。5 世纪初，日耳曼人中的一支强大的部落——法兰克人南迁进入高卢(今法国南部)东北，按原始氏族部落社会组织形式，定居于莱茵河下游地区。西罗马帝国灭亡后，公元 481 年克洛维继任法兰克人部落酋长，开始全力扩张，消灭了法兰克的其他势力。公元 486 年他击溃西罗马在高卢的残余势力，占领高卢地区，建立了墨洛温王朝，以巴黎为首都。这是法国历史上最早建立的王朝。此后，在法兰克人扩张的过程中，克洛维将征服地区地主的土地收归王室所有，同时他将一些土地赠送或租给其他贵族来收买人心，逐渐演化出了封建制。为了获得天主教教会的支持，克洛维皈依了基督教。这样一来，法兰克人受到了当地的高卢人和罗马人的支持。公元 511 年克洛维死后，他的王国被四个儿子瓜分。根据日耳曼人的传统，法兰克王室采用国王死后诸子平分领土的继承制度，使王国经常处于分裂、混战和再统一的反复过程中。到公元 800 年，查理再次实现了王国的统一，被罗马教皇利奥三世加冕为皇帝，法兰克王国发展成为了查理曼帝国，领土包括西欧大陆的大部分地区。①

查理在他的遗嘱中将帝国分给他的三个儿子丕平、路易和小查理，但由于丕平和小查理于 810 年和 811 年相继去世，这个三分帝国的计划未实施。路易于 814 年继承了其父的皇位。为了保持帝国的统一，817 年他发布了一个法令来防止帝国再被分割。虽然他的这个决定获得了教会的支持，但他的儿子们一致反对，他们都希望能平分国家。从 829 年开始，路易与他的儿子之间发生了武装冲突。840 年路易去世，他的三个儿子在 843 年签订了《凡尔登条约》，法兰克王国被分解为三个国家，它们分别是：西法兰克王

---

① 刘文立译注：《法国史纲要》，武汉大学出版社，1988 年，第 13—17 页。

国,后来演变为法国;东法兰克王国,后来演变为德国;中法兰克王国,后来演变为意大利。法兰克帝国三分后再也没有统一过,西法兰克继续使用法兰克这个名字,而东法兰克帝国继续维持着罗马帝国的传统。直到20世纪法国与德国还互相将对方看作是"遗产对手"。

在中世纪中期的法国,封建领主掌握了大部分土地。他们是领地的军事首领和政治领袖,实行世袭制。法国国王试图通过钦差大臣制度,向行省派遣巡视员进行直接治理,但成效并不明显。由于没有建立税收制度,政府的主要收入来源于君主的王室领地及个人产业。公元987年,法兰西岛领主于格·加佩(941—998)继位为国王,改称西法兰克为法兰西王国,这就是加佩王朝。加佩王朝王室的领地都处于巴黎周围,这里土地肥沃,城市富裕。王国逐步建立起了有效的行政管理体系,中央政府制定的成文法在地方扎了根。国王派出的大法官和司法监督向各地传播法语,宣传法律,审查案件,推广国王规定使用的货币,为国家统一创造了有利条件。[①] 这一时期,法国的农业、手工业、商业有较快发展,在交通要道和集市附近出现了许多新兴城市。从11世纪起,一些城市发动公社运动,通过武装起义或金钱赎买取得了自治权。随着城市的兴起,出现了一个新的社会阶级——市民阶级,他们成为与特权等级(教士、贵族)有别的第三等级。

13世纪末,在实现统一和加强王权的过程中,法国国王为支撑军队和政府的庞大开支,不断增加贡税,并开始向教会领地征税。这引起了罗马教廷的不满。教皇公开反对法国国王,革除了当时法王腓力四世的教籍。1302年,法国腓力四世为反对教皇,寻求民众支持,自上而下召开三级会议。三级会议的三个等级分别是:第一等级为高级教士,第二等级为世俗贵族,第三等级为富裕市民。三级会议的职能是批准国王征收新税,会议代表利用国王急需金钱之机,迫使他实行一些司法、行政改革。三级会议的召开标志着法国进入议会君主制阶段。但是法国三级会议召开与否完全由国王决定。由于三个等级利益不同而分别讨论议案,国王常常利用各等级之间的纠纷而坐收渔利。因而法国的三级会议不能起到英国议会那样的对王权的制衡作用。

1337—1453年,英、法因法国王位继承权问题爆发"百年战争",战争以法国胜利而告终。到15世纪末,最后几块贵族领地也并入法兰西王国的版

① 杨祖功等:《法国》,重庆出版社,2004年,第17—18页。

图，法国再次实现了统一，并建立起了中央集权体制。路易十三在位期间，建立了由中央政府向地方派驻司法、警务、财务专员的制度，巩固和发展了法国君主专制的中央集权制度。到17世纪路易十四亲政时期，法国君主专制进入极盛时期。路易十四即位时宣称“朕即国家”，法国国王既是民族的化身，又是国家的领袖，集全部权力于一身。各郡设置了由国王派遣的总督。这种体制一直维持到法国大革命爆发。在路易十五统治时期(1715—1774年)，虽然法国经济有所发展，但由于法国参加了七年战争并介入了美国独立战争，战争债务带来了沉重的社会负担，导致了国库空虚，君主权力受到严峻挑战。

从15世纪末法国再次实现统一到18世纪末法国大革命爆发的三个世纪里，法国王室试图通过加强君主专制，建立统一的中央集权制度，避免国家的再次分裂，维护国家的统一。而在同一时期，欧洲社会经历了文艺复兴、科学革命和宗教改革的洗礼，人们要求摆脱封建君主专制统治和天主教会压迫的愿望日益强烈，在18世纪掀起了一场轰轰烈烈的思想解放运动——启蒙运动。法国是启蒙运动的中心。法国的启蒙运动与其他国家相比，声势最大，战斗性最强，影响最深远，堪称西欧各国启蒙运动的典范。在法国启蒙学者看来，法国社会深受神权和王权压制，法国有两股非理性的强大势力：一是教会，即天主教廷；另一个是法国国王，那是绝对专制的一国之君。启蒙思想家们从理论上论证了君主专制制度的不合理性，从而提出一整套哲学思想、政治纲领和社会改革方案。他们宣传自由、平等和民主，要求建立一个以“理性”为基础的社会。他们用政治自由对抗君主专制，用信仰自由对抗宗教压迫，用“天赋人权”来反对“君权神授”，用“在法律面前人人平等”来反对贵族的等级特权，进而希望建立一个自由、平等和民主的新政权。启蒙运动为法国大革命提供了思想基础，促进了资本主义的发展和社会主义思潮的兴起。法国大革命是启蒙运动种种理念的第一块试金石。

在法国大革命前夕，法国社会由三个等级构成。第一等级为国王和天主教高级教士，第二等级为贵族，第三等级为包括资产者、农民、无产者在内的市民、下层人民。有一个原则在法国和英国以同样稳固的方式很早就被确立下来，那就是“征税一定要事先征得纳税人的同意”，国王不遵守这一原则就被视为暴政。对这一政治原则不一样的处理方式，将英、法两个相邻的民族分别引向不同方向。18世纪，英国的穷人在纳税方面享有特权，穷人可免纳税；而在法国享有此项特权的却是有钱人，贵族可免缴税。英国贵族为了维持其统治，承担了相应的公共负担；而在法国，贵族的免税特权在贵族这个阶层消失后依然得以保留，以此来补偿贵族统治地位的沦丧。第二等级通常任由国王向第三等级征收税赋，反正他们自己享有特权，不必缴税。由最没有财力的人缴税，最富有的人却免于缴税，就不可避免地造成了法国社会第三等级对第一、第二等级的强烈不满。[①] 1789 年 5 月，由于国库空虚、财政困难，路易十六在凡尔赛宫召开三级会议，企图对第三等级增税，以解救政府财政危机。第三等级代表则要求制定宪法，限制王权，实行改革。6 月第三等级代表宣布成立国民议会，7 月改称制宪议会。路易十六调集军队企图解散议会，激起了巴黎人民的武装起义。

7 月 14 日起义者攻占巴士底狱成了全国革命的信号。各个城市纷纷仿效巴黎人民，武装起来夺取市政管理权，建立了国民自卫军。在农村，到处都有农民攻打领主庄园，烧毁地契。不久，由人民组织起来的制宪会议掌握了大权。这一年，制宪会议颁布了“废除一切旧义务”的“八月法令”，紧接着又通过了著名的《人权宣言》，向全世界庄严宣布了“主权在民，人身自由，权利平等”的原则。

法国大革命及其引发的社会变革波澜壮阔。在这段时期法国社会经历着一个史诗式的转变：君主专制、传统的教会和贵族特权不断受到民众的冲击。大革命把国王路易十六推上断头台，把国王和教会双双扫除，打倒了长期统治法国社会的王权和神权；大革命的风暴同时将贵族阶层连根拔起，推翻了贵族特权；第三等级力量历史性地走上政治舞台的前台，动摇了欧洲其他国家君主专制的基础。在继承了法国大革命遗产的拿破仑军队的冲击下，神圣罗马帝国最终土崩瓦解。人民群众在革命中显示了伟大力量，每当在革命的转折关头，他们都不断推动革命向前发展。

托克维尔回溯法国大革命的进程时说，“法国的民主由着性子向前冲，为了摆脱羁绊，它将途中遇到的一切都掀翻在地，不能摧毁的则动摇之。它并不是一步步占领社会，从而和平地建立起自己的帝国，而是始终带着混乱和骚动，以战斗的姿态前进”。法国大革命及其引发的社会变革跌宕起伏。法国大革命爆发后，由于国内各种势力的博弈和外国势力的干预，法国政治和社会呈现激烈动荡状态。从发展过程看，从 1789 年法国大革命到 1875

① ［法］托克维尔著，雅瑟译：《旧制度与大革命 论美国的民主 托克维尔文集》，人民日报出版社，2013 年，第 55—61 页。

年共和宪法颁布，法国政体极不稳定，斗转星移，变化多端，先后经历了君主立宪、法兰西第一共和国、法兰西第一帝国、法兰西王国、七月王朝、法兰西第二共和国、法兰西第二帝国等，到 1870 年 9 月，第二帝国被推翻，建立了法兰西第三共和国，成为议会制共和国。

第三共和国政权建立时，资产阶级共和派与保王派联合组成了国防政府。当时正值普法战争后期。1870 年 9 月，普军包围了巴黎，多年来不断加剧的贫富分化，再加上当时的食物短缺，还有普鲁士军队的不断炮轰，激化了社会各界的不满情绪。巴黎市民，特别是工人阶级和下层中产阶级一直以来都希望能建立一个民主共和国，他们要求巴黎自治，拥有自己的议会，享有与其他法国小城镇同样的权利，谋求以一种更加公平公正的方式来管理国家经济，概括起来就是要建立一个“社会主义民主共和国”。当时被称作“法国国民自卫军”的市民部队是一支协助保卫城市的部队，有 30 万巴黎市民是这个武装力量的成员，自卫军选举了他们自己的官员，他们都来自于工人阶级，自卫军还组建了“中央委员会”，他们由爱国主义者和社会主义者组成，负责领导自卫军共同保卫巴黎，击败德国人的进攻。

法国于 1871 年 2 月选出由保王党人占绝大多数的国民议会，梯也尔被选为政府首脑。他认为自卫军的中央委员会已经形成了另一个政治和军事权力中心，而且法国国民自卫军已经是一支实力强大的武装力量。为了掌控局势，政府调集军队，准备解除巴黎人民国民自卫军的武装。但巴黎人民奋起反击。临时政府总理梯也尔逃出巴黎，政府迁往凡尔赛。国民自卫军中央委员会成为巴黎唯一有效的政府，3 月 28 日巴黎举行了公社选举，选举产生了公社议员，成立了巴黎公社。巴黎公社是第一个无产阶级政权的雏形，它以饰有红边的三色旗作为自己的象征标志，以《马赛曲》为国歌。巴黎公社的领导人许多是第一国际的成员，他们出台和实施了一批进步的、具有社会主义性质的政策和法令，如：政教分离，将所有的教堂财产变为公共财产，并且把宗教教育从学校去除；赋予妇女选举权，性别平等，工资平等，妇女有主动离婚权，女子有专业教育权；废除官员的高薪制，废除巴黎面包店的夜班等。欧仁·鲍狄埃被巴黎公社运动所感染而激情澎湃，创作了《国际歌》。

巴黎公社仅存在了 60 天。从 4 月到 5 月，政府军开始进攻并镇压巴黎公社。政府军拥有集中指挥、作战技能和军队数量的绝对优势，虽然自卫军顽强抵抗，但是到 5 月 28 日战斗全部结束，巴黎被政府军占领。严厉的报复随即展开，曾经拿过枪的战俘，或者被怀疑参加抵抗的市民，都被立即枪决，大量公社社员被集体枪杀，数千人被临时拼凑的简易军事法庭判决并枪杀，以任何方式支持过公社的行为都被视为政治犯罪，数千人被起诉。据相关统计，共有7万多人在保卫公社的战斗中牺牲，有3万人在公社失败后遭残杀。被判刑有13450多人，被判处流放阿尔及利亚或新喀里多尼亚的约7000多人。[①] 当巴黎公社社员悲壮的呐喊在巴黎上空回荡145年后，2016年11月29日，法国国民议会依据《宪法》34-1条款，通过了第907号决议，为所有在1871年遭镇压的巴黎公社社员平反。

镇压巴黎公社后，梯也尔政府制定了严格的法律以防止一切左翼组织产生的可能。1873年5月，保王派麦克马洪当选总统，图谋恢复王朝体制，建立合乎天主教规范的“道德秩序”。以甘必大为首的共和派为确立共和制进行了长期而激烈的斗争，国民议会最终以一票的微弱优势通过1875年宪法，以法律的形式确认实行共和制。在1876年众议院选举和1879年1月参议院选举中，共和派取得稳定多数，在人民群众的支持下，甘必大迫使麦克马洪辞职，共和派格雷维当选总统，共和制得到贯彻实施。同年，国民议会又先后通过一系列法律，合称第三共和国宪法。这部宪法规定：法国议会由参议院和众议院两院组成。两院共同享有立法权，内阁要得到众议院的信任才能执政，否则必须辞职。总统是国家元首，宪法赋予总统广泛的职权，而且总统由参众两院联席会议选举产生。法国由此成为一个典型的共和制国家。

总体上看，从法国大革命开始，法国人民怀着人民主权、自由平等的理想和激情，抛弃了君主专制，尝试过君主立宪，经历过王朝的复辟、两个帝国的集权、三个共和国的洗礼，建立过巴黎公社，始终不懈追寻着共和之路，最终拥抱了议会共和制。在18世纪末至19世纪法国发生的波澜壮阔、跌宕起伏的社会革命及所积累的经验，是人类近代社会发展的宝贵财富，为世界其他国家的革命和社会变革，提供了鲜活的案例和教材。巴黎公社的探索，也为俄国十月革命和建立第一个苏维埃社会主义国家提供了宝贵的经验。

三、俄国十月革命和苏维埃政权

俄罗斯地跨欧亚两大洲，俄罗斯国徽的双头鹰两头分别雄视东西两个

---

① 郭学德：《巴黎公社史话》，河南人民出版社，1990年，第159—161页。

方向，既蕴含着俄罗斯国家兼有东西方文化的渊源，又反映着俄罗斯丰富的民族性格，形成了俄罗斯民族和文化的独特个性。1917 年俄历 10 月 25 日，列宁领导的布尔什维克武装力量向资产阶级临时政府所在地圣彼得堡冬宫发起总攻，推翻了临时政府，建立了苏维埃政权和世界上第一个社会主义国家——俄罗斯苏维埃联邦社会主义共和国，简称苏俄。十月革命的胜利为世界各国无产阶级革命、殖民地和半殖民地的民族解放运动开辟了一条新道路，也结束了资本主义独占天下的局面，为之后的社会主义革命和建设提供了一种新模式。

俄罗斯有辽阔的大平原和黑土地，农业自然成了俄罗斯人的经济命脉，也决定着俄罗斯人的生产生活方式。农民占俄罗斯社会中的绝大多数，农村公社和封建庄园一直是俄罗斯社会的基本经济单位。农奴制是俄罗斯长期的社会制度，也是束缚俄罗斯发展的枷锁。在俄罗斯的漫长历史进程中，三大历史事件决定和影响了俄罗斯文明的性质和发展方向。首先是宣布东正教为国教；其次是蒙古人的征服与统治；第三是彼得一世的改革和叶卡捷琳娜的开明专制。接受东正教使俄罗斯既接触了欧洲的基督教文明，又从处于东西方文化交汇处的拜占庭那里接受了某些东方文化。蒙古人的入侵和统治使俄罗斯民族还在胚胎时期就注入了游牧文化的血液，使刚接触了西方基督教文明的俄罗斯转向了东方。彼得大帝的改革是一次强制性的西方化运动，决定了俄罗斯在以后几个世纪里试图回归欧洲、融入西方文明的发展方向。叶卡捷琳娜二世是彼得大帝改革的继承者，她使俄罗斯在西方化的道路上又向前迈进了一大步。

俄罗斯历史起源于东欧草原上的东斯拉夫人，他们也是后来的俄罗斯人、乌克兰人和白俄罗斯人的共同祖先。6 世纪时，东斯拉夫人逐渐向东欧草原地区迁徙。9 世纪，东斯拉夫人的氏族制度逐渐崩溃，形成几个由王公统治的部落联盟，称为部落公国。882 年，基辅罗斯建立，基辅逐渐成为各公国自由联盟的中心。10 世纪，古罗斯建国后，开始了封建化过程。弗拉基米尔执政时期(980—1015 年)，弗拉基米尔同拜占庭公主安娜结婚，并于 988 年宣布拜占庭的东正教为罗斯国教，并命令神甫用第聂伯河水为基辅居民施洗，这就是著名的“罗斯受洗”。11 世纪，古罗斯通过《罗斯法典》，进一步巩固了已形成的封建关系，从而最终确立起古罗斯封建制度。

12 世纪时，古罗斯分裂成十几个公国，其中一个叫莫斯科公国。1237 年，蒙古军队攻陷了罗斯的广大国土，在罗斯的钦察草原建立了钦察汗国。

蒙古人的入侵把罗斯分成了两半:东北罗斯和西南罗斯。东北罗斯处于蒙古人的统治之下,立陶宛占领了西南罗斯的荒芜土地。在东北罗斯地区,从14世纪初起,莫斯科公国陆续合并四周王公领地,国势渐强。14世纪20年代,莫斯科公国接受钦察汗国册封,取得代理钦察汗国征收全俄罗斯贡纳的权力,逐步成为全俄罗斯最强的公国,罗斯教会大主教的驻地也从基辅迁到莫斯科,罗斯东正教会对拜占庭教会的依附逐渐减弱。1453年,拜占庭帝国灭亡,君士坦丁堡东正教会被奥斯曼土耳其的伊斯兰教会取代后,罗斯东正教会更加独立,莫斯科被视为东正教的信仰中心。而在西南罗斯地区,14世纪下半叶立陶宛与波兰合并为一个国家,天主教在那里取得了主导地位。这样,罗斯大地被来自东方和西方的两股强大势力分裂成两半。逐渐地,以往的基辅罗斯人分化成俄罗斯人、乌克兰人和白俄罗斯人。①

到伊凡三世在位(1462—1505年)时,莫斯科大公国统一了东北罗斯绝大部分地区,伊凡三世被称为"全罗斯的国君"。1480年,俄罗斯军队在莫斯科以南击溃蒙古军,结束了钦察汗国对俄罗斯长达240年的统治。此后,伊凡三世就着手加强中央集权,亲自掌管全国的军队和税收,坚决镇压不顺从的封建主。在迎娶拜占庭公主为妻以后,伊凡三世便开始把自己看成是拜占庭帝国的继承人,自称"第三罗马",还将拜占庭的双头鹰国徽引进俄国。自此,双头鹰成为俄罗斯国家的国徽,双头鹰的两头分别雄视东西两个方向,象征着君主身兼东西两方之王。此后,俄罗斯持续不断地开疆拓土,从当初欧洲东北部一个内陆公国,变成一个横跨欧亚的海陆大国。马克思曾经说过:每一个不识字的俄国农民都知道,俄罗斯除了圣彼得堡和莫斯科之外,还有一座真正的首都——君士坦丁堡。因为那里是当年东罗马帝国的首都,是东正教的发源地。俄罗斯自称是罗马帝国的继承者,所以它和灭了东罗马帝国的奥斯曼土耳其帝国就成了死对头。俄土之间的战争断断续续打了两百多年,是欧洲历史上最长的系列战争。战争的结果是俄罗斯扩大了疆土,奥斯曼土耳其逐渐衰落。

到16世纪初,瓦西里三世(1505—1533年在位)完成了俄罗斯的统一,其疆域南至奥卡河,北达北海,东抵北乌拉尔山脉,西接第聂伯河上游,标志着俄罗斯国家的最终形成。业已形成的俄罗斯国家虽然倾向于西方,但其内部结构和政治文化则保留了许多东方特征。1547年1月,伊凡四世

① 戴桂菊、李英男:《俄罗斯历史》,外语教学与研究出版社,2005年,第159—164页。

(1533—1584 年在位)加冕,自称沙皇,“沙皇”一词的俄语写法与“恺撒”相似,以此表明伊凡四世是罗马皇帝恺撒的继承人和上帝派到人间的君主。伊凡削弱了大贵族的势力,提高了中小贵族的地位,加强了沙皇权力,从而确立了沙皇专制制度。1613 年罗曼诺夫王朝建立后,俄罗斯积极向外扩张,不停地与克里米亚的鞑靼人及其他游牧民族作战。在南部,他们向大草原推进了四百八十多公里,在东方,俄国人向前推进了四千八百多公里,抵达了太平洋。俄罗斯人起初没有遇到任何能够阻挡他们的力量,然而,当他们从伊尔库茨克向前推进,抵达阿穆尔河流域时,他们遇到了对手,这就是当时强大鼎盛的大清帝国。1657 年,沙俄派正规军在尼布楚河与石勒喀河合流处建立了雅克萨城与尼布楚城。1685 年,清朝康熙皇帝在平定“三藩之乱”后,从瑷珲起兵,分水陆两路围攻雅克萨,俄军伤亡惨重。1689 年 9 月《尼布楚条约》正式签字,确立中俄以阿穆尔河以北的外兴安岭一线为边界,俄罗斯人不得不从有争议的地区撤走。

1682 年,年仅 10 岁的彼得被拥立为沙皇,史称彼得一世。与当时的西欧国家相比,彼得深感俄罗斯的落后与腐败。1697 年彼得开始派遣大批青年使团到德国、荷兰、英国等国家学习科学技术,特别是制造军火与造船技术,他自己也化名乔装随团到外国工厂学习技术。彼得一世一生征战无数,曾为打通黑海出海口,于 1695—1696 年两度率军亲征土耳其,终于迫使土耳其让出亚速夫要塞及其周围地区。对俄国来说,彼得一世进行的意义最重大的战争是为争夺波罗的海出海口同瑞典展开的长达 21 年的北方战争。1721 年 9 月,瑞典被迫同俄签订了《尼斯塔特和约》,俄国真正拥有了在波罗的海的出海口,得到了对其命运攸关的通往欧洲的门户,而且事实上取代了瑞典,成为欧洲北部占支配地位的大国。为此,参政院授予彼得一世“大帝”的称号。彼得大帝为俄国所建立的另一个伟大的功绩是建立了圣彼得堡城,并决定把首都从莫斯科迁移至此。他对世人毫不掩饰这样的雄心,即俄罗斯将以此为基点,将整个欧洲纳入俄罗斯的新版图,俄国从此进入帝国时代。①

彼得大帝去世之后,俄国在 37 年间换了 6 位沙皇。这些沙皇中没有一个人有勇气和能力肩负起彼得一世开创的事业。帝国的首都重新迁回了莫斯科,彼得一世签署的法令大多数被废除了。俄国回到了彼得一世改革前

---

① 段启增著,中国社会科学院历史研究编辑部编:《彼得大帝》,华夏出版社,1996 年,第 80—99 页。

的状态。直到1762年7月，俄国发生政变，俄国历史上赫赫有名的叶卡捷琳娜二世女皇(1762—1796年在位)走上了历史舞台。叶卡捷琳娜二世推行了一系列改革措施，强化了国家政权，将农奴制推上了发展顶峰。在1772年、1793年、1795年，俄罗斯、普鲁士和奥地利三国三次瓜分了波兰，俄国分得的领土最多，包括立陶宛、拉脱维亚南部、第聂伯河右岸乌克兰和白俄罗斯，曾经辉煌了500年的中欧强国波兰立陶宛王国就此灰飞烟灭。叶卡捷琳娜二世在瓜分波兰的同时，使沙俄势力进一步逼近了欧洲心脏地带。在1778—1779年奥普战争后，交战双方请俄罗斯做和解调停人，叶卡捷琳娜二世利用这次机会在国际舞台上公开提出了和解条件，并附加上俄罗斯的要求并且得到了冲突各方的认可，自此沙俄频频以冲突调停人的身份介入欧洲事务。通过两次俄土战争，俄罗斯最终在1792年获得了克里米亚半岛、黑海北岸和库班地区的领土，在高加索和巴尔干地区事务上获得了发言权。控制这个地区和彼得大帝取得波罗的海出海口的战略意义几乎不相上下。1795年，波斯军队入侵格鲁吉亚，占领了第比利斯。俄罗斯出动军队，向伊朗宣战。俄军在今天的塔吉克斯坦和阿塞拜疆境内取得了一系列胜利，最终将伊朗和土耳其势力赶出了高加索地区。在俄国历史上，叶卡捷琳娜女皇与彼得大帝齐名，她建立了人类历史上空前绝后的庞大帝国，它的版图从波兰一直延伸至阿拉斯加。到叶卡捷琳娜执政晚年，俄国已跨入欧洲主要强国之列，叶卡捷琳娜曾豪情万丈地说:“假如我能够活到200岁，全欧洲都将匍匐在我的脚下。”

在1789年法国大革命爆发时，俄国极力反对革命，同法国断绝了外交和经贸关系。在组织欧洲国家联合反对和武装干涉法国大革命的活动中，俄国充当了急先锋的角色。法国经过大革命的洗礼，一跃跨入西欧最强国家行列。拿破仑上台执政后，对内多次镇压反对势力的叛乱，对外五破反法联盟的入侵，沉重打击了欧洲各国的封建君主制度，几乎征服了除俄罗斯之外的整个欧洲。1812年6月，拿破仑亲率60万大军和1000余门大炮，渡过涅曼河，大举进攻俄国。在法军凌厉的攻势面前，俄军陷入严重困境，只得大步朝莫斯科方向退却。9月，俄军放弃了莫斯科，并放火焚烧了带不走的粮草和军火仓库，大火三日不灭，留给法军一座空城。法军在莫斯科城得不到充足的补给，加上不断遭到袭击，疾病流行，士气十分低落，时间对法军越来越不利。1812年的冬季比往年提早一个多月到来，严寒逼人，法军没有过冬准备，人马冻死无数。11月，拿破仑退到斯摩棱斯克时部队损失已过半，火炮等重装备也大量丢弃。12 月，法军残部通过结冰的涅曼河逃出了俄国。拿破仑的 60 万大军只剩 3 万人左右，惨败而归。有人曾说过："拿破仑的政治生命终结于滑铁卢，而其决定点则是在莫斯科的失败。"俄罗斯人以千百年来在林海雪原中养成的特有的吃苦耐劳的品格，以及严寒气候的帮忙，艰难地战胜了拿破仑帝国，再次吞并已被拿破仑解放了的波兰。沙俄也就此一跃而成欧洲霸主，成为"欧洲的宪兵"，在维护欧洲封建君主制度中，发挥了主导作用。

19 世纪二三十年代，资产阶级革命风暴席卷欧洲，许多国家纷纷走上了资本主义的发展道路，国家实力日渐增强。而此时的俄国仍是一个保守落后的封建君主专制国家，在通往工业化的道路上远远落在了后面。1825 年，俄国一批青年军官在 12 月 26 日发动了一次反沙皇的起义，人们把起义的组织者和参与者称为"十二月党人"。他们的主要目标是废除农奴制，结束沙皇专制统治。这些青年军官大多参加过 1812 年卫国战争和讨伐拿破仑的国外远征，到过西欧那些资产阶级革命已成功的国家，深受启发和鼓舞，俄国大诗人普希金也是他们中的一员。1825 年 12 月，沙皇亚历山大一世突然驾崩，尼古拉继位，皇室准备于 12 月 26 日在彼得堡举行"再宣誓"仪式，文武官员向新沙皇宣誓效忠，"十二月党人"决定利用这个机会发动起义。由于尼古拉一世提前得知了起义的动向，改变了安排，并迅速调军镇压了起义。尼古拉一世统治时期，为避免欧洲"革命的传染病"渗入俄国，他把俄国变成了一个警察国家。他采取强制措施反对一切自由思想，压制一切新思想。所有的学校、社会组织、剧院、近卫军和陆军都受到监督，同国外的交往也受到限制。为维护沙俄帝国统治和欧洲封建君主制度，俄国的战争记录不曾间断。在高加索的车臣和塔吉克斯坦等地区，19 世纪 30 年代爆发了民族主义运动和起义，经过历时 25 年的战争，俄国以巨大的代价才最终镇压了起义并征服了高加索地区。1830 年，沙皇派遣 11.5 万人的军队镇压了波兰人民的反俄民族起义。1849 年，沙皇派出 20 万大军血腥镇压了匈牙利革命。杰出的匈牙利爱国诗人裴多菲就牺牲在抗击俄国侵略的战争中，他用自己的鲜血实践了"生命诚可贵，爱情价更高。若为自由故，二者皆可抛"的豪迈誓言。1853 年，俄国为在黑海沿岸获取更大的利益，制造借口出兵土耳其，俄土战争再次爆发。战争初期，俄军的节节胜利引起了英、法等国的担忧。为了同俄国争夺黑海和巴尔干地区的控制权，英国、法国和奥地利等国于 1854 年对俄宣战。这场战争的主要战区在克里米亚，史称

"克里米亚战争"。此战以俄罗斯失败而告终。1856 年 3 月交战双方在巴黎签订和约,俄国被迫接受了苛刻的条件。和约禁止俄国在黑海拥有舰队和海军基地,不准俄国在波罗的海的奥兰群岛上设防。俄国将比萨拉比亚南部割让给土耳其,并归还卡尔斯,承认由各强国对处在苏丹宗主权之下的摩尔达维亚、瓦拉几亚和塞尔维亚三公国实行集体保护。沙俄在克里米亚战争中惨败,使得俄罗斯国内朝野对沙皇的不满达到了顶峰。虽然沙皇顽固维护着俄国的封建农奴制度,但俄罗斯社会许多人都明白,俄罗斯不能再这样继续下去了。然而,对于俄国应当走什么样的道路,俄国社会产生了激烈的争论。一些人认为,俄国在各个方面都应当向欧洲学习,沿着西欧的道路发展,这些人被称作"西欧派"。"斯拉夫派"则坚持相反的观点,他们认为,俄国是一个有着独特传统的国家,他们呼吁恢复彼得一世改革前的俄国旧习俗和旧秩序。①

尼古拉一世去世后,37 岁的亚历山大二世登上皇位。当时俄国的农业人口占居民总数的 90%,并且依然以落后的农奴制为基础,沿袭着传统的耕作方式。农奴制不仅制约着俄国资本主义和工业化的发展,而且日益成为阶级矛盾和社会危机孕育聚集的焦点,俄国国内不断爆发农民起义。各种社会危机迫使亚历山大二世废除农奴制。1861 年,亚历山大二世正式宣布解放俄罗斯所有的农奴,从此农奴成为可以自由耕种的农民。尽管自由农一无所有,没有自己的土地,但这场改革在政治上的意义却非同小可,农民们获得了平等的政治权利,成为自由人,可以自由迁徙也就意味着可以通过新开垦的土地致富,从而在经济上也获得完全独立。这次改革不仅直接改变了占俄国人口绝大多数的农奴的地位和命运,而且还推行了司法、军事以及地方自治管理等其他方面的变革,改善了贸易、交通和农业等资本主义经济发展环境。俄国工业化的进程进入了快车道,圣彼得堡成为机械制造中心,莫斯科以发达的纺织工业而闻名,一大批工业城市迅速兴起。从 19 世纪 80 年代起,私人和外国投资的铁路建设发展迅猛。1891 年,俄国开始修造一条穿过整个西伯利亚的大铁路。到 19 世纪末,俄国铁路的总长度已达 5 万公里。而在 1861 年改革前夕,俄国铁路总长度仅有 1500 公里。

随着工业化的发展,俄国出现了两个新阶级。一个是由贵族、商人和外资代表组成的企业主和资产阶级。另一个是工人阶级,他们主要由到城里

---

① 戴桂菊、李英男:《俄罗斯历史》,外语教学与研究出版社,2005 年,第 190 页。

务工的农民组成。19世纪末，俄国工人的数量已经达到300万人左右，他们生活在恶劣的条件下，每天工作时间长，但得到的报酬却只能维持家庭基本生存条件。残酷的剥削和艰苦的生活条件在工人中引起了强烈不满和反抗，经常出现工人自发的罢工和暴动。在欧洲社会主义运动影响下，俄国相继成立了马克思主义小组，它们在工人中从事革命宣传。1893年，彼得堡出现了一位年轻的马克思主义者——列宁，他以自己的坚定信念和果敢行动在工人运动中脱颖而出。那年秋天，他参加了俄国最大的马克思主义组织——彼得堡"工人阶级解放斗争协会"的创建工作。1898年，在"斗争协会"的倡议下，俄国各地马克思主义小组的代表在明斯克开会，宣布成立俄国社会民主工党，这就是俄国共产党的前身。1903年7月，俄国社会民主工党先后在布鲁塞尔、伦敦召开了第二次代表大会，在有关党的纲领上要不要写上无产阶级专政和党章关于党员资格等问题上，与会者展开了激烈的争论，并分成了两个派别：跟随列宁的那部分人被称作布尔什维克，俄文意思为"多数派"；他们的反对者被称作孟什维克，俄语意指"少数派"。布尔什维克代表社会民主工党激进一翼，孟什维克则代表自由主义一翼。俄国其他政党和政治派别也纷纷提出了自己的政治主张，资产阶级自由派主张推行君主立宪制和议会制度。

19世纪下半叶，俄罗斯帝国不断加强在东方的疆域拓展，从里海至天山山脉、北咸海至阿富汗边界的大片中亚土地先后被并入俄国。虽然由于财政困难，沙皇政府于1867年将阿拉斯加及阿留申群岛出售给了美国人，但在英法发动的第二次鸦片战争和中日甲午战争中，沙俄趁机侵占了黑龙江和乌苏里江以东大片中国领土，并取得了在中国东北的系列特权。日本取得甲午战争胜利后，逐渐控制了朝鲜半岛。沙俄帝国的东扩政策与日本帝国的大陆政策在东北亚地区迎头相撞，中国东北及朝鲜成为当时欧亚两大帝国宰割的羔羊。1903年10月，俄国要求日本承认俄国在北纬39度以北的朝鲜北部的利益，东京方面坚决地拒绝了这一要求，此后双方几次三番互相刺激和挑衅。1904年2月，日本断绝了与沙俄的外交关系，同月，3艘日本驱逐舰驶入旅顺港，击沉了俄国"太子"号、"雷特维赞"号战列舰和"帕拉达"号巡洋舰。同时，另一支日本舰队进攻并击沉了俄国停泊在朝鲜仁川港的两艘巡洋舰。此后，三支驻扎在朝鲜光州的日本部队入侵中国东北，日俄战争爆发。这场日俄战争最终以两场残酷的战斗宣告结束：一场是1905年2月20日至3月10日在旅顺要塞进行的陆战，另一场是在对马岛进行的海战。为了支援远东战场，俄国波罗的海舰队 34 艘战船经过长距离的海上航行到达远东。1905 年 5 月 27 日，他们在对马岛遭到日本海军的伏击。这是日军有史以来最重大的一次海上胜利，俄国战船有 22 艘被击沉，6 艘被掳获，另有 6 艘逃离战场。对俄国人来说，这次海战宣告了他们在日俄战争中的彻底失败。1905 年 9 月，双方在美国新罕布什尔州朴次茅斯签订了《朴次茅斯和约》。协约规定，俄国承认朝鲜是日本独占的势力范围，俄国将包括中国旅顺和大连在内的辽东半岛的租赁权及由长春至旅顺的南满铁路的俄国权益转交给日本，以北纬 50 度为界，俄国将库页岛南部和邻近岛屿割让给日本。日本先是在甲午战争中战胜亚洲大国中国，又在 10 年后的日俄战争中战胜欧洲强国俄国。从此，日本成为世界舞台上的一支显赫力量，侵略扩张的野心急剧膨胀。

日俄战争后，俄国国内矛盾进一步加剧，工人罢工和农民暴动风起云涌，在彼得堡、莫斯科及其他城市相继出现了苏维埃政权。苏维埃俄语意思是"代表会议"，他们由工人和士兵的直接民主选举产生，既有布尔什维克代表，也有孟什维克和社会革命党人代表。1905 年 10 月，迫于国内形势和政治压力，沙皇尼古拉二世签署了一份《十月诏书》。在这份诏书中，沙皇保证给予俄国人民公民自由并实行杜马选举，宣布杜马具有批准或者否定所提交法律的真正立法职能。从 1906 年到 1916 年的 10 年间，俄国至少表面上是一个半立宪的君主国。从 1907 年起彼得·斯托雷平上台执政。他在政治上依靠铁腕政策维护沙皇专制，残酷镇压自由主义和社会主义者，经济上实行寡头资本主义政策，推行土地私有化改革。虽然斯托雷平的改革实现了俄国经济的快速增长，但由于其掠夺性私有化改革的极端不公正，底层民众并没有从经济发展中获利，反而有相当一部分农民的私有财产遭受损害，社会不满再度急剧上升。

德国在 19 世纪下半叶终于完成了统一并崛起，这也从根本上改变了欧洲力量对比和均势平衡状况，将俄国推向了同法国改善关系的轨道。20 世纪初，俄国、法国和英国组成了地缘政治同盟，这些国家同德国和奥匈帝国对抗并与之展开了势力范围的争夺。欧洲紧张局势的中心是巴尔干地区。在这里，由于奥斯曼土耳其帝国持续衰落，巴尔干地区成了各大帝国争夺势力范围的焦点。1914 年 6 月 28 日，奥匈帝国皇储斐迪南被塞尔维亚爱国青年刺杀，引发了第一次世界大战，俄国政府决定站在塞尔维亚这边。战争初期，俄国军队出师顺利。1915 年 5 月，德国和奥匈帝国展开全面反攻，致使俄国兵力损失过半。俄军向东部大幅后撤，战争的失败使士兵们的反战情绪高涨。战争导致劳动人民的生活条件急剧恶化，物价上涨，卢布汇率下跌，商店门前排满了买面包的长队，加之投机倒把和腐败现象盛行，城乡各地的不满情绪与日俱增，使沙皇威望进一步跌落至谷底。1916 年 12 月，俄罗斯发生了一系列暗杀事件，被暗杀的人员包括皇后亲信、亲王、皇族成员、议员等，一系列的暗杀事件使俄国国内各方矛盾表面化，推动俄国走向了一场新的革命。社会民主工党率先在首都彼得格勒策划组织了反战示威运动，要求停止战争。运动很快扩展到莫斯科、巴库等大城市，获得了社会民众的广泛支持，最终在彼得堡引发了二月革命，军队倒戈相向。1917 年 3 月 2 日，沙皇在杜马和军方的要求下宣布退位，罗曼诺夫王朝由此灭亡。二月革命是一场由资产阶级与彼得堡工人和士兵共同发起的反封建专制的民主革命，它推翻了俄国的君主专制制度。由于私有化改革给俄国社会带来的恶劣影响，曾经拥护自由经济的十月党、进步党等自由主义右派组织在二月革命的浪潮下明显失势。而自由主义左派制宪民主党由于在革命前领导宪政民主运动，成为唯一有一定政治号召力的资产阶级党派。社会革命党和社会民主工党是两大左派党，他们是工人和士兵的代表，在当时的俄国也拥有较高的支持率。随着在一战问题上战与和争论的升温，各种势力不断分化组合。社会革命党分裂为主流派和左派。社会革命党主流派和孟什维克达成一致，要求继续战争直到胜利；而社会革命党左派则和布尔什维克达成一致，要求尽快停战签订和约。

二月革命后，俄国出现了历史上罕见的双重政权：一个是代表工人和士兵的苏维埃，它是工人和士兵在起义中建立的掌握着武装的起义领导机关。由于在一战中布尔什维克遭受镇压，当二月革命爆发时，大多数布尔什维克领导人还在监狱或被流放，当时苏维埃成员中孟什维克占了大多数。另一个是资产阶级临时政府，是实际上的政权机关，由制宪民主党执政，并得到掌握苏维埃领导权的孟什维克和社会革命党的支持。这些孟什维克都是二次革命论者，他们认为俄国还处在资产阶级民主革命阶段，还需要同资产阶级的临时政府合作，才能进行土地改革和民主改革，因而他们拥护临时政府。临时政府虽然举行了立宪会议的选举，给了民众一定的民主权利，但却存在两个致命问题：一是未使俄国摆脱战争，实现和平；二是未解决农民对土地的渴求，实现经济重振。在这两个问题上，临时政府几乎什么事也没有做，反而继续执行沙皇政府原有的国内外政策。

1917年十月革命的胜利与列宁的个性特征和个人活动是分不开的。在二月革命发生后，远在国外的列宁马上收拾行装回国。回到彼得堡后，4月17日列宁在布尔什维克会议上作了《论无产阶级在这次革命中的任务》的报告，这就是著名的《四月提纲》。列宁的天才之处就在于勇于修正不切实际的理论和路线去迎接现实的挑战。《四月提纲》为布尔什维克党指明了革命发展的前途，明确了从资产阶级民主革命过渡到社会主义革命的路线和任务，从而彻底改变了布尔什维克支持临时政府的政策。布尔什维克政策的改变在内部产生了路线斗争，也使孟什维克和社会革命党的阵营产生了分裂。一部分国际主义的孟什维克党人和左翼社会革命党人加入了布尔什维克的行列，托洛茨基领导的区联派也全体加入布尔什维克。

临时政府企图继续用战争转移国内矛盾。1917年7月1日，俄国向德意志帝国和奥匈帝国军队发动进攻，这次冒险进攻遭到惨败，10天内俄军损失6万人。对德进攻失败后，在军事上，前线战场形势严峻且供给异常困难，很多士兵没有鞋子，甚至几个人共用一支枪。临时政府执政的军事基础开始崩塌，只剩下首都的警察和军校士官生可供派遣。在政治上，临时政府一方面受到因二月革命而瓦解的十月党、进步党残部和保皇军官团等亲沙皇势力的攻击；另一方面则受到参与二月革命的社会民主党、社会革命党和士兵委员会的攻击，威信尽失，陷入颓势。在经济民生上，国内大片土地荒芜，大批工厂倒闭，物价飞涨，食物极度短缺，首都彼得格勒有时甚至连一块面包都买不到。在1917年7月16日，彼得格勒的工人、士兵和其他革命群众走上街头，举行示威，要求全部政权归还苏维埃。临时政府派出军队进行血腥的镇压，造成600多名工人死伤，这就是著名的“七月流血事件”。这次屠杀使人民进一步认识到，必须以革命暴力打倒反革命暴力。7月26日，俄国成立了以克伦斯基为首的联合政府，对工人和布尔什维克党进行全面镇压，白色恐怖笼罩全国。两个政权并立的局面结束，双方矛盾已不可调和，俄国革命进入了一个新阶段。七月流血事件后，布尔什维克党和列宁转入地下活动。在波光粼粼的拉兹里夫湖畔的一座草棚里，在赫尔辛基哈格涅卡娅广场一间小屋的微弱灯光下，列宁写成了《国家与革命》。这是一部关于马克思主义国家学说的重要著作，它不仅对于十月革命的胜利和第一个无产阶级专政国家的建立起了重要的理论指导作用，而且为全世界无产阶级革命指明了一条道路。

1917年10月初，列宁秘密回到彼得堡，于10月10日主持召开党中央会议，通过了关于组织武装起义的决定。从 1917 年 11 月 6 日夜间开始，20 多万革命士兵和起义工人迅速占领了彼得格勒的各个战略要地。临时政府总理克伦斯基坐上美国大使馆的汽车仓皇逃跑（他后来到了美国，在那里居留到 1970 年去世），但临时政府仍在冬宫负隅顽抗。1917 年 11 月 7 日晚上 9 点，停泊在涅瓦河上的阿芙乐尔号巡洋舰开炮，发出了总攻的信号。彼得格勒武装起义取得胜利，资产阶级临时政府被推翻，这一天是俄历 10 月 25 日，后来成为俄国十月革命胜利日。

起义成功的当天，全俄罗斯第二次苏维埃代表大会开幕。大会通过了列宁起草的《告工人、士兵和农民书》，宣告各地全部政权一律转归苏维埃。大会还通过了列宁起草的《和平法令》和《土地法令》。《和平法令》反映了广大劳动人民迫切希望和平的愿望，建议与一切交战国立即进行谈判，缔结不割地不赔款的和约。《土地法令》规定立即废除地主土地所有制，全部土地收归国有，交给劳动农民使用。代表大会选举产生了世界上第一个工农兵苏维埃政府——人民委员会，列宁当选为人民委员会主席。人民委员会下设各部，执行国家的各种职能。斯大林当选为民族事务人民委员，托洛茨基当选为外交人民委员。11 月 9 日大会胜利闭幕，它宣告了世界上第一个无产阶级专政国家——俄罗斯苏维埃联邦社会主义共和国的成立。苏维埃政权废除了沙俄时期旧的等级制度，宣布国内各民族人民权利平等及男女平等，废除了教会的一切特权。苏维埃政权接管了银行、铁路、工厂，并将大工业国有化，实行八小时工作制，由工人监督生产。政府没收了皇室、地主、寺院的土地，分配给农民耕种。苏维埃政府还废除了沙皇和资产阶级临时政府所欠的一切外债。

虽然十月革命推翻了临时政府，并在全俄苏维埃第二次代表大会上成立了以列宁为首的人民委员会和苏维埃政府，但以孟什维克、社会革命党为首的，以资本家、地主、军官为代表的制宪会议依然存在。制宪会议不愿放弃原来拥有的权力，并在 1918 年 1 月举行了制宪会议选举，布尔什维克只得到不足四分之一的议席，而社会革命党取得的席位数明显过半。苏维埃政权有自己的苏维埃代表大会，不可能去接受一个已经被自己推翻的临时政府权力机关这样的选举结果。苏维埃政府强行解散了制宪会议，而孟什维克、社会革命党等政治派别认为布尔什维克违反制宪规则，由此引发了十月革命后的政治和社会危机，最终爆发了内战。在南方，以邓尼金为首的沙俄将军们组织了自愿军，这支军队基本上由旧军队的军官组成。在西伯利亚，沙俄海军上将高尔察克领导着一股君主派力量。社会革命党人在伏尔加河流域建立了自己的政府。另外，俄国在战争中的前盟友对新生的布尔什维克政权持敌视态度。英、美和意大利士兵在摩尔曼斯克和阿尔汉格尔斯克登陆；英国人占领了巴库并推翻了那里的苏维埃政府；法国军队在奥德萨支持邓尼金；英法军队还在西伯利亚支持高尔察克；日本人和美国人则在远东活动。外国列强的干预，使苏维埃政权的局势变得十分严峻。考虑到形势的复杂性，布尔什维克在极短的时间内组建了自己的军队，还创立了一种特殊且极端的经济管理办法，称为"战时共产主义"。按照这一政策，布尔什维克不仅将全国的一切生产资料实行国有化，而且将产品的分配也完全控制在自己手中。农民必须缴纳全部余粮，然后国家把这些余粮凭票在城市中分配。专门的征粮队被派往农村，强迫农民把粮食、土豆、鸡蛋、肉类、牛奶和其他食品交出来。工厂中实行严格的工作纪律，凡是年龄在16～50岁的公民都必须劳动。新生政权用强硬的政策和领导将全国变成了统一的军营，保证了内战的胜利。1919年红军粉碎了白军的进攻，同年末，外国军队开始匆忙撤退回国。1920年11月，红军粉碎了克里米亚半岛的弗兰格尔军队，白军残余逃往国外，内战基本结束。1921年至1922年，苏维埃政权彻底肃清了外高加索、中亚和远东地区的对手。经过艰苦的战争，苏维埃政府粉碎了国内的武装叛乱和14个帝国主义国家的武装干涉，保卫了苏维埃政权。1922年12月30日，苏维埃社会主义共和国联盟（简称苏联）正式成立。①

毛泽东在《论人民民主专政》中指出："十月革命一声炮响，给我们送来了马克思列宁主义。十月革命帮助了全世界，也帮助了中国的先进分子，用无产阶级的宇宙观作为观察国家命运的工具，重新考虑自己的问题。走俄国人的路——这就是结论。"

四、中国道路的探索和博弈

鸦片战争后，中国人开始思考通过何种道路可以挽救中国的问题。在鸦片战争失败后，中国觉得是器不如人，因而产生了洋务运动；在甲午战争惨败后，中国认为是制度出了问题，因而有了戊戌变法及辛亥革命；此后，中国陷入军阀混战，国家风雨飘摇，一些人认为中国的问题出在文化上，因而

① 戴桂菊、李英男编：《俄罗斯历史》，外语教学与研究出版社，2005年12月，第206—208页。

有了新文化运动。无数仁人志士，为挽救中华民族于危难之中，前赴后继，进行了不屈不挠的探索。

1. 戊戌变法和君主立宪

在甲午战争中国战败后，1895 年 4 月，中日签订了《马关条约》。条约中中国割让台湾及辽东、赔款白银 2 亿两等屈辱消息很快传到了北京，当时在北京应试的 1300 多名举人在康有为、梁启超等的组织发动下，联名上书光绪皇帝，痛陈民族危亡的严峻形势，提出拒和、迁都、练兵、变法等主张，史称"公车上书"，拉开了维新变法的序幕。上书虽被清政府拒绝，但在社会上产生了巨大影响。之后，康有为、严复、谭嗣同等以"变法图强"为纲领，在北京、天津、上海和湖南等地发行报纸，宣传维新思想，介绍外国变法经验，为变法制造舆论。维新派还在各地创办了许多学会、学堂，培养维新人才，维新变法运动逐渐在全国兴起。

1897 年冬，德国强占了胶州湾，俄、法、英等国群起效尤。康有为再次上书光绪皇帝，指出形势迫在眉睫。光绪皇帝接见了康有为，让康有为全面筹划变法。1898 年 6 月，光绪皇帝颁布了"明定国是"诏书，变法正式开始。这年是中国戊戌年，这次变法史称"戊戌变法"。变法的主要内容有以下几方面。①

在政治上：一是简政议政，开放言路。光绪皇帝下诏，允许报纸"指陈利弊，中外时事，均许据实昌言，不必意存忌讳"。凡院部司员欲条陈意见，可以上书，通过本衙门的堂官（首长）代传。普通百姓可以到都察院呈递。仿效康熙、乾隆时的旧制，在紫禁城内开"懋勤殿"，使之成为皇帝与维新派讨论制度改革的机构（这条措施因慈禧反对，未能实行）。二是精简机构，撤销詹事府（主管皇帝、皇子家事）、通政司（主管内外章奏）等六个衙门，各省也要做相应精减。三是任用新人，维新派杨锐、刘光第、谭嗣同都被光绪任命为"军机衙门章京上行走"（秘书），参与新政。

在经济方面：强调以工商立国，富国养民。设铁路矿务总局、农工商总局，并在各省设分局；推广口岸商埠，开放八旗经商的禁令；在各地设立工厂，鼓励民间私人办企业；广泛开设农会，刊印农报，编译外国农学书籍，购买农具，奖励农技等。

在军事方面：改用西洋军事训练，兴造枪炮。遣散老弱残兵，削减军饷

① 国家档案局明清档案馆：《戊戌变法档案史料》，中华书局，1958 年。

需支;实行团练,裁减绿营,举办民兵;筹设武备大学堂,武科停试弓箭骑射,改试枪炮等。

在教育方面:废八股,兴西学。创办京师大学堂,所有书院、祠庙、义学、社学一律改为兼习中西学的学堂,各省会设高等学堂,郡城设中等学堂,州县设小学,鼓励私人开办学堂,设立翻译、医学、农务、商学、路矿、茶务、蚕桑等速成学堂;废乡会试及生童岁、科考试,改考历史、政治、时务及四书五经,定期举行经济特科;派留学生和皇族宗室出国游历,挑选学生到日本游学;设译书局,奖励科学著作和发明等。

戊戌变法的意图是要用西方及日本的政治、经济、文化制度模式,改革中国的传统制度,这在当时的中国无疑是进步的。但戊戌变法的方案和举措缺乏系统设计、强力领导、周密部署、有序推进。与戊戌变法相比,明治维新是由刚刚用武力重新统一日本、致力于维新图强的明治天皇主导推动的,天皇是改革的领导者和组织者。明治维新方案在政治、经济、社会、文化、军事等各方面,均有周密考虑和系统安排,而且得到朝廷重臣的全力支持和有效实施。长州、萨摩、土佐、肥前各藩,不仅有"船中八策""王政复古""辞官纳地"等纲领和方案,还拥有以天皇为核心的政治权威和实力。而推进戊戌变法的是没有实权、没有真正经历过执政历练的光绪皇帝,变法方案缺乏系统性设计;变法的实施操之过急,节奏失调。在近100天的时间里,光绪皇帝先后发布上百道变法诏令,改革的内容除政治、经济、军事、文化教育外,连修理街道等琐事也涉及了。新政上谕纷至沓来,但并未切实有效地落实。变法也没有得到或争取到朝廷实权实力派的支持,就在光绪颁布"明定国是"诏书后,慈禧太后迫使光绪连下三道诏谕,守旧派就控制了人事任免和京津地区的军政大权。变法开始后,守旧派就有人上书慈禧太后,要求杀了康有为、梁启超;实权派奕劻和李莲英跪请太后"垂帘听政";御史杨崇伊多次到天津与实力派荣禄密谋;甚至宫廷内外传言将废除光绪,另立皇帝。1898年9月4日,光绪皇帝不得不下令,将怀塔布、许应骙、堃岫、徐会沣、溥颋、曾广汉等阻碍变法的礼部六堂官一起革职。维新派主体是以康有为、梁启超为代表的书生,他们有强烈的救国图强的激情和愿望,但缺乏治国理政的经验和国际关系常识,甚至还幼稚地寄希望于密谋策划甲午战争的日本重臣——日本前首相伊藤博文,邀请他到北京共商变法要务。当反变革力量波涛汹涌时,他们找不到救生船,还错把袁世凯当成"诺亚方舟",最后被袁世凯出卖。他们有"我自横刀向天笑,去留肝胆两昆仑"的豪情,但他们没有“纵横天下，谁与争锋”的实力和能力，最后发出了“有心杀贼，无力回天。死得其所，快哉快哉！”的悲壮呐喊。

1898 年 9 月 21 日，以慈禧太后为首的守旧派发动戊戌政变，光绪皇帝被囚至中南海瀛台，维新派的康有为、梁启超逃往国外，戊戌六君子谭嗣同、康广仁、林旭、杨深秀、杨锐、刘光第被杀，历时 103 天的戊戌变法失败。戊戌六君子用他们的鲜血再次警醒了国人，使一批知识分子由主张变法维新转向追寻革命道路。戊戌变法失败后，更多的年轻人出国留学，更多的西方学说被介绍到中国。如果说中国地理上闭关自守的大门是被欧洲列强用枪炮打开的，那么中国人思想上闭关自守的大门是在戊戌变法后主动打开的。虽然中国该如何变革还有各种不同意见，但中国必须变革已成为各种进步政治力量的普遍共识。

为反抗帝国主义列强的压迫和侵略，1900 年中国爆发了义和团运动。这是一场以“扶清灭洋”为口号的农民运动。事件最终导致外国列强的军事干预，发生了八国联军的侵华战争。战争以八国联军占领北京、清政府与总共 11 个国家签订《辛丑条约》而告终。条约要求清政府赔款共计 4.5 亿两白银。这个赔款数额十分巨大，数字也很特别，当时中国人口 4.5 亿人，用意大概是要每个中国人都要向这些列强交一两白银的“罚金”。该赔款以关税、盐税等作担保，分 39 年还清，年息 4 厘，本息共 9.8 亿两。清朝除赔偿巨额的款项外，还丧失多项国家主权，特别是外国列强在北京至山海关沿线拥有了驻军权。欧美列强大多没实施这一驻军条款，唯有日本将此视为天赐良机。日本在这一地区的驻军为之后进一步对中国侵略扩张做好了铺垫。俄国也乘机占据了中国东北（也称满洲）的大量领土，其在辽东的租界得到清政府承认。俄国的行动与企图在辽东和满洲扩展势力范围的日本发生冲突，谈判两年未果，最终双方关系破裂并在 1904 年 2 月爆发了日俄战争，日本再次打败了一个大国。

日本战胜俄国那样一个强国，给清廷上下以很大震动。“日俄之胜负，立宪专制之胜负也。”朝野上下普遍将这场战争的胜负与国家政体联系在一起，认为日本以立宪而胜，俄国以专制而败，“非小国能战胜于大国，实立宪能战胜于专制”。事实上，日本并不是真正的君主立宪国家，立宪只是文饰其开明专制的一个符号，日本人自己说他们是“伪立宪的开明专制”。尽管如此，日俄战争后立宪之议遍于中国。因为日本于明治十五年曾派员赴欧洲考察宪政，清廷于 1905 年派载泽、端方等五大臣出洋考察。次年，五大臣先后回国，上书指出立宪有三大利，“一曰皇位永固，二曰外患渐轻，三曰内乱可弭”，建议进行“立宪”。但是，他们指出，“今日宣布立宪，不过明示宗旨为立宪预备，至于实行之期，原可宽立年限。日本于明治十四年宣布宪政，二十二年始开国会，已然之效，可仿而行也”。清朝统治者看中的正是“预备”两字。1906 年 9 月，清廷颁发了《宣示预备立宪谕》。

戊戌政变后，康有为、梁启超逃至日本，在 1899 年 7 月组织保皇会，又名中国维新会，以保救光绪皇帝复政为宗旨。清政府宣布“预备立宪”后，康有为通告各地保皇会改名国民宪政会，与国内立宪派相呼应，敦促清政府加速立宪步伐。清政府于 1908 年 8 月宣布预备立宪以 9 年为限，同时颁布《钦定宪法大纲》23 条，其中关于“君上大权”的 14 条，规定皇帝有权颁行法律、黜陟百司、设官制禄、宣战议和、解散议院、统帅海陆军、总揽司法权等。

在各地的催促下，1909 年 3 月清廷下诏重申预备立宪，命各省当年内成立谘议局。12 月，16 省谘议局代表组成国会请愿同志会，在 1910 年又 3 次请愿要求速开国会。10 月，资政院在北京成立，亦要求 1911 年召开国会。清政府不得已将预备立宪期由 9 年改为 5 年，定于 1913 年召开国会，1911 年先成立内阁。1911 年 5 月，清政府裁撤军机处等机构，公布所订内阁官制，组成新内阁，由庆亲王奕劻任总理大臣。在 13 名国务大臣中，汉族官僚 4 名，蒙古旗人 1 名，满族 8 名，其中皇族又占 5 人，被讥为皇族内阁。立宪派大失所望，幻想随之破灭，很多人转向与革命派合作，革命呼声高涨。

2. 辛亥革命和民主共和

在甲午战争爆发之际，曾接受过西方近代教育的孙中山上书李鸿章，提出“人能尽其才，地能尽其利，物能尽其用，货能畅其流”的改革主张[①]，但未得到李鸿章的回应。在国家危亡的紧急关头，清政府更关心的是大修颐和园，准备为慈禧太后过六十大寿。1894 年秋天，中日甲午战争爆发三个多月后，中国海、陆军均连遭败绩，日军已侵入中国东北。深感清朝政府昏庸腐朽，已病入膏肓，沉疴难治，孙中山放弃了“医人”的职业，改而追求“医国”的事业，坚定地走上了以革命方式推翻清政府的道路。他前往早年求学的檀香山，在华侨中宣传革命，并创建了中国第一个民主革命团体——兴中会。兴中会完全不同于旧式反清会党，而是一个以“驱除鞑虏，恢复中华，创立合众政府”为宗旨的政治团体。孙中山起草的《兴中会章程》第一次提出

① 《孙中山全集》第 1 卷，中华书局，1981 年，第 8 页。

了推翻清朝君主专制政府、建立合众政府的民主革命纲领。

1895年2月，孙中山联合其他革命义士，在香港成立兴中会总会。总会决定在广州举行起义。起义原定于九月初九重阳节举行，由于泄密，清两广总督谭仲麟出动军队、警察四处缉捕革命党人，一批革命义士被捕遇害，孙中山等人逃往国外。1896年10月，孙中山在英国伦敦被清公使馆诱捕，经英国友人营救脱险。此后，孙中山详细考察欧美各国的经济、政治状况，研究了多种流派的政治学说，并与欧美各国进步人士接触，三民主义思想由此初步形成。孙中山设想通过三民主义的实施，实现他提出的“人能尽其才，地能尽其利，物能尽其用，货能畅其流”，进而实现国富民强、天下为公的大同社会。

1900年1月，兴中会和三合会、哥老会代表在香港开会，共推孙中山为总会长，取名为“兴汉会”。1904年黄兴于长沙成立了华兴会，同年蔡元培于上海成立了光复会。这些革命团体的目标都是通过武装起义，推翻清政府的统治。1905年孙中山在日本联合兴中会、华兴会、光复会，成立了中国同盟会，会上通过了《中国同盟会宣言》《中国同盟会总章》等文件，孙中山被一致推选为中国同盟会总理。中国同盟会的本部设在日本东京，并在国内外建立支部和分会，联络华侨、会党和新军。自此，中国同盟会成为全国性的革命组织。

中国同盟会的政纲为孙中山提出的“驱除鞑虏，恢复中华，创立民国，平均地权”十六字纲领，该纲领后来被解释为三民主义学说。“驱除鞑虏，恢复中华”被视为民族主义，通过反抗清朝统治、民族压迫和列强的侵略，实现国内各民族之平等及民族自决。“创立民国”属民权主义内容，通过革命推翻君主专制，实行民主政治，人民有选举、罢免、创制、复决四权（政权）以管理政府，政府则有立法、司法、行政、考试、监察五权（治权）以治理国家，亦即人民拥有政权，政府拥有治权。“平均地权”则被认为是民生主义的实现方式，目的是解决土地问题。孙中山认为，西方资本主义国家之所以存在严重的社会问题，原因是没有解决土地问题。因此，中国在进行民族革命和政治革命的同时还必须进行社会革命。解决土地问题的最好办法是“核定天下地价。其现有之地价，仍属原主所有；其革命后社会改良进步之增价，则归于国家，为国民所共享”①。三民主义是以孙中山为首的资产阶级革命党人针

① 《孙中山全集》第1卷，中华书局，1981年，第297页。

对当时中国社会面临的民族解放、民主革命和社会改造三大任务而提出来的一个比较完整的资产阶级民主革命纲领，是在当时的历史条件下最先进、最完整的资产阶级革命纲领。同盟会机关刊物《民报》，由章炳麟、陶成章等主编，胡汉民、汪精卫等执笔，与由康有为、梁启超执笔的主张保皇和君主立宪的《新民丛报》展开激烈论战，成为传播革命思想的重要阵地。

自 1906 年起，中国同盟会联合地方会党，先后发动了萍浏醴起义（1906 年 12 月）、黄冈起义（1907 年 5 月）、七女湖起义（1907 年 6 月）、钦廉防城起义（1907 年 9 月）、镇南关起义（1907 年 12 月）、钦廉上思起义（1908 年 3 月）、云南河口起义（1908 年 4 月）、广州新军起义（1910 年 2 月）和黄花岗起义（1911 年 4 月）。但起义连遭失败，其中 1906 年萍浏醴起义是中国同盟会成立后发动的第一次大规模的武装起义，牺牲义军将士及其亲属逾万人；黄花岗起义参与及牺牲者多为同盟会骨干成员。

甲午战争结束后，清政府开始认识到铁路交通对国家的重要性。清末官办铁路资本匮乏，政府不得不把铁路的管理权、用人权、稽核权、购料权拱手让给外国的借贷公司，造成了中国路权和利益的严重流失。1903 年年底，清政府颁布了《铁路简明章程》，规定无论华人、洋人均可向督抚衙门递呈请办铁路，国人投资实有成效者，朝廷还要“专折请旨给予优奖”。各省绅商随之掀起规模巨大的赎回收回路权运动，铁路商办民办运动进入高潮。1911 年 5 月，皇族内阁刚一成立，就以各地铁路建设各自为政、各行其是为由，宣布把全国商办铁路干线收归国有，并派员南下接收湖北、湖南、广东、四川四省的商办铁路公司。清政府“劫收”商办铁路公司，和各省地方及绅商的经济利益发生了尖锐的冲突。于是，震撼全国的四省保路运动爆发了。5 月份，湖南长沙发生万人游行请愿。清廷调集军队弹压，湖北宜昌的保路运动死伤数十人，造成保路运动的第一起流血事件。粤、川等省也陆续爆发保路运动，以四川省尤其激烈。1911 年 6 月，四川民间各团体成立“四川保路同志会”，组织群众开展罢市罢课、抗粮抗捐活动。9 月 7 日，保路同志会代表率数万人陈请阻止川汉铁路钦差大臣端方进入四川，一批保路骨干被捕，造成死伤众多、骇人听闻的“成都血案”。成都惨案的发生，立即点燃了四川人民武装起义的烈焰，在中国同盟会和哥老会的领导下，成都发生保路同志军起义。他们围攻省城，与清兵交战，附近州县群众纷纷响应，几天内队伍发展到 20 多万人。清政府得知激起民变后，忙将四川总督赵尔丰免职，并调渝汉铁路督办端方署理四川。9 月中旬，端方抽调了三分之一的湖北新军取道宜昌进入四川，武昌顿时空虚。①

黄花岗起义失败后，革命党人决定把目标转向长江流域，准备在以武汉为中心的两湖地区发动武装起义。革命党人在湖北新军中开展革命宣传工作，在新军中发展革命力量。武昌起义前夕，加入革命组织的新军士兵约占新军总人数的三分之一。四川保路风潮爆发后，湖北革命党人决定利用武昌空虚之机，在武汉发动起义。由于起义计划暴露，起义不得不提前举行。10 月 10 日晚，新军工程第八营的革命党人打响了武昌起义的第一枪，武昌城内外的革命党人也纷纷率众起义。革命党人迅速攻占了汉阳和汉口，占领了武汉三镇。

1911 年 10 月 11 日，起义军召开会议，商讨组建湖北军政府和推举都督人选。由于原定的起义主要领导人在起义前因计划泄密或受伤或逃亡，同盟会核心人物黄兴、宋教仁等也不在武昌，孙中山更是远在国外，为稳定武昌起义军的军心，大家推举在军中享有威望的第 21 混成协统领黎元洪为都督，成立了湖北军政府。② 一系列电文以黎元洪名义迅速发往各地，加快了各省的响应速度，加剧了清统治集团的分化。武昌起义胜利后的短短两个月内，湖南、广东等 14 个省纷纷脱离清政府，拥护共和。

黎元洪是湖北人，早年以优异成绩从天津水师学堂毕业，深得北洋大臣李鸿章、北洋水师提督丁汝昌赏识。黎元洪参加过甲午海战，在黄海战役中，因舰只触礁搁浅，黎元洪跳海得以逃生。之后黎元洪投奔两江总督张之洞，得到张之洞赏识和重用。张之洞担任湖广总督后，黎元洪跟随其回到湖北家乡，成为编练湖北新军的高级将官。因在军事方面表现突出，黎元洪的仕途平步青云，担任了清军协统、第二镇统制兼护统领事等职，负责指挥张之洞麾下最精锐的新军部队，曾率师阻击驶入长江的英德舰队。随着湖北新军的建设规模不断扩大，黎元洪还兼管了长江舰队，统领湖北陆军和水师两支重要的军事力量。在清军会操演练中，湖北新军军容强盛，士气锐健，步伐技艺熟练精娴，黎元洪因此成为清军中赫赫有名的高级将领，成为清政府和革命党人双方都积极争取的红人。保路运动兴起后，黎元洪作为湖北军界的领袖人物，以军界代表的身份成为湖北保路筹款组织“铁路协会”的成员，也许是因为他的这个身份和他在军队中的声望，武昌革命党人把他推

① 彭明、王续添：《中国近代史纲要》，华文出版社，2004 年，第 178—179 页。

② 张海鹏、邓红洲：《辛亥革命史话》，社会科学文献出版社，2011 年，第 94 页。

为革命军都督。武昌起义后，在1911年10月13日召开的军事会议上，黎元洪首次公开表态，赞同推翻清朝恢复中华，认同废除专制建立共和，并同意就任大都督之职。

武昌起义后，清政府主要阁僚一致主张起用袁世凯，英、美等国公使也建议起用袁世凯。摄政王载沣见中外一致认为，“非袁不能收拾局面”，只好仓促颁布宪法“十九信条”，解散皇族内阁，任命袁世凯为内阁总理大臣，组织责任内阁。①

袁世凯由于在戊戌变法中告密获得了慈禧的信任，地位扶摇直上。1899年袁世凯由工部侍郎升任山东巡抚，40岁的袁世凯成了封疆大吏。1901年11月，李鸿章去世，袁世凯受命署理直隶总督兼北洋大臣，一跃成为中外瞩目的实力人物。《辛丑条约》签订后，清政府迫于内外形势，试行君主立宪，袁世凯表示极力拥护。1902年，袁世凯兼任政务大臣和练兵大臣。次年，清政府在北京设立练兵处，袁世凯任会办大臣，负责创办武备学堂，并聘请大批日本军官担任教习。至1905年北洋六镇编练成军，除第一镇由满洲贵族统率外，其余五镇都在他的控制之下，重要将领几乎都是他小站练兵时期的嫡系军官。同时，袁世凯还兼任督办电政大臣、督办铁路大臣及会议商约大臣，一个以袁世凯为首的庞大的北洋军事政治集团很快形成。袁世凯北洋集团势力的扩张，对满洲贵族集团的世袭地位构成了严重威胁，皇室亲贵煽动一些御史屡次上疏弹劾袁世凯权高势重，甚至预言他将步曹操、刘裕的后尘。1906年，袁主动辞去各项兼差。1907年，他被调离北洋，到北京任军机大臣兼外务部尚书，成为中枢重臣。1908年11月光绪皇帝和慈禧太后相继病死，年幼的溥仪继位，改元“宣统”，其父载沣为摄政王。载沣因为反对袁世凯的很多新政措施，更因为戊戌政变一事，认为袁世凯出卖维新派，致使光绪被慈禧太后幽禁至死，对袁世凯非常痛恨。成为摄政王后，载沣立即解除了袁世凯的官职。

袁世凯复出上任后，立即整兵备战，调拨湖北周边的清军及北洋新军扑向武汉。1911年10月，革命军与清军在汉口展开了10余天的“汉口争夺战”，战事打得异常激烈。由于双方力量对比悬殊，汉口、汉阳相继失陷，革命党人不得不退守武昌以待救援。虽然武汉保卫战进行得非常激烈艰难，全国其他各地的革命形势的发展却十分顺利。当时关内18省都发生了武

① 彭明、王续添：《中国近代史纲要》，华文出版社，2004年，第184页。

装起义，其中湖北、湖南、陕西、江西、云南、江苏(含上海)、贵州、浙江、安徽、广西、福建、广东、四川共13省宣布独立，只有直隶、河南、甘肃、山西、山东5省在袁世凯控制之下，其中山西、山东、甘肃境内宁夏地区都曾宣布独立，后被袁军控制。全国革命形势的变化拉开了南北对峙与议和的序幕。

从袁世凯复出之日起，袁世凯多次托人向黎元洪提出，南北战事应择机暂且和平了结。对此，湖北军政府多次商议后决定，只要袁世凯不反对革命，并能顺从民意，就拥戴袁世凯为大总统。而袁世凯则以边剿边抚、边打边拉来周旋。11月袁世凯派出全权代表到武昌都督府与革命军议和，并向湖北方面提出：若能承认君主立宪，两军立刻息战，否则仍以武力解决。湖北军政府虽然想议和，但对袁世凯提出的君主立宪的条件严词拒绝，坚持以建立共和作为议和的前提条件。

1911年12月25日，孙中山从海外回到上海。孙中山是众望所归的领袖，29日，各省代表会议选举孙中山为临时大总统，国号为中华民国。1912年元旦，孙中山在南京宣誓就职，中华民国临时政府宣告成立。南京临时政府成立后，同盟会多数人主张对袁妥协，孙中山也公开表示："若清帝实行退位，宣布共和，则临时政府决不食言，文即可正式宣布解职，以功以能，首推袁氏。"①袁世凯得到孙中山的保证后，便开始实行他的"逼宫"计划：一方面，他以皇帝退位后的优待条件相"劝导"；另一方面，他暗中指使北洋将领段祺瑞等40余人，于1912年1月26日联名发表通电，要求清政府立即降旨，宣示中外，确立共和政体，否则将率军进京，以武力相威胁。2月12日，袁世凯成功逼清帝逊位，统治中国268年的清王朝退出了历史舞台，中国延续两千多年的君主专制也宣告结束。2月13日，孙中山提出辞呈，向临时参议院推荐袁世凯接任。2月15日，临时参议院选举袁世凯任临时大总统，决定临时政府仍设在南京，并电袁前来受职，未到任前，政务仍由孙中山继续代理。袁世凯以北京兵变为由，坚持迁都北京。3月10日，袁世凯在北京宣誓就职中华民国第二任临时大总统。3月11日，临时参议院通过《中华民国临时约法》，明确规定中华民国是资产阶级的民主共和国，并试图通过内阁制对大总统的权力加以限制。②

1912年8月，在宋教仁的组织下，中国同盟会、统一共和党、国民公党、

---

① 《孙中山全集》第2卷，中华书局，1982年，第23页。

② 彭明、王续添：《中国近代史纲要》，华文出版社，2004年，第185—187页。

国民共进会和共和实进会联合在北京成立国民党，孙中山为理事长，宋教仁为代理事长。1913年2月，中国首次根据《临时约法》的规定，举行了国会选举。国民党所得议席最多，预备由宋教仁出任内阁总理。3月20日，宋教仁在上海遇刺身亡，袁世凯是这次事件背后的主谋。宋教仁之死激起了极大的愤慨，1913年7月，孙中山发动二次革命，武力讨伐袁世凯，但很快失败了。1913年10月6日，袁世凯经国会选举，正式当选中华民国总统。袁世凯在正式就任大总统后，于11月4日以“叛乱”罪名下令解散国民党，并驱逐国会内国民党籍议员。国会由于人数不足而无法运作，不久即被解散，袁世凯从此成为寡头总统。1915年袁世凯开历史倒车，废共和称帝，遭到全国进步力量的一致反对，引发护国战争，旋即袁世凯宣布取消帝制。1916年6月，袁世凯病死。此后，由袁世凯创建的北洋军阀分裂为皖系、直系、奉系三大派系。皖系的段祺瑞在日本的支持下，控制皖、浙、闽、鲁、陕等省；直系的冯国璋在英、美的支持下，控制长江中下游的苏、赣、鄂及直隶等省；奉系的张作霖以日本为靠山，占据东北三省。另外，山西的晋系军阀阎锡山，徐州一带张勋的定武军，西南的滇系军阀唐继尧和桂系军阀陆荣廷等，都在外国列强的支持操纵下，尔虞我诈，争斗不已，中国进入军阀割据和混战状态。

1916年6月，黎元洪继任总统，段祺瑞出任总理，恢复了《临时约法》和国会。不久，黎元洪与段祺瑞就因内政外交问题，发生府院之争。黎元洪免去了段祺瑞的总理之职，并且让张勋率“辫子军”进入北京。但张勋倒行逆施，在1917年7月为溥仪复辟，宣布恢复清朝旧制，国会亦被解散。“张勋复辟”12天后就被段祺瑞镇压，黎元洪引咎辞职，总统之职由冯国璋取代。重新掌握北京政府大权的段祺瑞拒绝恢复《临时约法》和召集国会。孙中山联合西南军阀，在广州建立护法军政府，孙中山被推举为大元帅，发动了第一次护法战争。但孙中山在军政府内备受军阀、政客的排挤，不得不于1918年5月辞去大元帅职务，第一次护法运动失败。1918年6月孙中山离粤回上海时，护法军政府在桂系军阀把持下，虽已无护法之实，但广东这块地方却被桂系盘踞着。为了继续护法事业，孙中山决定首先摧垮桂系军阀，夺取和巩固广东这块民主革命的根据地。这次，孙中山把希望寄托于他亲手培植起来的粤军陈炯明部。1920年10月，在孙中山的督促下，陈炯明率粤军占领广东，把桂系逐回广西。11月，孙中山在广东军民的欢迎下由上海抵广州。1921年4月，国会非常会议召开参众两院联合会议，决定在广州建立中华民国政府，选举孙中山为非常大总统。广州政府的主要目标是：兴师北伐，打倒军阀，统一全国，以实现民主共和。为了实现这一目的，1921年6月，孙中山命令粤、赣、滇、黔各军联合讨桂，用三个月时间，打败了桂系，统一了广西。1922年3月，孙中山在桂林誓师，计划由桂入湘，发起北伐护法。而陈炯明为了保存粤军实力，欲阻止孙中山北伐，与湖南军阀赵恒惕结成反孙联盟，暗杀了拥护孙中山的粤军参谋长邓铿，还囚禁了廖仲恺，在后方牵制北伐护法行动，迫使孙中山回师广东。1922年6月，当孙中山从前线返回广州时，陈炯明炮轰总统府，孙中山被迫避入永丰舰(后改称中山舰)，8月被迫转往上海，第二次护法运动失败。这是孙中山一生中遭受的最沉痛的一次失败。①

孙中山在永丰舰避难期间，一位年轻人引起了孙中山的注意，他就是蒋介石。蒋介石早年在日本求学时结识了陈其美等人，受到反清思想的影响。1907年考入保定全国陆军速成学堂，1908年加入同盟会，其后参加了辛亥革命和二次革命。孙中山避难于永丰舰，蒋去广州登舰侍卫40余日，取得了孙的信任和器重。此后，蒋介石走进了国民党的核心圈，走上了国民革命的重要岗位，1923年2月被任命为大元帅府大本营参谋长。1924年1月国民党第一次全国代表大会决定建立黄埔陆军军官学校，训练革命军队。孙中山任命蒋介石为黄埔军校校长兼粤军总司令部参谋长。黄埔军校的建立，标志着国民革命有了自己的新型军队。从1924年10月起，蒋介石组织和领导了镇压广州商团叛乱、平定杨希闵刘震寰叛乱等军事行动。廖仲恺被害后，他支持汪精卫驱逐胡汉民出国，不久又将粤军总司令许崇智驱离广州，收编粤军部分师旅，一跃而成为国民党军界的首要人物。1925年10月蒋介石率师东征，全歼陈炯明叛军，报了其炮轰总统府之仇。在1926年1月国民党第二届全国代表大会上，蒋介石当选为中央执行委员、中央常务委员，2月兼任国民革命军总司令。自此，蒋介石走上了中国近代历史舞台的中心。

辛亥革命并未能改变自近代以来中国半殖民地半封建的社会状况和内忧外患的政治局面。西方资产阶级“自由”“平等”等思想和“君主立宪”“民主共和”等政治方案种子，在西方开出了花朵，而在中国的土地上却长成了杂草。严酷的现实迫使中国先进的精英分子深刻反思，并从思想文化的角

① 尚明轩：《孙中山》，民族出版社，2003年，第94—100页。

度去寻求救国救民的新途径。以1915年9月陈独秀创办《新青年》为标志，中国兴起了一场轰轰烈烈的新文化运动。新文化运动宣扬民主，反对专制和旧礼教旧道德；提倡科学，反对迷信；倡导新文学，反对旧文化。这场运动使中国青年知识分子挣脱了传统旧思想的禁锢和束缚，获得了空前的思想解放，影响了整整一代人的思想和风尚。这个思想解放的潮流，唤起了人们对国家、民族命运的关心，掀起了追求进步、追求解放、追求真理的热潮，为马克思主义在中国的传播创造了条件。在新文化运动中人才辈出，产生了李大钊、鲁迅这样无愧于时代的思想巨人；也造就了毛泽东、周恩来那样杰出的领袖；中国许多老一辈的科学家、文学家、教育家、戏剧家、诗人，很多是在这个过程中成长起来的。俄国十月革命后，在列宁和布尔什维克党的领导下，俄国建立了世界上第一个社会主义国家。十月革命给中国送来了马克思主义，也为中国提供了一条新的道路选择。从此中国一批先进分子弃旧图新，开始学习、接受、宣传十月革命和马克思主义，用马克思主义的世界观和方法论重新观察、思考中国问题。1919年爆发的五四爱国运动，就是新文化运动和马克思主义思想传播后中国社会的一次洗礼。

第一次世界大战结束后，中国作为战胜国参加了1919年1月在法国巴黎召开的“和平会议”。中国人民翘首以盼，期望在巴黎和会上公理能战胜强权，收回战败国德国在山东的特权，并废除二十一条及其他一些不平等条约。但巴黎和会的结果是，将德国掠夺的山东权利全部让予日本，对中国的其他要求，以“不在和平会议权限以内”为由，不予讨论。巴黎和会上中国外交的失败成了五四运动的导火索，中国人长期积聚的屈辱和愤怒像火山一样爆发，汇成一股巨大的洪流。从5月4日开始，从学生罢课发展成工人罢工、商人罢市，游行示威从北京蔓延到上海及全国22个省的150多个城市，参加人员从学生、知识分子扩展到工人、小资产阶级、民族资产阶级及其他爱国力量。五四运动不仅迫使北京政府拒绝在巴黎和约上签字，而且使古老的中华大地由一潭沉寂的死水化作一股奔腾的激流，使一个暮气沉沉的民族重新焕发出勃勃的生机和活力。

1921年7月，中国发生了一件近代历史上开天辟地的大事。在上海法租界的一个石库门里，在浙江嘉兴南湖的一艘小木船上，召开了中国共产党第一次全国代表大会。会议通过了《中国共产党党纲》和《关于当前实际工作的决议》等文件，选举了党的领导机构。中国共产党的第一次全国代表大会正式宣告了中国共产党的诞生，从此，在中国出现了一个代表工人阶级利益、以马克思主义为行动指南的崭新政党。从1922年1月到1923年2月，中国共产党掀起了中国工人运动的第一个高潮，在持续的13个月时间里，全国发生大小罢工100余次，参加人数达到了30万以上。其中，京汉铁路工人大罢工上演了最为壮烈的一幕。中国共产党领导这次罢工的主要负责人是张国焘、罗章龙等，全路3万多工人举行大罢工，1000多公里铁路顿时瘫痪。[①] 虽然罢工最终失败了，但它昭示了一支强大的新兴力量登上了中国历史的舞台。

两次护法运动的失败，使孙中山认识到辛亥革命以后，只是"去一满洲之专制，转生出无数强盗之专制。其为毒之烈，较前尤甚。于是而民愈不聊生矣！[②]"同时也使孙中山看到南北军阀都是一丘之貉，所有大小军阀都是革命的敌人，不可能帮助革命党人完成革命的目标，利用一个军阀去打倒另一个军阀是行不通的。要实现民主共和的理想，必须寻找新的革命力量，走新的革命道路。孙中山开始考虑联合苏俄，接受苏俄援助，改组国民党，实行国共合作等中国革命的重大和关键问题。在共产国际的帮助和协调下，1923年6月，中国共产党第三次全国代表大会确定了全体共产党员以个人名义加入国民党，与国民党建立革命统一战线。孙中山也开始着手改组中国国民党，希望通过国共合作，加快中国民主革命进程，完成民主革命的目标。在1924年1月在广州召开的中国国民党第一次全国代表大会上，孙中山确立了联俄、联共、扶助农工的三大政策，重新解释了三民主义。新三民主义同中国共产党在民主革命阶段的纲领基本一致，成为国共合作的政治基础。大会选举出中国国民党中央执行委员会，共产党员李大钊、谭平山、毛泽东、林伯渠、瞿秋白等10人当选为国民党中央执行委员或候补执行委员。此后，在国民党中央党部担任重要职务的共产党员有：组织部长谭平山，农民部长林伯渠，宣传部代理部长毛泽东等。随后全国大部分地区以共产党员和国民党左派为骨干改组或建立了各级国民党党部。这样，国民党就由资产阶级的政党开始转变为工人、农民、城市小资产阶级和资产阶级的民主革命联盟，成为各革命团体的统一战线组织，国民党的"一大"标志着第一次国共合作的正式建立。1925年3月12日，孙中山病逝。他在国事遗嘱中指出，要按他"所著《建国方略》《建国大纲》《三民主义》及《第一次全国

---

① 樊文娥等：《中共党史》，高等教育出版社，1999年，第25—27页。

② 《孙中山全集》第六卷，中华书局，1982年，第158页。

代表大会宣言》,继续努力,以求贯彻”。他告诫后人:“余致力国民革命凡四十年,其目的在求中国之自由平等。积四十年之经验,深知欲达到此目的,必须唤起民众及联合世界上以平等待我之民族,共同奋斗。”

3.国共恩怨与道路之争

中国社会结构和发展状况既不同于英国也不像法国。光荣革命前,英国是个比较彻底的封建宗教社会,有强大的贵族集团势力,也有占主流的新教宗教力量。光荣革命时,新兴资产阶级也有了相当的实力,三股力量的政治和经济诉求相同或相似,它们联合形成的强大力量足以制衡王室的君主专制力量,英国的君主立宪制度在不流血的政变中得以建立,并自此稳定运行。法国是启蒙运动的发源地,经过启蒙运动的洗礼,自由和平等意识深入到社会各阶层。法国大革命前,虽然法国的君主专制程度比英国更深,但和英国一样,法国是个封建宗教社会。法国大革命打倒了王权、神权,同时也将贵族阶级连根拔起,走向共和成为法国的最终选项。20世纪初的中国由于资本主义和工业化的发展仍处于初期,中国有遍布在广大农村的庞大的乡绅阶层,但没有形成像英、法那样强大的资产阶级阵营;中国自秦朝建立中央集权郡县制度以来,历代有士大夫及官僚阶层,但没有英、法封建社会那种强大的封建贵族阶层;中国一直以来都是个世俗社会,不像英、法那样经历了近千年的宗教社会,没有像英、法那样强大的宗教势力。孙中山领导的资产阶级民主革命,依靠的对象主要是资产阶级。孙中山所领导和代表的资产阶级力量,在与传统官僚势力和军阀集团的斗争中,明显处于弱势,这是孙中山面对北洋及其他军阀时处处被动、受制于人的重要原因。这些军阀大多是从清廷及地方大员演变过来的,他们中的有些人本来就是君主专制的极力拥护者,如张勋,也有主张君主立宪的,更多的是投机革命以获得地方、集团甚至是个人利益的,真心支持共和、献身共和事业的寥寥无几。孙中山在两次护法战争中,屡受军阀排挤甚至背叛,导致维护临时宪法和共和制度的努力屡屡失败。

在俄罗斯的历史发展进程中,辽阔的国土及大平原、黑土地,使农业成为俄罗斯人的经济命脉,也决定着俄罗斯人的生产和生活方式。农民是俄罗斯社会构成中的绝大多数,农村是俄罗斯社会的重要支柱,这些情况与中国相似。但俄罗斯长期实行的农奴制,成为束缚俄罗斯农民人身自由的制度枷锁。彼得大帝的改革是一次工业化和西方化运动,决定了俄罗斯在以后几个世纪里试图融入西方文明的走向。叶卡捷琳娜二世是彼得大帝改革的继承者，她使俄罗斯在西方化的道路上更向前迈进了一步。尽管俄罗斯文明表面上是西方文明的近亲，但在本质上又具有许多东方大国文明的元素，使之没有像欧洲那样被不断分割分裂，维持着国家的统一。20 世纪初，中国与俄国的国情有许多相似之处。两者都是中央集权的农业国家，在工业化方面均滞后于西方国家。在城市，资产阶级均还弱小，工人阶级正在成长，在广大农村，乡绅阶级占主导地位。两国的农村人口都很庞大，占全部人口的绝大多数，只不过中国的农民早就成了自耕农或雇农，有薄田陋屋自耕自足或受地主雇佣，而俄国实行了近千年的农奴制，直到亚历山大二世在 1861 年才正式宣布废除农奴制，解放了俄罗斯所有的农奴，自此农奴才成为可以自由耕种的农民，才有了人身自由。通常刚刚获得自由的人往往对自由充满更多期待。俄国十月革命的中坚骨干力量，是工人、士兵、农民等人民大众。

孙中山总结了 40 多年的革命经验和教训，留下了“必须唤起民众”的政治遗言和深刻结论。这是一个几千年来中国始终没能解决好的问题。中国传统制度设计中缺乏唤起民众的组织结构和动员力，这是中国历代农民起义频发的重要原因之一。中国自秦统一以来，历代基本上都实行君主专制的郡县制度，表面上皇帝权力很大，但实际上“天高皇帝远”，中央权力大多只能延伸到县一级，中国农村基本上是宗族社会，一个村子往往就是一个家族，族长、村长等乡绅可以用宗法制度和乡规民约，独立自主地处理家族间和村里的各种事务①。县吏也要依靠乡绅实现乡村的管理。上层结构的统治阶级与底层结构的农民没有直接沟通的渠道，这种社会结构和治理方式往往导致底层农民只知有族长和村长，不知有县长和郡守，更不用说是宰相和天子。底层农民的诉求难以上达朝廷，国家发生的事件似乎也与他们没有什么关系，这也是底层社会没有国家和国民意识的重要原因。国不知有民，民不知有国。在鸦片战争中，英国舰队突破虎门要塞，沿着珠江北上的时候，珠江两岸聚集了大量当地居民。他们以冷漠平淡的神情观看朝廷与外夷的战事，好似在观看一场与自己毫不相干的争斗。

国共合作使唤起民众、动员民众成为可能。中国共产党自诞生之日起，就立足于工人、农民等劳苦大众之中，在中国共产党的领导下，工农运动迅速发展。在北方，国共两党共同组织和发动的反奉倒段群众运动此起彼伏。

---

① 郑永年：《中国模式：经验与困局》，浙江人民出版社，2010 年，第 216 页。

在南方，1925 年 5 月中国共产党领导的席卷全国、声势浩大的五卅爱国运动以及之后的省港大罢工，不仅沉重地打击了外国列强在中国的殖民势力，也为北伐战争做好了社会动员和思想准备。与此同时，广州国民政府进行了统一广东的战争，肃清了广东境内的大小军阀势力，成立了国民政府，组建了新型的反帝反封建的国民革命军，为北伐做好了政治和军事准备。由于国共两党的合作，"孙中山先生致力国民革命凡四十年还未完成的革命事业，在仅仅两三年之内，获得了巨大的成就，这就是广东革命根据地的创立和北伐战争的胜利"①。

1926 年 7 月 1 日，广东国民政府在成立一周年之际，发布了《北伐宣言》。国民政府军事委员会主席蒋介石下达了北伐动员令，确定北伐的战略目标为:先定三湘，规复武汉，统一中国，复兴民族。1926 年 7 月 9 日，国民革命军的 8 个军兵分三路，从广东正式出师北伐。北伐战争打击的对象是占据中国广大地区、受帝国主义摆布的直系军阀吴佩孚、奉系军阀张作霖和从直系军阀中独立出来的孙传芳等。北伐军一路势如破竹，在不到 10 个月的时间里，打垮了吴佩孚，消灭了孙传芳主力，连续攻占了湘、鄂、赣、闽、浙、皖、苏等省，把革命从珠江流域一直推进到长江流域，控制了长江中下游的大部分地区，沉重地打击了帝国主义和封建军阀的反动统治。在此期间，由中国共产党领导的以两湖为中心的全国工农运动发展迅猛，有力地支援了北伐战争。在中国共产党的领导下，农民纷纷被组织起来，建立农会，打土豪，分田地。1926 年 11 月，毛泽东担任中共中央农委书记。中共中央制定了《农民政纲》，主张武装农民，推翻农村中的劣绅政权，建立农民政权，没收大地主、军阀、劣绅、宗祠的土地归农民等，全国农村出现了前所未有的如火如荼的农民运动。到 1927 年 3 月，全国各地农会会员达到 500 万人左右。与此同时，共产党领导的城市工人运动也蓬勃发展，全国罢工在 200 次以上，罢工人数达 80 余万人，全国有组织的工人发展至 120 多万人。为配合北伐，上海工人先后在 1926 年 10 月和 1927 年 2 月举行了两次武装起义。由于没有经验，准备不足，敌我力量过于悬殊，两次起义都失败了。1927 年 3 月，周恩来组织领导了上海工人第三次武装起义，一举解放了上海，北伐军兵不血刃地开进了上海。

1928 年年初，支持北伐的冯玉祥领导的国民联军和阎锡山的北方革命

---

① 《毛泽东选集》第 2 卷，人民出版社，1991 年，第 364 页。

军并入国民革命军的战斗序列。同年6月,国民革命军占领北京,张作霖退出山海关外时被日本关东军在皇姑屯炸死。1928年12月29日,张学良顶住了日本的威胁和利诱,向全世界通电"东北易帜",毅然宣布"遵守三民主义,服从国民政府"。东北易帜挫败了日本企图分裂中国的阴谋,维护了中国领土主权的统一。自此北伐成功,北洋军阀统治被推翻,结束了中国军阀割据的局面,南京国民政府形式上统一了除蒙藏以外的中国大陆领土。

北伐战争跌宕起伏,在北伐过程中,发生了帝国主义列强干预北伐阻挠中国统一和国共决裂等重大事件,对中国历史的发展产生了重大影响。1926年9月初,北伐军兵临武汉时,英国军舰公然援助吴佩孚,炮击北伐军;之后又大肆轰炸万县城,将繁华的万县城变成了一片瓦砾,制造了"万县惨案"。为了阻止革命势力向长江流域推进,1927年年初,帝国主义列强都增派军队和军舰来华,当时仅在上海的帝国主义武装就达3万人,停泊在中国领海内的帝国主义军舰达170余艘,仅上海附近就有60艘。1927年3月下旬,北伐大军兵临南京城下时,南京城内发生了骚乱,外国领事馆、教堂等相关设施受到冲击,造成外国侨民死伤。停泊在下关江面的英国、美国、日本、法国、意大利等国的军舰以保护侨民和领事馆为名,向南京城内进行猛烈炮击,酿成炸死炸伤中国军民2000多人、毁坏房屋无数的南京惨案。惨案发生后,帝国主义列强还继续向中国大量增兵,对中国政府施加压力,向中国提出惩凶、赔偿等无理要求,否则"各国政府将不得不采取认为适当之手段"①。

孙中山先生逝世后,国民党内部分裂为左派和右派两个阵营。左派继承和支持孙中山联俄、联共、扶助农工三大政策,而右派主张"清党",将共产党从国民党中清除出去,实质上是想抛弃孙中山的三大政策,走反俄、反共、遏制工农的道路。共产党领导的工农运动,触动了地主阶级和官僚资产阶级的利益,引起了地主豪绅、国民党右派、北伐军里的反动军官的恐慌和仇恨。蒋介石于1926年3月20日在广州发动"中山舰事件",逮捕了一批共产党员,派兵包围苏俄顾问的住宅和省港罢工委员会,缴了工人纠察队的枪械,强迫共产党人退出第一军。在同年5月召开的国民党二届二中全会上,蒋介石和国民党右派集团又策划抛出并通过了排斥和打击共产党人的"整理党务案"。其中规定:共产党在国民党各级党部任执行委员的人数,不得

① 彭明、王续添:《中国近代史纲要》,华文出版社,2004年,第256页。

超过全体执行委员的三分之一；共产党员不得担任国民党中央各部部长；加入国民党的共产党员名单须全部交出；共产国际对中共的指示和中共对国民党内共产党员的指示，均需先交国共两党联席会议讨论后方能发出；等等。这一提案的实质在于将共产党人排除于国民党最高党部之外①。发动"中山舰事件"和抛出"整理党务案"是以蒋介石为代表的国民党右派"清党"的前奏。

南京惨案发生后，国民党右派指责南京惨案是共产党和国民党左派的政策主张和纵容造成的后果，发出"已克复的各省一致清党"的密令，策划制造上海帮会与工人纠察队的摩擦和冲突。以维护上海治安为名，1927 年 4 月 12 日，蒋介石在上海率先发动了"四·一二"政变，查封或解散革命组织和进步团体，大肆屠杀共产党人、国民党左派及革命群众。数日之后，广州、北京等大城市以及江苏、浙江、安徽、福建、广西等省也以"清党"的名义，对共产党员和革命群众进行大规模搜捕和屠杀。据不完全统计，上海共产党员和革命群众被杀者 300 多人，被捕者 500 多人，失踪者 5000 多人，优秀共产党员汪寿华、陈延年、赵世炎等光荣牺牲。广州共产党员和革命群众被杀害 200 多人，被捕 2000 多人，优秀共产党员萧楚女、熊雄、李启汉等被害。事件发生后，国民党左派占优势的武汉国民党中央发布命令，宣布开除蒋介石的国民党党籍，免去其本兼各职，"着全体将士及革命民众团体"，将蒋介石"拿解中央，按反革命罪惩治"。1927 年 4 月 18 日，蒋介石在南京成立了国民政府，和武汉国民政府对抗，国民党内部出现了"宁汉分裂"。但此后数月，由于蒋介石和南京国民政府的拉拢利诱以及武汉国民政府的内部争斗，形势急转直下，湖南、江西等省倒向支持南京国民政府，两湖及江西的工农运动遭到残酷镇压，被杀害的共产党员和农会会员达上万人。武汉政府立场逐渐由"联共抗蒋"走向"联蒋反共"，形成了"宁汉合流"的态势。7 月 15 日，汪精卫不顾宋庆龄、邓演达等国民党左派的坚决反对，召开"分共"会议，正式宣布同共产党决裂，封闭了工会、农会和所有革命团体。在"宁可枉杀一千，不可使一人漏网"的口号下，大规模地逮捕、屠杀共产党人和革命群众。由于蒋介石的"清党"和汪精卫的"分共"，第一次国共合作破裂，轰轰烈烈的国共合作的大革命失败。蒋介石得到了国民党右派的支持，成了国民党的最高领袖，国民党左派遭到排斥或者镇压。"清党"和"分共"对国民党

① 张瑛：《蒋介石"清党"内幕》，国防大学出版社，1992 年，第 51 页。

的基层组织建设造成了灾难性的后果。国共合作时期，国民党党员大多不愿下基层，基层组织主要以共产党人为主开展工作。“清党”后，在北伐中建立的各省国民党乡村基层组织基本瓦解，此后在农村中很难找到国民党的踪迹。而共产党始终在城市和农村基层，扎根和依靠工农群众，发动和帮助工农群众。南京国民政府背离了孙中山“必须唤起民众”的遗训，背弃了扶助农工的政策。从建立之日起，南京国民政府就带有中国古代王朝政治结构的缺陷，患上了“政治肌体神经系统肢端麻痹症”，走进了中国历代王朝衰亡的周期循环，这就注定了以后国民党在国共道路之争中败走台湾的历史命运。

1927 年 8 月 1 日，以周恩来为书记的中共前敌委员会和贺龙、叶挺、朱德、刘伯承领导的由共产党掌握和影响的国民革命军（北伐军）共 2 万多人在南昌举行起义，打响了武装反抗国民党的第一枪。8 月 7 日，中共中央在汉口召开紧急会议，即八七会议，正式确定实行土地革命和武装起义的方针，号召全党和广大工农群众奋起反击国民党反动派的进攻。9 月，中共中央特派员、中共湖南省委前敌委员会书记毛泽东等领导的工农革命军第 1 军第 1 师，在湖南、江西两省边界地区举行秋收起义。12 月，中共广东省委书记张太雷和叶挺、黄平、周文雍、叶剑英等领导工人赤卫队和革命士兵在广州举行起义。从 1927 年秋到 1928 年，中国共产党在全国范围内领导了近百次武装起义，其中规模较大的有洪湖地区、海陆丰地区、黄安麻城地区、弋阳横峰地区、湘南、桑植、渭华等起义，以及平江起义、百色起义、龙州起义等。由于力量悬殊，除少数取得胜利外，大多数起义均告失败，但中国共产党领导创建了若干支革命武装队伍。1928 年 5 月以后，这些革命武装陆续改称红军。

在国民党军占有绝对优势的情况下，为了保存和发展自己，毛泽东率领秋收起义部队于 1927 年 10 月转战到江西省以宁冈为中心的井冈山地区，通过发动群众，开展游击战争，打土豪、分田地，建立共产党的地方组织和工农民主政权（即苏维埃政府）以及地方武装，实行工农武装割据。到 1928 年 2 月，初步建立了第一个农村革命根据地——井冈山根据地。4 月，朱德、陈毅率领南昌起义军余部和湘南农军到达井冈山，同毛泽东部会师，合编为工农革命军第 4 军，巩固和发展了井冈山根据地。到 1930 年，全国先后建立了 15 个革命根据地，分布在江西、福建、湖南、湖北、河南、安徽、江苏、浙江、陕西、甘肃、四川、广东、广西等省份，红军也发展到 13 个军，共 10 万多人。

中国共产党通过深入农村，把农民组织起来，开展土地革命和扫盲教育，解决了数千年来始终未能解决的中国下层社会结构问题，彻底改变了几千年来中国底层社会封闭自治的宗族体系和制度，为此后中国的现代国家体制建设奠定了基础。1930年1月，毛泽东写了重要的党内通信《星星之火，可以燎原》，阐明了红军和农村根据地在中国革命中的重要作用，否定了照搬照抄苏联经验搞“城市中心论”的错误观念和做法，形成了农村包围城市、武装夺取政权基本理论。自此，中国共产党领导中国革命逐渐走上了以土地革命为中心内容，以武装斗争为主要形式，建立农村革命根据地，走农村包围城市、武装夺取全国政权的正确道路[①]。

从1930年11月到1931年9月，在毛泽东的领导下，工农红军粉碎了蒋介石对中央根据地的三次“围剿”。毛泽东提出的游击战争的基本原则，成为中国革命战争的战略战术思想。在此期间，其他革命根据地也取得了反“围剿”的胜利。1931年11月，中华苏维埃共和国临时中央政府和中央革命军事委员会在中央苏区的瑞金宣告成立。毛泽东任中华苏维埃共和国中央执行委员会主席，朱德任中革军委主席。1933年2月，蒋介石对中央苏区发动第四次“围剿”。中央红军主力在周恩来、朱德的指挥下，再次打破了国民党军的“围剿”。同年9月下旬，蒋介石开始对中央苏区进行第五次围剿，由于王明的“左”倾机会主义错误，推行进攻中的冒险主义和防御中的保守主义，红军遭到严重损失。国共之争的第一回合，以中央红军被迫退出中央苏区，走上漫漫长征之路而告一段落。

① 彭明、王续添：《中国近代史纲要》，华文出版社，2004年7月，第282—283页。

第七章

千古风流——世界潮流浩浩荡荡

自鸦片战争以来，中国社会带着农业文明与工业文明碰撞后的满身伤痕，依依不舍地告别了农耕文明时代的辉煌，不得不放下几千年农耕强国养成的傲气和身段，步履蹒跚地汇入世界工业化大潮。在这个过程中，中国沦为了半殖民地半封建国家，中华民族陷入空前危机。孙中山领导的辛亥革命推翻了中国的君主专制制度，击退了君主专制的复辟，但中国陷入了军阀混战和割据的状态。看着破碎的山河，怀着共和的理想，孙中山留下了“革命尚未成功，同志仍须努力”的遗言，溘然离去。在去世前，孙中山以卓越政治家特有的敏锐和风范，给他的继承者留下了“联俄、联共、扶助农工”的政治遗产，将国共两个具有共同的共和目标，但又有不同的长远政治理想的政党牵在一起，寄希望于他们精诚团结，实现共和目标。国民党右派背叛了孙中山先生的政治遗产，兄弟相残，导致国共合作破裂。蒋介石领导的南京国民政府，虽然完成了中国形式上的统一，但没能根除军阀做派，破解军阀思想的深层次问题。在日本入侵的民族危急关头，东北三省不抵抗而沦陷成为中华民族难以抹去的屈辱和伤痛。在关键时刻，以毛泽东为代表的共产党人高举抗日救亡旗帜，得民心，顺民意。通过和平解决西安事变，中国建立了广泛的抗日统一战线。通过艰苦卓绝的抗日战争，中国人民取得了抗战的最后胜利。通过气势恢宏的解放战争，中国建立了一个全新的国家——中华人民共和国，实现了民族独立和人民解放。

中华民族在沉沦与屈辱中走进了20世纪，到21世纪初在奋起和抗争中再次崛起，中国经历了沧桑巨变。数千年来，中国在大部分时间里都是世界上的大国、强国。即使是在中国最贫弱的时候，绝大多数中国人仍坚信，国家强盛、民族复兴是中国的必然宿命。面对争取国家独立、民族复兴、人民幸福这一历史任务和实现中国现代化这一历史课题，中国人民进行了艰难而执着的探索。多少仁人志士，前仆后继，不屈不挠，为中华民族的复兴，谱写了许许多多可歌可泣的壮丽篇章。自从马克思主义传入中国后，无论是在革命中还是在建设中，什么时候从中国的实际出发，将马克思主义的普遍原理和中国的具体实践相结合，中国的革命和建设就走向胜利，否则就会遭受挫折和失败。中华民族在这百年历程中，在曲折的发展道路上，显现出一条由沉沦到崛起的上升轨迹，留下了一串向上延伸的顽强的脚印。

第一节　中国人民从此站起来了

拿破仑曾说过："中国是一头沉睡的狮子，当这头睡狮醒来时，世界都会为之发抖。"列强对中国的侵略和摧残，日本从吞食东北到蚕食华北，企图最终吞下中国……无数磨难和民族危机让中华民族这只睡狮真正觉醒过来，中国共产党推动建立的抗日民族统一战线，让中华民族空前团结，民族精神空前高涨，最终打败了日本帝国主义，建立了新中国。毛泽东主席在天安门城楼上向全世界宣告，中国人民从此站起来了。

一、中华民族的觉醒

1. 大陆政策与侵略扩张——一场蓄谋已久的战争

近代以来，用战争手段对外扩张，侵略朝鲜、中国等周边大陆国家，图谋称霸亚洲，进而称雄世界，构成了日本"大陆政策"的主轴。日本军国主义和侵略扩张政策，使日本成为近代亚洲地区的战争策源地，给中国及亚洲各国造成了深重的灾难和伤害。

早在丰臣秀吉(1536—1598)初步统一日本后，就曾在1592年、1597年两度发动侵略朝鲜的战争，意图霸占朝鲜，染指中国，但被中国击退。至德川幕府末期，日本儒学家、国学家和洋学家从不同角度集中论述了对外扩张的思想，出现了"海外雄飞论"，侵略矛头直指朝鲜和中国。明治维新之前，日本在西方列强的炮舰威逼下沦为半殖民地社会，成为西方列强炮舰政策的受害者。明治维新后，日本在加速发展资本主义经济的同时，大力宣传大和民族精神，鼓吹由于日本列岛狭窄，必须争夺与日本国力相适应的生存空间。为了发动大规模的侵略战争，日本军国主义狂热地鼓吹法西斯的"总体战”思想，进行军国主义教育，鼓吹“八纮一宇”，即日本主宰世界的观念，把日本的侵略扩张战争美化为“神圣事业”“创造之父，文化之母”，将法西斯军人吹捧为“国家之花”。通过长期的军国主义思想熏染，日本军队被驯化成世界上罕见的战争机器。明治维新后，日本实现了经济、政治和军事的崛起，日本也从原来西方列强的受害者变成了亚洲邻国的加害者。几乎每5～10年时间，日本就会对中国及亚洲其他邻国发动一次大规模军事侵略行动，以达到进一步控制中国进而称霸亚洲的目的。

1894 年，日本发动了甲午战争，达到了其侵占中国台湾和朝鲜的目标，做了丰臣秀吉想做但未做成的事情，踏上了进入亚洲大陆的跳板。在 1900 年八国联军侵华战争中，日本极其踊跃，出动的兵力为八国之最。在战后签订的《辛丑条约》中规定，八国列强可以在北京驻扎军队防守使馆，并在包括山海关在内的京榆铁路沿线要地驻扎军队。这个驻军条款，除日本外，其他七国均未实施。日本通过在京津和京榆铁路沿线驻军，使其势力范围浸透到中国华北地区。

俄国在中日甲午战争后，趁火打劫，诱逼清政府签订《中俄密约》，取得了修筑中东铁路及其支线等的特权，强行向清政府“租借”旅顺、大连及其附近海域，霸占了整个辽东半岛，从而在远东取得了俄国梦寐以求的不冻港。在八国联军侵华战争期间，俄国乘机大举入侵中国东北地区，同时还将势力延伸至朝鲜。俄国在远东的侵略扩张和日本吞并朝鲜和中国东北地区的大陆政策发生了战略对撞，由此引发了日俄战争。俄国在日俄战争中被日本打败，被迫于 1905 年 9 月在朴次茅斯同日本签订和约。《朴次茅斯和约》规定：俄国承认日本在朝鲜享有政治、军事及经济上之“卓越利益”，并且不得阻碍或干涉日本对朝鲜的任何措置。俄国将旅顺口、大连湾及其附近领土领水之租借权以及有关的其他特权，均移让与日本政府。俄国将长春至旅顺口之铁路及一切支线，以及附属之一切权利、财产和煤矿，均转让与日本政府。此外，条约还规定将库页岛南部和俄国对辽东半岛的租借权以及其附近的一切岛屿永远让与日本。1907 年，日俄两国签订《日俄密约》，将中国东北分为南满、北满两部分，规定南满为日本的势力范围，北满为俄国的势力范围。后来，日本又将中国的内蒙古划分为东西两部分，将南满和东蒙并在一起，合称“满蒙”。日本根据它在日俄战争中获得的特权，陆续在中国东北建立了一系列殖民扩张机构，主要有“南满洲铁道株式会社”（简称“满铁”）、“关东厅”、“关东军”、“日本驻奉天总领事馆”等。至此，日本初步完成了其大陆政策的重要一步，将势力范围延伸到辽东半岛及“满蒙”地区。

“满铁”总社设在大连，是一个兼有经济、政治、文化职能的多功能综合性机构。它直接经营长春至大连的南满铁路和安东（今丹东）至奉天（即沈阳）的安奉铁路，并在大连、旅顺、营口、安东等港湾修筑码头等设施，控制和垄断了南满的交通和进出口贸易。此外，“满铁”还兼营煤矿、冶金、石油、电力、煤气等产业，掌握东北特别是南满的主要经济命脉。它以“铁路附属地”的名义，在铁路沿线霸占了大量土地，并有每10公里驻扎15名军人的特权。“铁路附属地”是独立于中国行政系统和法律制度之外的区域，“铁路附属地”内的一切，都由日本派驻中国的机构分别掌管，实际上已成为日本殖民地。“满铁”调查部及其设在沈阳、吉林、哈尔滨、北京、上海等地的事务所，广泛搜集中国的政治、军事、经济、文化等方面情报，为日本有关方面提供情报资料。它还用巨款收买汉奸，拉拢中国的军政官员，培植亲日势力，并网罗反华分子，拼凑“满洲青年联盟”等亲日组织，从各个方面为日本的侵华政策服务。“关东厅”“关东军”是日本设在东北的政治和军事机构。“关东厅”是日本政府在中国东北设立的殖民统治政权机构，主要职责是管辖“关东州”和“铁路附属地”的行政事务，行使统治权并监督“满铁”的业务活动。“关东军司令部”是日本在东北的军事统帅机构，其直接任务是对“关东州”实行殖民地军事统治和保护“满铁”的特权。它的主要兵力有南满铁道独立守备大队、旅顺重炮大队和野战部队的一个师团。南满铁道独立守备大队驻扎在南满铁路和安奉铁路沿线的主要城镇，野战部队分驻于辽阳、沈阳和长春等地。“关东军”以军事力量支持“关东厅”“满铁”的经济掠夺和政治、文化侵略活动，在“关东州”和“满铁”沿线地区，广筑工事，演兵习武，是日本推行“大陆政策”、侵略中国东北的急先锋。①

1910年，日本吞并了朝鲜半岛，拥有了侵略中国的大陆跳板。1914年，第一次世界大战爆发，日本对德国宣战，占领了胶州湾原德国的势力范围，进而占据山东。1915年，日本以支持袁世凯复辟称帝为条件，向袁世凯提出《二十一条》，内容包括：中国政府承认日本享有德国在山东的一切权利，并加以扩大；将旅顺、大连两地的租借期、南满和安奉铁路的租用期限延长为99年；承认日本在南满、东蒙的特权；中国沿海港湾、岛屿不能租借或割让给他国；中国政府聘用日本人为政治、财政、军事顾问，中国警政及兵工厂

① 温济泽：《九一八和一二八时期抗日运动史》，中国工人出版社，1991年9月第1版，第6—8页。

由中日合办等。[①] 由于袁世凯复辟帝制失败,《二十一条》并未生效,但日本进一步加强了对中国的势力渗透。寺内正毅内阁期间(1916—1918 年),日本通过"西原借款",极力支持皖系军阀段祺瑞以武力统一中国,建立军事独裁政权,以换取段祺瑞政府把山东和东北地区的铁路、矿产、森林等权益大量出卖给日本。至此,日本进一步将势力范围扩张至山东半岛。

在中国北伐形势有利于中国南北实现统一之际,1927 年 6 月 27 日至 7 月 7 日,日本内阁在东京召开有外务省、陆海军省、参谋本部、关东军及有关中国问题专家等参加的东方会议。会议制定了日本《对华政策纲要》,"纲要"声称:中国的东北对日本的"国防及国民生存""有重大利害关系",日本负有"特殊责任";"万一动乱波及满蒙,我国在该地的特殊地位、权益有遭受损害之虞时,不问来自何方,将予以保护。并且作为国内外人士安居发展的地方,应决心不失时机地做出适当措施"。"纲要"表明,日本已经决定以保护其在"满蒙的特殊地位、权益"为借口,决心不惜采取任何手段,实现其独占中国东北的目的。[②] "东方会议"还决定,若张作霖和奉军从关内败退,必须采取断然措施解除其武装,同时发表声明,反对并阻止国民党军进入东北。[③] 随后,日本首相田中义一又向天皇上奏了《田中奏折》,明确提出了对中国采取"铁血主义"的武力征服政策。《对华政策纲要》和《田中奏折》的出笼,标志着日本对中国全面侵略政策的正式形成。

1928 年 4 月上旬,国民革命军北伐张作霖奉系军阀的军事行动取得节节胜利,北伐军迅速逼近山东省。1928 年 4 月 19 日,田中内阁以保护帝国侨民的名义,派遣第六师团 5000 人在青岛登陆,占领了青岛和胶济铁路沿线要地。当时,奉系张宗昌盘踞济南,张宗昌见北伐军来攻山东,便派人到青岛向日军求援。日军此时正愁没有进兵济南的借口,见张宗昌前来搬兵,便迅速答应出兵,并要求将青岛、济南、龙口、烟台等地都交日军负责防守。张宗昌全部答应了日军的要求。日军指挥官福田彦助又得到日本首相田中义一要他抢占济南的训令,于是便于 4 月 25 日派先头部队向济南进发,占领了济南军事要地,不许中国人靠近。当北伐军占领济南门户万德,切断胶济铁路时,张宗昌要求日军迅速出战,这时日本已达到进占济南的目的,日

---

① 张历历:《百年中日关系》,世界知识出版社,2006 年 9 月第 1 版,第 83 页。

② 何理:《中国人民抗日战争史》,上海人民出版社,2005 年 8 月第 1 版,第 7 页。

③ 中央档案馆等编:《日本帝国主义侵华档案资料选编》,《九一八事变》,中华书局,1986 年版,第 30 页。

本指挥官给了他这样一个答复："大日本皇军只管驻地防守，不干涉中国内政！"张宗昌引狼入室又被豺狼愚弄，仓皇逃离济南。1928 年 5 月 1 日，北伐军攻克济南，进城入驻。5 月 3 日，中日双方发生小规模冲突，之后日军根据参谋本部的命令，蓄意扩大事态并向中国增兵。参谋本部的真实目的是："借此机会以震撼中国之势显示我国国威，彻底根除他们的对日轻蔑之念，以为国家发展开辟道路。"[①]日本陆军部也企图利用"济南事件"扩大化来解决"满蒙问题"："对长期未决的一旦京津地方动乱发生应采取何种措施以及满蒙诸问题，应借此机会迅速解决，为此需要向京津、满洲地区增派兵力。"蒋介石为避免事态扩大，命令部队尽力避免与日军发生冲突，自始至终都对日军的挑衅消极退让，部队一再后撤。5 月 11 日，包括济南城在内的济南周边地区全部被日军所占领，日军在济南到处烧杀劫掠，造成中国军民死伤 5000 多人的"济南惨案"。1928 年 5 月 18 日，日本政府向中国南北政府各递交了一份文字相同的最后通牒式备忘录，其中心内容是"战乱一旦波及京津地区，不论南方还是北方，日本决心阻止一切武装部队进入满洲"。备忘录强调了日本在"满蒙"的特殊利益，这揭示出日本真实意图在于东北利益。通过挑起冲突，一是阻止国民革命军继续北伐，拉拢和诱惑北京张作霖奉系政府向日本出卖满洲铁路及东北利益；二是通过制造惨案，震慑中国，向快要统一中国的南京国民政府展示其力量，以实现日本在满蒙地区的扩张野心[②]。日本惨无人道的野蛮行径，实际上造成了与其意图相反的结果，中国掀起了全国性反日浪潮。"济南惨案"给南京国民政府和北京的张作霖当局带来了同样的震动。张作霖意识到与日本的进一步勾结将招致国人的唾弃，因而在东北利益问题上不敢满足日方全部要求，宣布南北停战并举行和谈，讨论南北统一问题，这也促使日本军方对他痛下杀手，制造了皇姑屯事件。"济南惨案"也使得南京国民政府放弃了对日本的幻想，此后南京国民政府转而和西方国家尤其是美国建立较为密切的关系。从"济南惨案"开始，经历皇姑屯事件、"九一八"事变、"一・二八"事变、长城抗战直到"七七事变"，中日逐步从冲突对抗、局部战争走向了全面战争。

皇姑屯事件发生后，张学良怀着国恨家仇，接受了国民政府提出的承认南京政府为中央政府、接受中央政府的管辖、改挂南京国民政府所定的国旗

---

① 宇垣一成：《宇垣一成日记》，MISIZI 书房，1968 年，第 659 页。

② 邵建国：《北伐战争时期的中日关系研究》，新华出版社，2006 年，第 52—54 页。

等条件，宣布东北易帜，彻底打碎了日本利用中国军阀割据阴谋分裂东三省、图谋“满蒙”独立的企图。1931 年 9 月 18 日，日本制造了“九一八”事变，军事占领了中国东三省。1931 年 9 月 22 日，关东军拟定了《满蒙问题解决方案》，内容主要有：“建立以宣统皇帝为元首，领土包括东北四省及蒙古，得到我国支持的新政权。”“国防和外交由新政权委托日本帝国掌握，交通、通信的主要部分也由日本掌握，费用由新政权负担。”①此后，日本加紧拼凑组织傀儡政权。1932 年 3 月 1 日，在日本的策划和安排下，伪满洲国在东三省宣布成立，溥仪成为伪满洲国的执政。《满洲国建国宣言》宣称，奉天（现辽宁），吉林、黑龙江、热河（当时中国塞北四省之一，辖区分布在现内蒙古自治区、河北省、辽宁省）、东省特别区、蒙古各盟旗（呼伦贝尔、哲里木、昭乌达、卓索图）宣布脱离中华民国，建立“满洲国”。在日本操纵下，9 月 15 日日本与伪满洲国签订了《日满议定书》，其主要内容有：(1)日本以往在“满洲国”领域内享有的一切权益，“满洲国”予以尊重；(2)两国共同担任“满洲国”国防责任，日本军队有权驻扎在“满洲国”境内；(3)日本有权开发东北的矿产资源。② 按照这个条约，日本侵略者完全控制了整个东北，日本吞并“满蒙”的目标接近完成。

“九一八”事变发生后，国民政府把“诉诸国联”当成处理危机的救命稻草，寄希望于通过向国际联盟申诉，由国际联盟采取措施制止日本的侵略，并敦促日本撤兵。国民政府一再命令东北军对日军的寻衅保持“镇静”“忍耐”。但日本对国际联盟要求日本撤兵的要求置若罔闻，反而在国际联盟讨论中日冲突问题期间，加速并扩大侵略行动，造成占领东北的既成事实。就在国际联盟派调查团赴中国东北开展实地调查之际，日本扶植建立了伪满洲国，引起中国的强烈抗议和国际社会的谴责，中国国民政府明确宣布不承认伪满洲国“独立”。调查团历时半年之久实地调查，于 1932 年 9 月形成了《国联调查团报告书》(即《李顿报告书》)。1933 年 2 月 24 日，国际联盟大会以 42 票赞成、1 票(日本)反对的投票结果，通过了关于“九一八”事变和伪满洲国的决议案和报告书，报告认为：东北主权属于中华民国；日本违反国际联盟的盟约占取中国领土并使之独立；“九一八”事变中，日军行动并非自卫；“满洲国”是日本参谋本部指导组织的，其存在是因为日本军队的存

① 张历历：《百年中日关系》，世界知识出版社，2006 年，第 154 页。

② 王岳臣、韩树伟、张帆：《榆关抗战》，中央文献出版社，2002 年，第 12 页。

在，“满洲国”不是出自民族自决的运动。由此，国际联盟拒绝承认“满洲国”，否认“满洲国”的合法地位。为此，日本宣布退出国联。①

日本在占领中国东北并扶植成立了伪满洲国后，与东北相邻的华北成为日本侵略和蚕食中国的下一个目标。日本在制造华北事变时，公然叫嚣：“华北的富源如果能充分开发的话，即使日本在远东孤立，以世界为对手，也毫不畏惧。”②从 1933 年到 1935 年，日军在山海关及华北策划了一系列事件，制造军事冲突，占领了从东北通往华北的战略要地山海关，侵占了东三省西部的热河省，策划了华北事变。通过煽动和扶植华北自治，日本将势力范围扩张到整个华北。

东北、华北的一系列事变让中华民族陷入空前危机，全国抗日救亡运动风起云涌，促成了以第二次国共合作为基础的抗日民族统一战线的最终建立，为中国全面抗战奠定了基石。抗日民族统一战线的建立过程，要从举世闻名的红军长征说起。

2. 万里长征和浴火重生——一座民族精神的丰碑

1927 年国共合作破裂后，由于国民党右派疯狂镇压和屠杀共产党人和革命群众，共产党走上了武装反抗国民党政权、建立农村根据地、开展土地革命的道路。从 1930 年 11 月到 1931 年 9 月，工农红军粉碎了蒋介石对根据地的三次“围剿”。1931 年日本策划“九一八”事变侵占中国东北后，中华民族危机日益严重，民族矛盾上升为主要矛盾。结束内战，结成抗日民族统一战线，一致抗日，成为全中国人民的强烈愿望和心声。1933 年 1 月，中国共产党发表宣言，首次提出红军准备在三个条件下与任何武装部队订立共同对日作战的协定。这三个条件是：(1)立即停止进攻苏区；(2)立即保证民众的民主权利；(3)立即武装民众创立武装的义勇军。但国民党蒋介石集团顽固坚持“攘外必先安内”的政策，集中兵力对中央苏区发动第四次“围剿”。和前三次“围剿”一样，第四次“围剿”也被红军粉碎。1933 年 9 月，蒋介石又对各个革命根据地发动了规模最大的第五次“围剿”。由于王明“左”倾冒险主义军事指挥的错误，到 1934 年 10 月，中央红军第五次反“围剿”失败，被迫进行战略转移。红军主力撤离长江南北各苏区，转战两年，最后胜利到达陕甘苏区，史称红军“长征”。长征是中国革命史上重大的历史事件，是世

---

① 温济泽：《九一八和一二八时期抗日运动史》，中国工人出版社，1991 年，第 197 页。

② [日]岩波讲座：《日本历史》，26 卷本，岩波书店，第 129 页。

界军事史上的伟大壮举，是一部气壮山河的英雄史诗。长征中中央红军共进行了380余次战斗，攻占700多座县城，转战11个省，共击溃国民党军数百个团，红军牺牲了营以上干部多达430余人，其平均年龄不到30岁。其间红军共翻越18座大山，跨过24条大河，行程约25000里。中国工农红军的伟大长征，冲破国民党数十万军队的围追堵截，翻越终年积雪的崇山峻岭，通过人迹罕至的茫茫草地，克服无数艰难险阻，终于完成了战略转移的艰巨任务。红军长征的胜利，为形成抗日战争的新局面创造了重要条件。①

1934年10月10日，中共中央、中革军委率领中央红军及中央、军委直属队，从江西省瑞金、古城等地出发，携带大量的物资器材，沿山路缓慢西进，开始战略转移。到11月底，中央红军在湘江遭遇了突围以来最惨烈、最关键的一仗。国民党军以优势兵力南北对进，在飞机的支援下向红军猛烈进攻。红军在湘江两岸浴血奋战，苦战五昼夜，虽然突破了国民党军的封锁线，粉碎了蒋介石围歼中央红军于湘江以东的企图。但是，中央红军也为此付出了极为惨重的代价。部队指战员和中央机关人员由长征出发时的8万多人锐减至3万人左右。湘江战役引起了红军广大指战员对"左"倾冒险主义军事路线的强烈不满。湘江战役后，毛泽东提出的军事战略方针和灵活机动的战术思想得到中央多数同志和广大指战员的赞同和支持，红军逐步摆脱了战略被动和战术挨打局面。红军调整了战略方向，避实击虚，出敌不意，强渡乌江天堑，突破娄山关天险，占领了贵州第二大名城遵义。1935年1月15至17日，中共中央政治局在遵义召开扩大会议，会议着重总结了第五次反"围剿"失败的经验教训，肯定了毛泽东关于红军作战的基本原则，制定了红军此后的任务和战略方针。会议改组了中央领导机构，增选毛泽东为中共中央政治局常务委员。遵义会议实际上确立了毛泽东在红军和中共中央的领导地位，使党和红军得以在极其紧要的关头转危为安，这在中国共产党和红军的历史上，是一个生死攸关的转折点。

中央红军占领遵义后，蒋介石调集几十万军队分路向遵义地区扑来，企图围歼红军于川黔边境地区。中央红军根据遵义会议确定的方针，以灵活多变的战术，四渡赤水，机动作战。先在娄山关、遵义地区击溃和歼灭国民党部队，其后渡过乌江逼近贵阳，把"追剿"的国民党军队甩在乌江以北，然后进入云南，逼近昆明。1935年5月9日，中央红军主力抢渡金沙江，又一

① 中国大百科全书编写组:《中国军事百科全书》，军事科学出版社，1997年，第118页。

次摆脱了数十万国民党军的围追堵截，取得了战略转移中又一次具有重大意义的胜利。

中央红军渡过金沙江后，蒋介石命令薛岳、刘湘等部南追北堵，企图凭借大渡河等自然屏障消灭红军。中央红军坚决执行中国共产党制定的民族政策，顺利通过彝族区，出敌不意，奇袭泸定桥。泸定桥是木板铺设的铁索桥，22 名战士组成的突击队，冒着守军密集的火力，攀踏着悬空的铁索，击溃川军的防守，成功攻占了泸定桥。中央红军全部渡过天险大渡河并攻占泸定城，取得了长征的关键性胜利。

中央红军渡过大渡河后，以坚韧不拔的毅力，克服重重困难，翻越终年积雪、空气稀薄的大雪山——海拔 4000 多米的夹金山，与红四方面军在懋功地区会师。两大红军主力会师，标志着蒋介石围歼红军的企图彻底失败。中共中央根据当时全国形势，提出了北上创建川陕甘苏区的战略方针。但红四方面军领导人张国焘主张红军南下，向四川西南方向发展。为了统一战略思想，中共中央政治局于 1935 年 6 月 26 日在懋功以北的两河口召开会议，决定中央红军和红四方面军共同北上，首先取得甘肃南部，创建川陕甘苏区，以争取中国西北各省以至全中国的胜利。中共中央决定红军分两路北上，由张国焘率领左路军，向阿坝地区开进；由红军前敌总指挥部率右路军，向班佑、巴西地区开进，中共中央、中革军委随右路军行动。右路军历尽千辛万苦，通过人迹罕至、气候变化无常的茫茫草地，于 8 月底全部到达班佑地区。张国焘率左路军穿过松潘草地到达阿坝后，拒绝继续北上，并企图分裂中共中央。此后张国焘率部南下，希望能在西康创建根据地，但屡遭挫折，部队损失严重。中共中央率右路军红一方面军主力北上后，于 1935 年 10 月到达陕北，与陕北红军胜利会师。1936 年 10 月，红二、四方面军到达甘肃会宁地区，同红一方面军会师。红军三大主力会师，标志着万里长征的胜利结束。

在长征的过程中，红军的力量受到了巨大的损失。红一、红二、红四方面军和红二十五军在长征出发前，共有将近 20 万人，到达陕、甘地区时，只剩下了五六万人。其中红一方面军出发时有 8.6 万人，到达陕北时只剩下 7000 多人（与红四方面军在一起的红五、红九军团等未计算在内）。[①] 但是，各路红军的骨干保留下来了，而且经过长征的千锤百炼，红军骨干磨炼了意

---

① 中共中央党史研究室第一研究部：《红军长征史》，中共党史出版社，2006 年第 2 版，第 436 页。

志，增长了才干。就连长征出发前参军或长征路上才参军的许多新战士，经过艰难的万里转战，也都成了坚强的红军战上，许多人成了优秀的红军指挥员。

在红军长征过程中，中国革命一位杰出人物走上历史前台，他在长征的关键时刻挽救了红军，挽救了中国革命，对现代中国历史、社会、思想和制度均产生了深刻影响，对20世纪国际政治格局的建构做出了重要贡献，被公认为20世纪的革命家、战略家和理论家，被视为现代世界历史中最重要的人物之一，《时代》杂志将他评为20世纪最具影响力的100人之一，他同时也是一位天才诗人，这个人就是毛泽东。

毛泽东于1893年12月出生于湖南湘潭，1920年11月，在湖南创建共产主义组织。1921年7月，出席中国共产党第一次全国代表大会，后任中共湘区委员会书记。1923年6月，出席中共“三大”，被选为中央执行委员，参加中央领导工作。在第一次国共合作中，在国民党第一、第二次全国代表大会上当选为候补中央执行委员，曾在广州任国民党中央宣传部代理部长，主编《政治周报》，主办第六届农民运动讲习所。1926年11月，任中共中央农民运动委员会书记。第一次国共合作破裂后，在1927年8月中共中央紧急会议上，他提出了以武装革命夺取政权的主张，被选为中央政治局候补委员。会后，毛泽东到湖南、江西边界地区领导了秋收起义，率起义部队上井冈山，发动土地革命，创立了第一个农村革命根据地。1928年4月，同朱德领导的起义部队会师，成立工农革命军(不久改称红军)第四军，他任党代表、前敌委员会书记。以毛泽东为主要代表的中国共产党人，从中国的实际出发，在国民党政权统治比较薄弱的农村发展武装斗争，开创了以农村包围城市，武装夺取全国政权的道路。从1930年年底起，毛泽东同朱德一起领导中央红军打破了国民党军队的多次“围剿”。1931年11月，中华苏维埃共和国临时中央政府在江西瑞金成立，毛泽东被选为主席。1933年1月，他被补选为中共中央政治局委员。由于以王明为代表的“左”倾昌险主义错误，第五次反“围剿”失败。在长征途中的遵义会议重新确立了毛泽东在党和红军的领导地位。红一方面军到达陕北后，1935年12月，中共做出了建立抗日民族统一战线的相关决策。1936年12月，中共促成了西安事变和平解决，这也成了从国共内战到第二次国共合作、共同抗日的时局转换的枢纽。

毛泽东在《论反对日本帝国主义的策略》中指出：“长征是历史纪录上的

第一次，长征是宣言书，长征是宣传队，长征是播种机。自从盘古开天地，三皇五帝到于今，历史上曾经有过我们这样的长征吗？十二个月光阴中间，天上每日几十架飞机侦察轰炸，地下几十万大军围追堵截，路上遇着了说不尽的艰难险阻，我们却开动了每人的两只脚，长驱两万余里，纵横十一个省。请问历史上曾有过我们这样的长征吗？没有，从来没有的。长征又是宣言书。它向全世界宣告，红军是英雄好汉，帝国主义者和他们的走狗蒋介石等辈则是完全无用的。长征宣告了帝国主义和蒋介石围追堵截的破产。长征又是宣传队。它向十一个省内大约两万万人民宣布，只有红军的道路，才是解放他们的道路。不因此一举，那么广大的民众怎会如此迅速地知道世界上还有红军这样一篇大道理呢？长征又是播种机。它散布了许多种子在十一个省内，发芽、长叶、开花、结果，将来是会有收获的。总而言之，长征是以我们胜利、敌人失败的结果而告结束。"①

长征结束后，毛泽东创作了一首七律诗《长征》："红军不怕远征难，万水千山只等闲。五岭逶迤腾细浪，乌蒙磅礴走泥丸。金沙水拍云崖暖，大渡桥横铁索寒。更喜岷山千里雪，三军过后尽开颜。"中国工农红军的长征是一部伟大的革命英雄主义史诗，它向全中国和全世界宣告，中国共产党及其领导的人民军队是一支不可战胜的力量。红军长征铸就了伟大的长征精神，这种精神，"就是对革命理想和革命事业无比忠诚、坚定不移的信念；就是不怕牺牲，敢于胜利，充满乐观，一往无前的英雄气概；就是顾全大局，严守纪律，亲密团结的高尚品德；就是联系群众，艰苦奋斗，全心全意为人民服务的崇高思想"。"这样的信念、气概、品德和思想，是红军坚强的精神支柱。正是这种伟大的精神，产生了伟大的军队、伟大的战士、伟大的奇迹。"②长征精神是中国共产党人和人民军队革命风范的生动反映，是中华民族百折不挠、自强不息的民族精神的集中体现，为中国革命不断从胜利走向胜利提供了强大精神动力。

经历了长征的千锤百炼，中国共产党人百炼成钢，成为中华民族的坚强脊柱。日本发动"九一八"事变后不仅迅速占领全东北，而且一步步向华北进逼，中华民族面临亡国灭种的空前危机。长征胜利后，红军从长江流域的

① 毛泽东：《论反对日本帝国主义的策略》，载《毛泽东选集》第1卷，人民出版社，第149—150页。

② 《总结历史经验，继承和发扬长征精神，在改革开放和现代化建设中建功立业——杨尚昆在纪念红军长征服利50周年大会上的讲话》，载《历史的丰碑》，沈阳出版社，2011年10月，第4页。

抗日后方战略性转移到了靠近抗日前线的陕北。在中日民族矛盾成为中国社会主要矛盾的情况下，中国共产党发出了“停止内战，一致抗日，建立广泛的抗日民族统一战线”的时代号召，顺应民意，贴近民心，迅速得到了全国人民的响应，国民党集团内部也发生了分化。红军在长征中表现出来的独到的战略眼光、高超的战术素养、强劲的作战能力和百折不挠精神气质，也使许多国民党内部的有识之士及高级将领认识到，继续内战不仅违背民心和民族大义，而且剿灭红军也不过是国民党右派一厢情愿的臆想，长征胜利为建立抗日民族统一战线奠定了现实基础。

3. 华北事变和统一战线——一条抗日救亡的阵线

“九一八”事变后，一批不愿做亡国奴的东北军民及爱国人士，自动组成义勇军，在东北与日本侵略者展开顽强斗争。山海关（也称榆关）是连接东北和华北的咽喉要地，也是关内援助东北抗日义勇军的主要通道。日本占领中国东北后，华北成为日军侵占中国的下一个目标。日军占领山海关，一可以截断东北义勇军的补给线，瓦解东北抗日武装；二可以分割并攻占位于东北三省西南的热河省；三可以兵锋剑指华北，威胁平津两大城市。为此，日军不断在山海关附近修建营房，构筑工事，增设岗哨，严密监视中国军队的行动，与中国驻军阵地呈犬牙交错之势。山海关正面的日军虎视眈眈，东部日军炮兵阵地居高临下，海面上有十多艘日军驱逐舰停泊。[①] 在冷兵器时代，山海关号称“天下第一关”，一夫当关，万夫莫开。但在有大炮、战机和军舰的热兵器时代，山海关已无险可言，日军占据了城东由北至南的一带高地，完全可以控制全城。驻守山海关的是张学良东北军第九旅。根据上级的命令和要求，他们对日军各种明目张胆的挑衅忍辱退让。山海关守军处于“不战、不和、不走”的困局。1933 年 1 月 1 日，日军再次在山海关制造事端，并炮击临榆县城。张学良为洗刷“九一八”之耻，决心抵抗，下令还击，揭开了长城抗战的序幕。面对着兵力和武器占绝对优势的敌人，守城的中国军队抱着必死的决心，几次夺回失地，城门被攻破后又与日军展开巷战。最终山海关战斗以中国军队悲壮失败收场，山海关沦陷。但随着日军向热河推进，守卫热河的东北军再一次不战而溃，日军几乎在兵不血刃的情况下，占领了热河省会承德。到 3 月上旬，热河全省沦陷。日军占领热河后，即挥师南下，向长城各关口推进。全国舆论一致谴责张学良。蒋介石让张学良

① 王岳臣、韩树伟、张帆：《榆关抗战》，中央文献出版社，2002 年，第 23—25 页。

辞职，由军政部部长何应钦兼代北平军分会委员长。在华北危急的关键时刻，由于蒋介石和国民党政府顽固坚持“攘外必先安内”的错误方针，重兵集结在江西，对中央根据地展开第四及第五次“围剿”，意图一举剿灭中央红军及根据地。相反，对日军的猖狂侵略进攻，则寄希望通过对日妥协退让换取华北安定。虽然在长城防线的喜峰口、罗文峪等战斗中，第二十九军军长宋哲元指挥该军英勇抗击，重创日军，二十九军的大刀队身携手榴弹，手提大砍刀，常常趁夜潜入敌阵，挥刀砍杀，给日军造成极大震撼。但由于长城守军得不到有力的支援，在整条防线的其他关口上，日军渐次取得突破，并攻占了察哈尔省东部的多伦、张北等七县，南进侵占了河北省的密云、平谷等地。至5月下旬，日军又侵占了秦皇岛、北戴河、昌黎、遵化、蓟县、唐山等22个县，逼近平津。

1933年5月下旬，军事委员会北平分会代委员长何应钦派军使至密云与日军和谈，双方停止军事行动。国民政府代表熊斌和日军代表冈村宁次在塘沽签订了城下之盟——《塘沽协定》。协定规定：中国军队一律迅速撤退至延庆、昌平、顺义、通州、香河、宝坻、芦台之线以西、以南地区，尔后不得越过该线，亦不得进行一切挑战扰乱活动；日本军队可随时使用飞机及其他方法监督中国军队第一项协定执行情况，中国方面对此应加以保护并给予各种便利；日本军队在确认中国军队已遵守第一项协定时，不再越过该线追击，且自动退回至长城一线；中日军事线之间的区域，即长城线以南以及第一项协定所示之线以北、以东的广大地区，由中国警察维持治安。上述警察机关，不得使用“刺激日本感情之武力团体”。这等于中国承诺不在冀东地区进驻军队，实际上就是丧失了冀东22县的自主权。[①]《塘沽协定》成了此后日本在华北制造“自治政府”、挑起纠纷、制造事端的重要“借口”和“依据”，也为日军进一步侵占华北敞开了大门。在中国军队完全撤出协定规定的防线后，日军大部分撤出，但却以“监察中国军队”的名义，在玉田、密云各留驻了一支部队，这为日本后来发动七七卢沟桥事变埋下了伏笔。

《塘沽协定》签订后，日本策划了一系列蚕食和侵犯华北的事件，不断煽动华北自治运动，制造舆论和动乱，为日本进一步控制和侵占华北创造条件。到1935年，日本侵蚀华北的活动更是变本加厉。从1935年1月至5月，日军制造了“察东事件”，又借口“河北事件”和“张北事件”，以中方违反

① 张历历：《百年中日关系》，世界知识出版社，2006年，第161页。

《塘沽协定》、破坏“日中亲善”为由，迫使南京政府签订《何梅协定》《秦土协定》，承认察哈尔沽源以东地区为“非武装区”，取消冀察两省境内的国民党党部，从冀察两省撤出军队，“割让”察东 6 县给“满洲”，两省取缔反日团体和反日活动，撤换华北党政军官员等，使河北、察哈尔两省的主权大部丧失。同年 9 月，日本再度制造舆论，要求华北五省自治。10 月至 11 月，日本煽动汉奸、氓流举行暴动，向国民党天津当局“请愿”要求自治，扶植汉奸在河北通县成立了“冀东防共自治政府”，使冀东 20 余县脱离了中国政府的管辖。大批日军借机进入关内，威胁北平、天津。在日军的军事压力下，南京政府于 1935 年 11 月 26 日取消了军事委员会北平分会和行政院北平政务整理委员会，12 月 18 日在北平成立以宋哲元为委员长，由一批汉奸为委员的“冀察政务委员会”。冀察政务委员会虽名义上隶属南京国民政府，但日本和汉奸势力对它有很大的影响和控制力，实际上成为变相的“自治”，冀察两省实际上处于中国行政管辖之外，成为另一个“准满洲国”。[①] 以上一系列事件，史称“华北事变”。华北事变后，日本从政治和军事上控制了华北，通过扶植汉奸、买办拼凑了许多经济机构，使华北地区日益殖民地化。

华北平津地区包括了中国北方大片地区，尤其北平是中国的历史古都，当时也是全国的文化中心。由于国民党政府顽固坚持“攘外必先安内”的错误政策和对日妥协，华北的局势不断恶化，中华民族面临着亡国灭种的危机。《塘沽协定》签订后，中国共产党发表《为反对国民党出卖平津华北宣言》。十九路军、东北军、华北军通电反对，全国反日情绪高涨，兴起了轰轰烈烈的抗日救亡运动。迫于各方的压力，南京政府在国防会议上，认定《塘沽协定》“违法擅权”，汪精卫出面对此“承担责任”。华北事变促使国民党统治集团内部急剧分化，在对日政策上发生分歧，形成以蒋介石为首的亲美、英派和以汪精卫为首的亲日派。另一方面，华北事变也加深了美、英与日本的矛盾。日本在华北经济势力的扩张，损害了美、英在华北的经济利益，美、英加大了对国民党统治集团中亲美、英派的支持以抵制日本。

1935 年 8 月 1 日，在中央红军和红四方面军会师并彻底跳出国民党重兵包围圈后，中国共产党发表了《为抗日救国告全体同胞书》(即《八一宣言》)，宣言提出的抗日救国十大纲领，再次明确表示只要国民党军队停止进攻苏区，实行对日作战，红军愿立刻与之携手，共同救国。宣言号召“兄弟阋

---

① 张历历:《百年中日关系》，世界知识出版社，2006 年，第 169—173 页。

于墙，外御其侮”，呼吁各党派和军队停止内战，集中一切国力去为抗日救国的神圣事业而奋斗。全体中国人“有钱出钱、有枪出枪、有粮出粮、有力出力、有专门技能出专门技能”，将地主、资产阶级、军队等一切可以团结的力量组成统一战线，团结对外，一致抗日。①

1935 年 12 月 9 日，中共在北平组织了大规模的学生示威游行，呼吁“停止内战，一致对外”“打倒日本帝国主义”，获得全国民众积极响应，全国人民抗日热情高涨，给实行“攘外必先安内”政策的国民政府巨大的民意压力。1935 年 12 月 17 日，中共中央在瓦窑堡召开政治局扩大会议。会议从理论和政策上正式确立了中国共产党关于建立抗日民族统一战线的策略和方针，提出“党的任务就是把红军的活动和全国的工人、农民、学生、城市小资产阶级、民族资产阶级的一切活动汇合起来，成为一个统一的民族革命战线”。瓦窑堡会议后，共产党一方面积极推动“一二・九”学生运动后全国人民日益高涨的抗日救亡运动的浪潮，另一方面尽可能地向国民党上层领导人和军队将领宣传共产党的抗日主张。红军长征到达陕北后，对东北军和第十七路军（西北军）进行了积极的争取，并与东北军、第十七路军达成互不侵犯、互相通商、互派代表的秘密协议。1936 年 5 月 5 日，中国共产党向国民党政府发出《停战议和一致抗日》的通电，将“抗日反蒋”政策转变为“逼蒋抗日”政策。8 月 25 日，中共中央公开发表《中国共产党致中国国民党书》，再次呼吁停止内战，建立抗日民族统一战线。1936 年 9 月中共中央发出《关于逼蒋抗日问题的指示》，统一党内思想，明确政策要求。这些工作为抗日民族统一战线的建立打下了舆论、民意和政策基础。1936 年 10 月，叶剑英作为中共中央的常驻代表被派驻西安，开展对东北军、第十七路军的工作，并逐步形成红军和东北军、西北军“三位一体”的西北统一战线局面。

1936 年 12 月 12 日，知耻而后勇的张学良和杨虎城为了劝谏蒋介石改变“攘外必先安内”的既定政策，停止内战，一致抗日，发动了西安事变，用“兵谏”方式扣压了到西安部署剿共的蒋介石及随行人员。张、杨联合发表通电，提出了改组南京政府、停止一切内战、开放民众爱国运动等八项抗日主张。中国共产党迅速确定了和平解决的方针，并应张学良、杨虎城的邀请，派周恩来、叶剑英等人赴西安谈判，迫使蒋介石接受停止内战、联共抗日

① 南开大学马列主义教研室中共党史教研组：《华北事变资料选编》，河南人民出版社，1983 年，第 7—13 页。

等 6 项条件。西安事变和平解决，揭开了国共两党由内战到合作的序幕，标志着 10 年内战局面的结束和抗日民族统一战线初步形成。此后，蒋介石开始全面加速抗战的政治、军事和经济准备。

为了促进国共两党合作的实现，1937 年 2 月 10 日，中共中央又致电国民党五届三中全会，提出五项要求：停止内战，一致对外；保障言论、集会、结社之自由，释放一切政治犯；召开各党派各界别的代表会议，集中全国人才，共同救国；迅速完成对日作战之一切准备工作；改善人民生活。同时提出四项保证：如果国民党将上述五项要求定为国策，共产党愿保证停止武力推翻国民党政府的方针；工农政府改名为中华民国特区政府，红军改名为国民革命军；特区实行彻底的民主制度；停止没收地主土地的政策。1937 年 2 月至 7 月，中国共产党代表周恩来、秦邦宪(博古)、叶剑英、林伯渠等与国民党代表蒋介石、宋子文、顾祝同等，先后在西安、杭州、庐山进行了多次关于国共两党合作抗日的谈判。

1937 年 7 月 7 日，日本侵略军向北平西南的卢沟桥发动进攻，制造了震惊中外的七七事变。七七事变的第二天，中共中央发布通电，号召全中国军民团结起来，抵抗日本的侵略。7 月 15 日，中共中央将《中国共产党为公布国共合作宣言》送交蒋介石。该宣言提出了发动全民族抗战、实行民主政治和改善人民生活等三项基本要求，重申中共为实现国共合作的四项保证。17 日，蒋介石发表了著名的抗战宣言，向全世界和全中国人民郑重宣示："我们希望和平，而不求苟安；准备应战，而决不求战。我们知道全国应战以后之局势，就只有牺牲到底，无丝毫侥幸求免之理。如果战端一开，那就是地无分南北，年无分老幼，无论何人，皆有守土抗战之责，皆应抱定牺牲一切之决心。"

1937 年 8 月 13 日，日军大举进攻上海，扬言 3 个月灭亡中国。由于国民党统治的中心地带直接受到威胁，8 月 14 日国民政府发表《自卫抗战声明书》。8 月中旬，中共代表周恩来、朱德、叶剑英同蒋介石等就发表《中共中央为公布国共合作宣言》和改编红军问题在南京举行国共谈判，蒋介石同意将在陕北的中央红军改编为国民革命军第八路军(简称八路军)。同月，中共中央在陕北洛川召开政治局扩大会议，通过了《抗日救国十大纲领》，提出了争取抗战胜利的全面抗战路线。8 月 25 日，中共中央军委发布命令，中央红军改编为八路军，任命朱德、彭德怀为正、副总指挥，开赴华北抗日前线。10 月间，又将在南方十三个地区的红军游击队改编为国民革命军新编第四军(简称新四军),任命叶挺为军长,项英为副军长,张云逸为参谋长,开赴华中抗日前线。在共产党的催促下,9月22日,国民党中央通讯社发表了《中共中央为公布国共合作宣言》。23日,蒋介石发表谈话,实际上承认了共产党的合法地位。至此,第二次国共合作和抗日民族统一战线正式形成。在国共两党历史上,国共第一次合作,形成了北伐战争消灭军阀、统一国家的强大声势和力量,北伐战争进程势如破竹。国共两党的第二次合作,建立了广泛的抗日民族统一战线,团结了全国各族人民抗日救亡。自此,中国的抗日战争翻开了新的一页,决定了日本帝国主义最终失败的命运。

二、民族意志的对决

中国的抗日战争是在国家内乱不断、军阀势力错综复杂和国力积贫积弱的情况下爆发的。在日本发动全面侵华战争之时,中日两国实力对比悬殊。从生产能力上看,1937年日本的钢产量为635万吨,生铁产量为239.7万吨,煤产量为5070万吨,石油产量为169万吨。日本工业具备大规模生产重炮、坦克、战机、军舰等大型武器装备的能力,农业也已实现了机械化。与此形成巨大反差的是,同年中国的钢产量仅为4万吨,生铁产量为95.9万吨(含东北),煤产量为2800万吨,石油产量为1.31万吨。中国军事工业十分落后,除能生产轻武器和小口径火炮外,其他大型武器装备均不能制造,农业几乎全部依靠人力、畜力。从军事实力上看,1937年日本总兵力有448万人。其中,陆军常设师17个,独立混成旅、骑兵旅和守备队10余个,计60万人,预备役军人73.8万人,后备役军人87.9万人,补充兵248万人。海军有4个舰队,大型舰艇200艘,共190万吨。陆海军航空兵中队91个,飞机2625架。中国共有陆军182个师,170余万人,预备役150万人,海军3个舰队共4.15万吨,还不及日本的一艘航空母舰或战列舰的吨位,空军9个大队,战机314架。①

由于中日两国的巨大实力差距,战前国际上根据两国的国力、军力对比分析普遍认为,两国一旦开战,日本能在短期内迅速彻底地击败中国。自“九一八”事变日本侵占中国东北以来,中国在反抗日本侵略的战争中明显处于劣势,但中华民族不畏强暴,开展了艰苦卓绝的抗争。在抗战前期,中国虽屡战屡败,但中国军民不屈不挠,顽强抵抗,在抗击法西斯的东方主战

① 黄华文:《抗日战争史》,湖北人民出版社,2007年,第44—47页。

场上，用血肉之躯筑起一道新的长城，用大刀长矛、长枪短炮等落后装备，阻挡着用坦克大炮、飞机军舰等现代装备武装起来的日本侵略军的疯狂进攻，通过14年漫长的抗战，以3500多万军民的伤亡代价，取得了抗日战争的最后胜利。中国的抗日战争，为争取中华民族独立和解放，为世界反法西斯战争的胜利，做出了重大牺牲和不可磨灭的贡献。抗日战争既是中日之间一场军事实力和经济实力的较量，更是一场意志和精神的较量。由于中日两国军事经济实力上的巨大差距，中国抗日战争之悲壮惨烈，中国军民的坚韧不拔，是世界军事战争史上前所未有的。

1."九一八"事变和局部抗战——义勇军进行曲的召唤

1928年5月下旬，当北伐军逼近京津地区时，盘踞北京的张作霖见大势已去，在6月2日发出"出关通电"，宣布退出北京回东北。1928年6月4日，张作霖的专列开到皇姑屯车站以东的京奉、南满两铁路交叉处的桥洞时，被日本人事先埋在桥下的炸药炸得粉碎，张作霖身受重伤后不治身亡。这就是轰动中外的"皇姑屯事件"。日本本欲借此事件使东北出现群龙无首的局面，借机控制东北。但张学良控制了东北局势，怀着国恨家仇，在1928年12月29日宣布东北易帜，服从国民政府领导。东北易帜使日本想通过代理人吞并"满蒙"的企图落空，自此日本关东军进一步加强了对东北的情报收集，谋划直接用武力和战争方式占领中国东北。

柳条湖位于东北最大的城市沈阳城以北2.5公里，距当时东北军最大的军营北大营仅800米。1931年9月18日夜，日本关东军策划炸毁了柳条湖附近一段日本修筑的南满铁路路轨，并栽赃嫁祸于中国军队。日军以此为借口，炮轰东北军北大营，"九一八"事变爆发。当时日本关东军不到两万人，中国东北军驻在东北的有16.5万人，在关内还有近十万人。东北军部队多次接到张学良不准抵抗的训令，在日军突然袭击面前，除小部分自发英勇抵抗外，其余均不战而退。1931年9月19日，日军几乎未受到抵抗便占领了沈阳全城，东北军撤向锦州。日军占领沈阳后，立即向东北全境展开行动。至9月24日，日军相继占领了辽宁省重镇鞍山、抚顺、本溪、四平街、营口、安东、辽阳等城。随后，日军占领了吉林全省并开始向黑龙江省推进。11月19日，日军占领黑龙江省省会齐齐哈尔。1932年1月，日军南下袭取锦州，随即占领整个辽西。1932年2月，东北辽宁、吉林、黑龙江三省全境沦陷。[1]

由于蒋介石和国民党当局实行“攘外必先安内”的错误方针和对日妥协退让政策，“九一八”事变发生时，国民党军队正在南方集中兵力对中国工农红军和革命根据地展开第三次“围剿”，国民党军政高层对日本的军事进攻采取“不抵抗政策”，在不到半年的时间内，整个东北三省100多万平方公里的土地被日军占领。日本对东北三省的大规模侵略强烈地震撼了中国社会，群众性的抗日救亡运动很快在全国各地兴起。在全国人民的抗议声中，1931年12月蒋介石被迫宣布下野。一批不愿当亡国奴的东北军民，纷纷组成义勇军、救国军、自卫军、大刀会、红枪会等组织，反抗日本的侵略和压迫。这些组织被统称为东北抗日义勇军。黑龙江省代理主席马占山领导的江桥抗战，揭开了东北各地义勇军大规模抗日的序幕，使东北各地的抗日武装组织受到了极大的鼓舞。义勇军兴起之时如雨后春笋，遍地开花，人数最多时曾达30多万人，超过了张学良的东北军人数。1932年夏秋是东北抗日义勇军发展的鼎盛时期，在东北的广大地区进行了5000余次战斗，毙、伤、俘虏日伪军8万余人，给日伪军以沉重打击，激发了全国人民的抗日斗志。

为消除东北抗日义勇军的威胁，1932年冬，日军集中了20余万日伪军对义勇军进行清剿。由于义勇军主要由东北军旧部和爱国民众自发组成，没有统一领导和指挥，各部各自为战，没有像样的武器和供给，没有后方支援，武器装备落后，军事训练不足，靠血肉之躯和敌人以死相拼，在装备精良、训练有素的日军全面进攻下，到1933年前后，以原东北军旧部为基础的抗日部队基本上被各个击溃。东北抗日义勇军除战死、受伤、被俘及变节投降外，一部分转至热河继续抗战，或退入苏联，穿过荒无人烟的西伯利亚地区，辗转进入新疆地区；余部继续在东北三省抗战，他们中许多人后来加入了中国共产党领导的东北人民革命军，其余部分继续独立战斗。至1937年义勇军还有2万余人，七七事变时他们仍是东北抗日战场的重要力量，到1940年仅剩下千余人。东北抗日义勇军坚持反满抗日10余年，毙伤俘虏日伪军15万余人。[2] 义勇军曾经多次攻打沈阳、长春，曾经占领了16个北满县城，活动范围几乎遍布东北全境，给日本的殖民统治以沉重打击。

---

① 黄华文:《抗日战争史》,湖北人民出版社,2007年,第50页。

② 孔令波:《东北抗日联军 上》,吉林人民出版社,2005年,第5—6页。

从1931年冬开始，中共陆续派出干部到东北农村组织创建工农义勇军和抗日游击队，先后在南满、东满、吉东、北满等地30余个县境，开辟了数十个小块抗日游击区，开展抗日游击斗争。1933年1月底，中共发出《给满洲各级党部及全体党员的信》，指示满洲省委要加强党的领导，克服“左”倾关门主义，建立反日统一战线，扩大游击战争。据此，中共满洲省委决定以游击队为基础，收编和改造被打散的东北抗日义勇军，组建东北人民革命军。1936年2月，为了适应斗争形势的发展，在吸引和争取其他抗日群众武装，改编东北抗日义勇军的基础上，中共中央决定对部队进行整编，东北人民革命军改为东北抗日联军，东北抗日游击战争进入一个新的发展阶段。1936年下半年，第1、第2军组成以杨靖宇任总指挥兼政治委员的抗联第一路军。1937年年底，第4、第5、第7、第8、第10军组成抗联第二路军，周保中任总指挥兼政委，赵尚志任副总指挥。1939年年初，第3、第6、第9、第11军组成抗联第三路军，李兆麟任总指挥，冯仲云任政委。

1936—1937年是东北抗联发展的高潮，抗联各部队总兵力达4.5万人，对日伪军作战1000余次，毙伤俘虏日伪军数万人，[①]牵制了数十万日伪正规军，有力地打击了日本侵略者，动摇了侵略者的大后方，有力地支援了全国的抗日战争。为了消灭东北抗日联军，日军从1936年4月起在东北实施“三年治安肃正计划”，调集大批部队一次又一次进行疯狂的“讨伐”，企图彻底“歼除”东北抗联。密营是东北抗日联军在深山野林里建起的秘密营地，抗日联军以密营为基地，储备军需，修理枪械，收集敌情，在深山密林中，休整部队，医治伤员，缝制冬衣，补充给养。在日军严密包围封锁、地毯式清剿和猛烈进攻下，到1941年，抗联的山上密营损失殆尽，粮食、药品和盐等给养完全断绝，许多优秀的指战员壮烈牺牲，部队损失惨重。抗日联军与上级党组织失去了联系，地方党组织遭到毁灭性破坏，但抗日联军始终坚持战斗，他们可歌可泣、英勇无畏的牺牲精神，是中华民族争取独立宁死不屈精神的集中体现。赵一曼、赵尚志、李兆麟、杨靖宇等就是他们的杰出代表。

赵一曼毕业于黄埔军校六期，是黄埔军校唯一一批女学员，1935年担任东北抗日武装第3军二团政委，在与日寇的斗争中于1936年8月被捕就义。在狱中，日本人动用酷刑，赵一曼坚贞不屈地说：“我的目的，我的主义，我的信念，就是反满抗日。”自始至终没有吐露任何抗联信息。赵一曼在慷

---

① 何理：《中国人民抗日战争史》，上海人民出版社，2005年，第16—17页。

慨就义之时，留下了对儿子的期盼："母亲对于你没有能尽到教育的责任，实在是遗憾的事情。母亲因为坚决地做了反满抗日的斗争，今天已经到了牺牲的前夕了。希望你，宁儿啊！赶快成人，来安慰你地下的母亲！在你长大成人之后，希望不要忘记你的母亲是为国而牺牲的！"

杨靖宇为东北抗日联军的主要创建者和领导人之一，1932 年受党中央委托到东北组织抗日联军，历任抗日联军总指挥、政委等职，他率领东北军民与日寇血战于白山黑水之间，在吉林东南部和辽东等广大地区，给日寇以有力的打击。1938 年 11 月，中国共产党六届六中全会发给"东北抗日联军杨司令转东北抗日联军的长官们、士兵们、政治工作人员们"的致敬电，高度评价了活动在沦陷区的东北抗日联军，称其为"在冰天雪地与敌周旋 7 年多的不怕困苦艰难奋斗的模范"。日寇称杨靖宇的部队为"东边道社会治安之癌"，称抗联活动地区为"癌肿地带"。1939 年秋冬季，在组织东南满反日伪军"讨伐"作战中，杨靖宇指挥部队化整为零，分散游击，自己率警卫旅转战于濛江一带。1940 年 2 月，他在冰天雪地、弹尽粮绝的紧急情况下，最后孤身一人与大量日寇周旋战斗几昼夜后壮烈牺牲。杨靖宇战死后，日本侵略者始终无法理解，杨靖宇被围困在冰天雪地里，完全断粮五天五夜，他究竟靠什么生存？为了解开谜团，敌人残忍地将他剖腹查看，发现他的胃里尽是枯草、树皮和棉絮，竟无一粒粮食！

抗联第三路军总指挥李兆麟在率军突破日伪军围剿、转战东北的征途中创作了《露营之歌》。这首歌是东北抗战的光辉写照，在东北抗联中被广泛传唱，极大地鼓舞了抗联战士的斗志。这首歌歌词分四段，记录了抗联战士在春夏秋冬四个季节和不同地域的战斗生活场景。"(一)铁岭绝岩，林木丛生，暴雨狂风，荒原水畔战马鸣。围火齐团结，普照满天红。同志们！锐志哪怕松江晚浪生。起来呀！果敢冲锋，逐日寇，复东北，天破晓，光华万丈涌。(二)浓荫蔽天，野花弥漫，湿云低暗，足溃汗滴气喘难。烟火冲空起，蚊吮血透衫。战士们！热忱踏破兴安万重山。奋斗啊！重任在肩，突封锁，破重围，曙光至，黑暗一扫完。(三)荒田遍野，白露横天，夜火晶莹，敌垒频惊马不前。草枯金风急，霜晨火不燃。弟兄们！镜泊瀑泉唤起午梦酣。携手吧！共赴国难，振长缨，缚强奴，山河变，片刻息烽烟。(四)朔风怒号，大雪飞扬，征马踟蹰，冷气侵人夜难眠。火烤胸前暖，风吹背后寒。壮士们！精诚奋发横扫嫩江原。伟志兮！何能消灭。全民族，各阶级，团结起，夺回我河山。”[①]这首歌表达了抗联战士无论是在“朔风怒号”“冷气侵人夜难眠”的恶劣天气里，还是“蚊吮血透衫”“足溃汗滴气喘难”的艰苦行军中，无论是处在“征马踟蹰”“敌垒频惊马不前”的困苦条件下，还是“火烤胸前暖，风吹背后寒”的雪地露营时，始终保持着誓同日寇血战到底“重任在肩”“夺回我河山”的钢铁意志和坚定决心。

从 1939 年到 1941 年，东北抗日联军的游击战争转入极端艰苦的斗争阶段。但是东北抗日联军的意志没有被打垮，抗联部队缩编，开展小型游击战争，保存了一部分精华和骨干力量，进入苏联境内整训。在苏联整训期间他们不断派小部队深入国内抗联游击区进行游击战，直到 1945 年 8 月，他们配合苏军重新进入东北，在解放东北的斗争中起到了重要作用。东北抗日联军中有不少朝鲜人，朝鲜民主主义人民共和国的第一代领导人金日成、崔庸健等，大多为东北抗日联军中层军官。二战后，在苏联帮助下，他们组建了朝鲜劳动党，并建立了朝鲜民主主义人民共和国。

从“九一八”事变到西安事变期间，国民党蒋介石政府忙于“剿共”打内战，对日本帝国主义的侵略采取不抵抗政策，对日本侵占东北和蚕食华北妥协退让，造成东北沦陷、华北告危。但东北人民的抗战，打响了抗击日本侵略的第一枪。东北抗战是中国抗日战争的起点，从“九一八”事变到 1945 年抗战胜利，东北抗战坚持了 14 年，是全国开辟最早、坚持时间最长的抗日战场。东北抗战形势错综复杂，斗争残酷艰险。抗日武装不仅要抗击装备精良、训练有素、给养充足、数量庞大的日伪部队的正面进攻，还要抵御日伪特务内部渗透、政治利诱、金钱收买。东北山林险峻，气候环境恶劣，冬季风雪交加，冰雪连天，抗日部队经常冒着零下三四十度的严寒行军作战，有时身无棉衣，脚着单鞋，被冻得断指裂肤。特别是日军对抗日武装实行经济封锁和围困，抗日武装被迫退入深山密林，过着风餐露宿、爬冰卧雪的生活，有时为了获得一点粮食、布匹，都要经过激烈战斗，用鲜血和生命去换取。由于战争的残酷，据不完全统计，东北抗联师级以上干部大部战死疆场，总计约有 150 多人。在东北地区的抗战中，各种书刊记载的阵亡人数不一。据日本外务省公布的数据，满洲战事日伪军共阵亡 26.5 万士兵，中国阵亡 46 万士兵。据抗联第二路军总指挥周保中将军推算，抗日将士歼灭日伪军人数：1931—1937 年歼敌约 10.3 万人，1937—1945 年歼敌约 8.3 万人，共计约

---

① 东北抗日联军第三军政治部编：《革命歌集(第二集)》，1939 年 7 月，油印本，中央档案馆收藏。

18.6万人。牵制日军兵力：1937年20万人，1940年40万人，1941年为76万人。苏联参战后宣布击毙日军8万多人。该数据和抗联周保中将军推算数据累计，和日方公布的数据基本一致。在崇山峻岭间，在没有大规模兵团作战的情况下，敌我双方的伤亡如此重大，可见当时战事之惨烈。由于当时通信条件落后，抗日部队分散在林海雪原之中各自为战，许多部队被日伪兵力分割围歼，基本上没有留下作战记录。在崇山峻岭之间，流淌着多少抗日英雄的鲜血？在林海雪原之下，掩埋着多少抗日英杰的忠骨？在茂密森林里，还有多少抗战英烈的故事？只有飘荡在白山黑水的抗日英魂，才能向世人述说。

毛泽东在《论联合政府》中指出："中国人民的抗日战争是在曲折的道路上发展起来的。这个战争，还是在1931年就开始了。1931年9月18日，日本侵略者占领沈阳，几个月内，就把东三省占领了。国民党政府采取了不抵抗政策。但是东三省的人民，东三省的一部分爱国军队，组织了东三省的抗日义勇军和抗日联军，从事英勇的游击战争。这个英勇的游击战争，曾经发展到很大规模，中间经过许多困难挫折，始终没有被敌人消灭。"

日本制造了"九一八"事变，侵占中国东北地区，并策划扶植前清皇帝溥仪建立"满洲国"，企图使自己的侵占合法化。这一系列掩耳盗铃的卑劣行径，受到了国际社会的普遍谴责和反对。日本为了转移国际社会对日本侵占东三省问题的关注，决定在上海这一国际性的大都市制造事端。上海是当时中国的经济中心，是中国最繁荣的大都市，上海租界林立，有众多世界大国的使领馆。日本选择在上海制造事端，目的是要把各国的注意力从东三省吸引到上海来，从而趁机在东北炮制出"满洲国"。① 在这种背景下，日本策划和实施了上海"一·二八事变"。当时上海的中国驻军为十九路军，"九一八"事变东北军不战而溃退，东北的沦陷方式成为国家的耻辱，东北军被国人千夫所指，也让中国军人蒙羞。十九路军在1931年11月调驻上海之际，正是马占山在东北率部抗日之时，全国人民在"抗日援马"运动中所表现的爱国热诚深深地感染了十九路军将士。总指挥蒋光鼐、军长蔡廷锴下定决心，要为中华民族图生存，为中国军人争人格，决不让东北沦陷的悲剧重演。1932年1月中旬，日本连续在上海策划实施了"日僧事件"、三友实业社总厂被焚事件和四川北路暴乱等事件，为挑起军事冲突和战争制造舆

① [日]信夫清三郎，《日本外交史》，下册，商务印书馆，中译本1980年，第571页。

论和借口。在国民政府一再妥协退让，并在1月28日下午2点全部接受日方最后通牒所提条件之后，当晚11时25分，日本第一遣外舰队司令部将又一份最后通牒式“声明”送达上海市市长和上海市公安局长，要求“中国方面将闸北方面所有中国军队及其敌对设施从速撤退”，5分钟后，日军就迫不及待地突然向上海发起了攻击，[①]十九路军在军长蔡廷锴、总指挥蒋光鼐的率领下奋起抵抗，淞沪抗战爆发。淞沪抗战持续了一个多月，虽然武器装备远不如敌军，但中国军队屡挫强敌，迫使日军四次向上海增兵并三易主帅。由于中日军事实力的差距以及国民政府在淞沪抗战中采取“一面抵抗、一面交涉”的消极退让政策，中国军队被迫于3月1日晚退守第二道防线，日军于次日攻占了上海。1932年3月1日，日本策划和扶持的伪满洲国在东北长春宣告建立，日本达到了发动“一·二八”事变的战略意图。在美国和国联的干预下，3月3日，日军司令官根据参谋总长的电示，发表停战声明。同日，国联要求中日双方下令停战。5月5日，南京政府代表郭泰祺与日本特命全权公使重光葵分别代表中日双方签订了《淞沪停战协定》。协定规定：在上海及周围地区，停止一切敌对行为；中日交战区划为非武装地带，由中国警察接管；中国军队留驻其现在地区，不再前进；日本军队撤至公共租界与虹口的毗连地带。淞沪抗战在中国的抗日战争史上写下了浓墨重彩的一笔，在“九一八”事变后第一次直接冲破了南京国民政府的不抵抗政策，旗帜鲜明地举起了抗战大旗。十九路军及之后增援上海的第五军的广大爱国官兵表现出来的抗日救国英勇牺牲精神，以及全国人民支援淞沪抗战表现出来的强烈爱国热情，表明为生存而战的中华民族能焕发出强大的战斗力。中国军队的英勇表现，也为在沪的西方人所亲见，一定程度上改变了自清末以来西方人轻视中国军队的心理，改变了中国军队和中国的国际形象。

在淞沪抗战的影响下，面对日本全面吞并东北、逐步蚕食华北的图谋，榆关抗战、热河抗战、长城抗战、察哈尔抗战和绥远抗战相继爆发。在敌强我弱、力量悬殊情况下，这些局部抗战虽均告失利，但唤醒了中华民族“天下危亡，匹夫有责”的传统，激发了中国军民的爱国情怀，在全国兴起了轰轰烈烈的抗日救亡运动，促进了各阶级、各党派、各民族和各地域的团结合作。国民政府的对日政策也从“九一八”事变时的“攘外必先安内”，对日侵略抱着“以公理对强权，以和平对野蛮，忍痛含愤，暂取逆来顺受态度，以待国际

① 温济泽：《九一八和一二八时期抗日运动史》，中国工人出版社，1991年，第208—209页。

公理之判决”的幻想[①]，转变到淞沪抗战时的“一面抵抗、一面交涉”的消极抵抗，再到华北事变后期的“和平未到完全绝望之时，决不放弃和平；牺牲未到最后关头，亦不轻言牺牲”，但“和平有和平之限度，牺牲有牺牲之决心”，若到了和平绝望之时与牺牲最后关头，“即当听命党国，下最后之决心”。[②]“我们如遇有领土主权再被人侵害，如果用尽政治外交方法而仍不能排除这个侵害，就是要危害到我们国家民族之根本的生存，这就是为我们不能容忍的时候。到这时候，我们一定作最后的牺牲。”[③]西安事变的和平解决，促成了国共第二次合作，建立了广泛的抗日民族统一战线，为全面抗战奠定了思想、政治和组织基础。

2. 卢沟桥事变和全面抗战——用血肉筑成新的长城

1937年2月，日本外务省制订了《第三次处理华北问题纲要》。声称“除了对华北政权进行内部指导外，对南京政权采取措施，使该政权确认华北的特殊性，并进一步予以指导，使南京政权对日满华合作互助的各种措施进行合作”。4月，日本外务、大藏、陆军和海军四大臣会议决定，“设法具体促使南京政权逐渐抛弃容共和依靠欧美的政策，而和帝国接近，特别在华北方面，使其自动地实现对日满华提携互助的各种措施进行合作”。[④] 为实现日本的战略企图，日本陆续增兵华北，不断制造事端，频繁进行军事演习，华北局势日益严峻。当时北平的北、东、南三面已经被日军控制，卢沟桥就成为北平唯一的对外通道，其战略地位十分重要。日军若占领这一战略要地，就能切断北平与南方各地的来往，进而控制冀察当局，使华北完全脱离中国中央政府。进入6月份以后，日军在丰台的军事演习更趋频繁，从每半月一次增加至三五日一次，有时在卢沟桥附近挑衅，有时逼近宛平县城模拟攻城。当时，守卫平津地区的中国守军为第二十九军，军长宋哲元兼冀察政务委员会委员长。1937年7月7日晚，日军在紧靠卢沟桥中国守军驻地的地区进行演习，声称有一士兵“失踪”，强行要求进入中国守军驻地宛平城搜查，被中国军队严词拒绝，早有准备的日军立即向卢沟桥、宛平城及其附近地区发动进攻。中国第二十九军司令部命令前线官兵，“确保卢沟桥和宛平

---

① 李云汉：《九一八事变史料》，（台北）正中书局1977年，第453页。

② 中国国民党中央委员会党史委员会编，秦孝仪主编：《革命文献》第76辑，第250—251页。

③ 中国国民党中央委员会党史委员会编，萧继宗主编：《革命文献》第69辑，第300页。

④ 复旦大学历史系日本史组编译：《日本帝国主义对外侵略史料选编》，上海人民出版社，1985年，第213—215页。

城”,“卢沟桥即尔等之坟墓,应与桥共存亡,不得后退”。守卫卢沟桥和宛平城的中国军队奋起抗战,七七事变爆发。

日军挑起七七事变后,全国震动。七七事变的第二天,中国共产党中央委员会就通电全国:“全中国的同胞们,平津危急!华北危急!中华民族危急!只有全民族实行抗战,才是我们的出路!”蒋介石致电宋哲元“宛平城应固守勿退”。7月17日,蒋介石在庐山发表谈话,指出“卢沟桥事变已到了退让的最后关头”,“再没有妥协的机会,如果放弃尺寸土地与主权,便是中华民族的千古罪人”。1937年7月28日,日军猛攻北平南苑,守军将领第二十九军副军长佟麟阁和第132师师长赵登禹先后殉国。次日,北平失陷。30日,天津失陷。7月31日,蒋介石发表《告抗战全体将士书》,宣告中日战争已经全面爆发。

在全面抗战的过程中,为了抵抗日本的侵略,中国抱着“纵使战到一兵一枪,绝不终止抗战,也绝不投降”的悲壮决心,以坚强意志和壮烈牺牲,弥补实力的不足,维护民族的尊严,争取最后的胜利。其中,大规模的会战有太原会战、淞沪会战、南京保卫战、徐州会战和武汉会战等,大型战斗有1000多次。仅仅是牺牲的将官,正面战场国民党军队就有200多位将军牺牲,其中上将8位;敌后战场共产党部队也牺牲了近200位高级将领,其中阵亡的旅以上干部有114位,包括八路军副总参谋长左权。虽牺牲惨烈,但中国军队愈挫愈坚,越战越勇,积小胜而大胜,从战略防守,坚持到战略相持,最后迎来了战略反攻,夺取了最后的胜利。

自抗战全面爆发到1945年9月中国取得抗战的最后胜利,抗日战争始终存在着两个战场,即国民党领导的正面战场和共产党领导的敌后战场。两个战场在战略上相互配合,在战术上发挥各自的优势,在战役中承担各自的责任。

日军占领平津后,即计划“大致以10月上旬为期,在华北与上海两方面发动攻击,务必给予重大打击,造成使敌人屈服的形势”①。即日军要以速战速决的方式3个月征服中国。据此,日本重新组建了华北方面军和上海派遣军,同时在中国的北方和南方发起进攻。1937年8月中旬,太原会战爆发。8月22日,国民政府军事委员会正式宣布红军改编为国民革命军第

① 日本防卫厅防卫研究所战史室著,齐福霖译:《中国事变陆军作战史》第一卷第二分册,中华书局,1981年,第31页。

八路军（也称第十八集团军），随后，八路军主力在朱德、彭德怀的率领下相继挺进华北抗日前线。在太原会战中，八路军第115师取得了平型关战役、忻口战役、娘子关战役等战役的胜利。在平型关战役中，八路军115师集中较大兵力对日军进行了一次成功的伏击战，歼敌1000余人，击毁汽车100余辆，缴获一批辎重和武器。八路军首战大捷，一战成名，打破了日军不可战胜的神话，极大鼓舞了中国军队的士气。蒋介石先后两次致电嘉勉。在忻口战役中，刘伯承的129师一部夜袭日军阳明堡机场，毁伤敌机24架，歼灭日军百余人。120师发动了雁门关战斗，毁日军汽车百余辆和大量军事物资。这些行动，有力地削弱了敌空中攻击力量和日军后勤供给，有力支援了忻口友军的正面作战。太原失守后，在华北战场的正面作战基本结束，转而由八路军在敌后的游击战支撑着华北的抗战局面。1940年8月，当抗日战争陷入低潮时，八路军发起百团大战。彭德怀指挥八路军129师和晋察冀军区等共105个团20余万兵力，对华北地区的日伪军发动了一次进攻战役。这次战役共进行大小战斗1800余次，攻克据点2900余个，歼灭日伪军45000余人。随后日军展开反扑，集中了华北47万日军兵力以及傀儡政权的全部伪军，推行治安强化运动。日军采用了“保甲制”来断绝八路军与当地民兵的接触，设立无人区，采用极为野蛮残暴的“三光政策”，甚至使用违反国际法的生化武器来作战。共产党面对日军扫荡的压力，全军实行战略转移，开展各种形式的反“扫荡”斗争，如著名的地道战、地雷战、麻雀战、破袭战等。百团大战和敌后游击战粉碎了日军的“囚笼政策”，极大地消耗了日军的有生力量，牵制了大量日军兵力，有力地支持了正面战场。

正面战场在全民族抗战中具有重要地位。1937年8月13日，淞沪会战爆发，中国军队与日军血战三个月之久，给予日本开战以来最沉重的打击。据日本参谋本部的统计，日军伤亡4万余人。而据民国政府统计，“日军死伤愈10万人”。中国军队伤亡共25万人左右，其中阵亡的校尉级以上军官近千名，少将以上高级军官10余名。淞沪会战最终以中国军队全线撤退而告终，但会战粉碎了日本“三个月灭亡中国”的妄想。中国军队英勇作战的精神极大地激发了全国人民的抗战热情，赢得了国际社会的赞誉，扩大了中国抗战的国际影响，同时为沿海工业内迁赢得了宝贵的时间。

淞沪会战后，日本大本营下达了以“攻占敌国首都南京”为目标的作战命令，由日本上海派遣军和后期投入淞沪会战的第10军编组为日本华中方面军，分三路直扑南京，南京保卫战打响。12月7日，南京外围战略要地相继失陷，日军兵临城下。12月10日，日军发起总攻。为避免南京守军被敌围歼，蒋介石于11日下令守军相机突围。由于南京守军在战前为了表示破釜沉舟的决心，没有制订撤退计划，也没有准备撤退过江的船只，临时制订的撤退计划几乎不具可行性，12日开始的撤退陷入混乱状态，许多部队没有撤出而被俘。12月13日，南京沦陷，日军开始了惨绝人寰的南京大屠杀。侵华日军在南京及附近地区实施了长达6周的有组织、有计划、有预谋的大屠杀和奸淫、放火、抢劫等血腥暴行，手段极端残忍，大量平民及战俘被日军用集体屠杀、活埋、挖心、剖腹、当射击或刺刀靶子、斩首比赛等方式虐杀，无数妇女惨遭奸淫蹂躏，许多被害女性被日军用断肢、破腹、割乳等方式残害致死。在南京大屠杀中有30多万平民和俘虏被日军残杀，"日本兵完全像一群被放纵的野蛮人似的来污辱这个城市"。"对于一般男子的有组织的大量屠杀，显然是得到了指挥官的许可而实行的。它的借口是中国兵脱下了军服混入在平民之中。中国平民被成群结队地反绑着手，押运到城外，用机关枪和刺刀集体屠杀。""全城中无论是幼年的少女或老年的妇人，多数都被奸污了。并且在这类强奸中，还有许多变态的和淫虐狂行为的事例。许多妇女在强奸后被杀，还将她们的躯体加以斩断。"当时德国代表给政府的报告中说："这不是个人的而是整个陆军，即日军本身的残暴和犯罪行为。"这份报告形容"日军"就是"兽类的集团"[①]。日军以军国主义的狂妄，以武士道式的凶残，试图用这种灭绝人性的屠杀和侮辱来摧毁中国军民的抗战意志，最后激起了全中国乃至全世界有良知人们的强烈愤慨和谴责。南京大屠杀如犹太人大屠杀一样，是人类文明史上最大的污点之一。但令人悲哀的是，由于日军封锁消息、毁灭罪证和粉饰宣传，这一悲剧并未能引起全世界足够的关注与反思。1997年10月美国华人作家张纯如女士用翔实的资料及证人证言，出版了《南京大屠杀》一书，让西方社会了解到发生在60年前的南京大屠杀的真相及那段被遗忘甚至被掩盖的人类创伤。但不幸的是，人们对创伤的记忆并未能转化为避免悲剧重演的共同财富。南京大屠杀对中华民族如同身上一道刻骨铭心的伤痕，中国人对此痛彻心扉而不堪回首，希望日本能真诚道歉和反省，避免悲剧重演。对日本民族而言，南京大屠杀如同一个无法言说的罪恶和难以面对的丑行，日本右翼及军国主义分子不仅没有悔罪之意，或为其罪行翻案，或者以屠杀30万人数据不

① 张效林译:《远东国际军事法庭判决书》，群众出版社，1986年，第484—485页。

准确为由，以“白马非马”式的诡辩，否认大屠杀的历史事实。他们每年参拜供奉有包括策划和实施南京大屠杀的一批甲级战犯在内的靖国神社，把中国人民努力想愈合的伤口一次次割开并在上面撒盐，用泯灭良知的方式刺激和伤害中国人民的情感。由于日本一再修改教科书，篡改历史，许多日本青年人对这段历史，或者因无知而冷漠，或者因接受了错误史观而造成中日两国青年人的对立。还有众多日本人，或难以相信，或难以面对自己国家曾经犯下这种惨无人道的罪行而选择了沉默。为告慰南京大屠杀遇难者，表明中国人民反对侵略战争、捍卫人类尊严、维护世界和平的坚定立场，2014年中国政府将12月13日设为南京大屠杀死难者国家公祭日。

日军为打通津浦铁路，连接南北战场，并进而切断陇海路，威胁平汉铁路，进窥武汉，命华北派遣军南下，华中派遣军北上，南北两面夹击徐州。1938年2月，徐州会战爆发。中国军队在第五战区司令李宗仁的指挥下，取得了台儿庄战役的胜利，毙伤日军一万多人。但这次胜利没有扭转徐州战场的总体局势。1938年5月19日，日军占领徐州，6月6日占领河南省会开封。为了阻滞日军的进攻，6月9日，蒋介石命令炸开黄河花园口南岸大坝。此举虽然阻止了日军占领郑州、沿平汉铁路南下进攻武汉的作战计划，但也造成了黄河下游的大规模水灾，使豫、皖、苏三省民众蒙受了巨大的生命和财产损失。

日军侵占南京后，国民政府虽宣布迁都重庆，但政府机关大部和军事统帅部仍在武汉，武汉实际上成为当时全国的军事、政治、经济中心和战时首都。日本政府企图通过攻占武汉，切断粤汉铁路，迫使中国政府屈服，尽快结束战争。1938年6月，武汉会战爆发。在武汉会战中，中国军队吸取了淞沪会战和南京保卫战的教训，除开局不顺外，战役的防守、反击和撤退整体有序。10月11日，日军7万多人偷袭广州成功，粤汉铁路被切断，中国军队主动撤出武汉。武汉会战历时四个半月，就战役而言，日军占领了武汉三镇，并控制了中国的腹心地区，取得了战役胜利。但就战略而言，日军并未能实现速战速决，逼迫国民政府屈服以结束战争的战略企图。中国军民并未因武汉、广州的失守而屈服。中国政府在武汉失守后发表声明表示：“一时之进退变化，绝不能动摇我国抗战之决心”，“任何城市之得失，绝不能影响抗战之全局”，中国决心致力于全面、持久的抗战。武汉会战消耗了日军的有生力量，日军从此逐步丧失了对中国内陆大规模战略进攻的能力。中国以广阔的国土和战略纵深，仍占据着东南、中南、华北及西北、西南的广大战区和后方。中国军队在大后方进行轮流整训,在前方正面战场上与日军对峙,在敌后战场与日伪游击周旋。中国军民以巨大的牺牲迎来了抗战的战略相持局面。与此同时,国际局势和世界政治关系也发生了重大变化。

3.第二次世界大战和东方战场——与法西斯轴心的对决

日本在占领中国东北和沿海地区后,确定了进一步侵略扩张的两条路线:一条是沿着中国东北再北进苏联的路线;另一条就是沿着海洋南进的路线。德国作家豪斯霍菲尔在《大日本》一书中指出:“南进的海洋乃是日本民族的自然要求,而北进的大陆则是日本军阀官僚、铁道工业资本家以及金融资产阶级的特殊要求。”日本向太平洋扩张的南进政策,同美、英在太平洋的利益发生了尖锐的矛盾。为了同美、英等国争夺太平洋及美、英在远东的殖民地,从 20 世纪 30 年代起,日本连续执行了两个扩充海军计划,建立起了北起千岛群岛,南经日本本土直至南太平洋的海上阵线。这个阵线囊括了亚洲大陆,而且将菲律宾置于其内,企图称霸亚太。1936 年 6 月,日本天皇批准了新的《帝国国防方针》及《用兵纲领》,公然宣称要实现控制东亚大陆和西太平洋及最后称霸世界的野心。8 月 7 日,日本五相会议通过了《国策基准》,明确日本的“根本国策,在于外交和国防互相配合,一方面确保帝国在东亚大陆的地位,另一方面向南方海洋发展”。1936 年 11 月 25 日,日本与德国在柏林签订《反共产国际协定》,翌年意大利也加入这个协定,形成了“柏林—罗马—东京”的法西斯轴心国联盟。

日本发动侵华战争后,美、英各国从其自身的现实利益出发,对中日战争实行“不干涉”的“中立”政策。但日本利用其军事能力,在中国占领区排挤美、英等西方势力,使美、英与日本的矛盾不断加深。面对日本企图独占东北、山东半岛、上海、广州甚至全中国的各种攻势,美、英等国虽然纷纷提出抗议,但并未采取有效的对抗措施。西方的主要目的是与日本讨价还价,谋求妥协,换取日本承认其在中国和亚洲的利益。美、英的绥靖政策助长了日本在中国及亚洲的野心和侵略步伐。在与中国的战争进入战略相持阶段后,1939 年 2 月,日本侵占中国海南岛,切断了香港同新加坡的海上交通线,直接威胁美、英、荷在东南亚的殖民统治地区的安全。与此同时,欧洲战云密布,英国为了在欧洲全力对付德国,在中国问题上不断对日妥协,以换取日本承认英国在华利益及解除对天津租界的封锁。1939 年 7 月,日本外相与英国驻日大使在东京签订了《有田—克莱琪协定》,英国政府完全承认在中国“日军为保障它的安全和维持所控制地区的治安,有其特殊要求,同时承认日本有必要排除不利于自己而有利于其敌人的一切行为及因素”。[①]也就是说，英国政府完全承认日本武装进攻中国和镇压中国人民抗日运动的“合理性”。英国对日本的妥协引发了美国的不满，美国宣布1911年订立的《美日通商航海条约》将于次年1月终止。但美国仍未放弃美日贸易，1939年美国对日贸易输出占日本进口总额的34.3%。

1939年9月，纳粹德国侵略波兰，引发法国、英国向德国宣战，标志着英、法、美等国对法西斯国家侵略扩张的绥靖政策破产，第二次世界大战正式爆发。1940年6月，英法军队在敦刻尔克丢盔弃甲的大溃败和法国在德国闪电战中迅速败降之后，英伦三岛岌岌可危。同月，日本趁机要求英国封闭滇缅公路和香港等中国国际通道，英国屈服于日本压力，在次月与日本签订了《关于封闭滇缅公路的协定》。协定规定，在3个月内，禁止武器、弹药、铁道材料等通过缅甸及香港运输进入中国内陆。封闭滇缅公路和香港完全切断了中国的西南大陆国际交通线和国际援华的物资通道，给中国的抗战造成了严重的困难。1940年9月，日本同德国、意大利签订了《德意日三国同盟条约》，法西斯轴心正式建立。此后日军决定实施南进战略：一是完全切断中国抗战的国际援助通道，迫使国民政府放弃抗战而议和投降；二是在英、法等国无力东顾的情况下，占领东南亚，夺取日本急需的石油及其他重要战略物资，建立经济和战略自给体系；三是策应德、意的北非进攻战略。在此情况下，英、美等国对中国抗战的作用和意义的认识发生了重大变化，英、美都需要中国的抗战消耗日本的军力和国力，阻止或延缓日本对东南亚和太平洋的侵略扩张，牵制日军的主力，避免日本陆军主力涌入东南亚和太平洋。英、美随后调整了对日政策。美国宣布对日禁运废铁及钢铁等战略物资，英国宣布开放滇缅公路，打开了援华的地面通道，接着与中国酝酿建立中英军事同盟事宜。同年年底，罗斯福同意组织美国空军志愿队来华作战。此后在中国的天空中，出现了一支特殊的空军，那就是美国志愿援华航空队，即飞虎队。他们在保卫中国大后方领空的战斗中，屡立战功。为了加强中国的抗战力量，美国还派出军事代表团来华研究军事援助问题。随着日军攻占越南南方和进一步向东南亚扩张，1941年7月至8月，美国先后宣布冻结日本在美全部资产和对日本实行除大米、棉花以外的全面禁运。至此，日美矛盾愈加尖锐。

---

① 何理：《中国人民抗日战争史》，上海人民出版社，2005年，第161页。

当德国军队在欧洲所向披靡，打得英法军队丢盔弃甲、狼狈不堪之时，在1939年至1941年间，中日两军在长沙进行了三次“长沙会战”。中国在武汉沦陷后，长沙成为中国西南腹地的重要屏障，一旦长沙被攻陷，将直接威胁陪都重庆的安全。中日双方都把长沙之战看成中日决战。中国军队总结了抗战以来历次会战失败的经验教训，改变以往层层设防、逐次防守的被动挨打的战法，改成只以部分部队坚守正面阵地，逐次消耗敌军，其余部队主动转移至敌之侧翼，继之以伏击、侧击、尾击等各种手段逐次消耗敌兵力，待敌进入预定决战区域，集中使用绝对优势兵力，围歼敌军。这个战术成为几次长沙会战的作战思想，扭转了长沙战局。

第一次长沙会战发生在1939年9月至10月。当时正值第二次世界大战在欧洲正式爆发，德军闪击波兰，波军惨败，波兰败亡，欧洲告急。日军调集10万步兵及海空强大兵力，企图集中打击薛岳指挥的第9战区主力。在薛岳将军的出色指挥下，各路日军均遭到中国军队有力的阻击、侧击，部分日军陷入包围圈，损失惨重，士气大受影响。第一次长沙会战日军伤亡了2万余人，被迫撤退，结束会战。

1941年9月至10月，日军发动了对长沙第二次进攻。当时正值苏德战争爆发，德军闪击苏联，苏军损失惨重，德军打到了莫斯科外围，苏联告危。日军挟轴心国战锋余威，虽然一度攻入长沙城，但在中国军队的抗击、反击和追击下，一无所获地退回到战前状态，自身付出了2万余人伤亡的代价。而在此次战役中，中国第6战区主动对宜昌之敌发动猛攻，日军死伤达7000人，面临彻底覆灭的危险，宜昌日本守军指挥官已写下遗书准备自杀，因另一部日军火速驰援才得以逃过灭顶之灾。宜昌作战也是1941年中国战场唯一一次中国军队主动发动的进攻战役。

1941年12月7日，日本海军偷袭美国珍珠港，美国太平洋舰队损失惨重，太平洋战争爆发。同一天，日军开始进攻香港。为使攻占香港顺利进行，日军大本营命令驻湖南地区的日军向湘南进攻，以牵制或阻止中国军队的南下支援行动，第三次长沙会战爆发。在这次会战中，中国军队掌握了战役主动权，取得了抗战以来大型会战的首次完全意义上的胜利。日军遭重创，被毙伤5万余人，中国军队伤亡2.8万余人，取得了自抗战以来的中日部队伤亡人数的逆转。具体指挥此次战役的薛岳将军因此被日军称为“长沙之虎”。

第三次长沙会战的胜利也是自日本偷袭珍珠港以来，盟国在欧亚战场的唯一胜利，鼓舞了盟国的斗志和盟军的士气。这时候日军在东南亚横扫了美国、英国在亚洲殖民地的军队，英美军队溃不成军，成建制投降、被歼或溃散。西方国家的军队在东南亚被日军击溃之后，开始认识到装备落后的中国此前单独对抗强大的日本达10年之久，要付出多么大的牺牲，需要多么坚强的毅力。罗斯福在第三次长沙大捷后给蒋介石发来了一份热情洋溢的贺电："中国军队对贵国遭受野蛮侵略所进行的英勇抵抗已经赢得美国和一切热爱自由民族的最高赞誉。中国人民，武装起来的和没有武装的都一样，在十分不利的情况下，对于在装备上占极大优势的敌人进行了差不多五年坚决抗击所表现出的顽强，乃是对其他联合国家军队和全体人民的鼓舞。"①同时美国宣布再次向中国提供5亿美元的贷款。其后，他以他夫人的名义，邀请蒋介石夫人宋美龄访问美国，在美国国会发表演说。他还通过他的代表，驻华美军司令官、中国战区参谋长史迪威，授予第9战区司令长官、指挥第三次长沙会战的薛岳将军一枚美国勋章。

中国军民通过自己百折不挠的精神和不怕牺牲的勇气，在1931年到1941年这艰苦漫长的10年间，从东北到华北，从华北到华中再到华南，在从中国东部到中部辽阔的国土上，单独与日本侵略军长期对峙和作战，先后展开了东北抗战、淞沪抗战、长城抗战、淞沪会战、太原会战、徐州会战、南京保卫战、武汉保卫战、南昌战役、随枣战役、桂南战役、枣宜战役、百团大战、豫南战役、上高会战、晋南中条山战役、长沙会战等数十场大战，在敌占区广泛开展敌后游击战争，在日军战力的鼎盛时期，顶住了日军战刀的锋芒，以惨烈的牺牲消耗和歼灭了大批日军精锐力量，将日本陆军主力拖住并钉在中国的战场上，为世界反法西斯战争做出了巨大牺牲和重大贡献。日本偷袭珍珠港后，美国对日宣战。同月，中国向德、意、日宣战，英国等同盟国也对日本宣战。从此中国不再是单独对日作战，中国的抗日战争成为世界反法西斯战争的重要组成部分，成为第二次世界大战东方主战场。1942年元旦，中、苏、美、英等26国代表在华盛顿签署《联合国家宣言》，决心共同打败德、日、意法西斯的侵略，不到侵略国无条件投降，决不和敌国单独议和。《联合国家宣言》标志着世界反法西斯阵线的最终形成，中国进入了与美、英、苏共同领衔签字的四大国之列，这标志着中国成为世界反法西斯四大国之一。美国加入二战后，通过滇缅公路和驼峰航线从缅甸、印度向中国运送

① 富兰克林·德·罗斯福著，关在汉编译：《罗斯福选集》，商务印书馆，1982年，第345页。

了大量作战物资，支援中国继续抗战。盟军为更有效地协调作战，成立了中国战区，蒋介石任中国战区（包括泰越）盟军最高统帅。1942 年 2 月，应英国政府要求，中国抽调 3 个军的精锐部队，组成中国远征军第一路军进入缅甸，协同英、缅军队对日作战，以惨重代价给日军以沉重打击。

1942 年 10 月，美、英等国主动向中国提出，考虑废除西方列强与中国历届政府签订的不平等条约。经过谈判，1943 年 1 月，中美、中英“新约”分别在华盛顿和重庆签字。双方规定：废除在华领事裁判权、通商口岸特别法庭权；凡授权美、英政府或其代表管辖其在华人民之一切条款，均予撤销作废；废除 1901 年订立的《辛丑条约》，终止该条约给予美、英的一切权利；交还北京使馆界的行政与管理权，终止美、英在上海、厦门的公共租界，以及在天津、广州的英租界；撤销美、英军舰驶入中国领水之特权，及在使馆区及一些铁路沿线驻兵权；撤销美、英船舶在中国沿海贸易及内河航行及外人引水权等特权；英国放弃其要求中国任用英籍海关总税务司之特权。此后，经过谈判，中国相继废除了与比利时、挪威、瑞典、荷兰、法国、瑞士、丹麦、葡萄牙等国的类似条约。废除不平等条约，建立平等的国家关系是中华民族近代以来的历史夙愿，中国在二战中国际地位的提高，是整个中华民族同仇敌忾、共御外侮，经过长期不懈的艰苦努力和巨大牺牲换来的。中国朝野，举国欢庆。但是，外交上平等地位的取得，并不意味着中国在政治上、经济上、文化上已成为真正的平等与独立国家。完全改变中国的半殖民地半封建状况，直到 1949 年建立新中国才真正实现。

1943 年 9 月，意大利宣布投降，并投入同盟国一方。自此，国际反法西斯战争的形势越来越有利于同盟国的一方。1943 年 11 月，中、美、英三国首脑蒋介石、罗斯福、丘吉尔及其随从人员在埃及首都开罗会晤，签署了《开罗宣言》。声明全世界反法西斯同盟国将坚持对日本作战，直到日本法西斯无条件投降；剥夺日本自从 1914 年第一次世界大战开始后在太平洋上所夺得或占领之一切岛屿；日本所窃取于中国之领土，例如东北四省、台湾、澎湖群岛等，归还中国；其他日本以武力或贪欲所攫取之土地，亦务将日本驱逐出境；在相当时期，使朝鲜自由与独立。

从 1943 年下半年始，日本在太平洋战场接连失败，从日本到东南亚地区的海上交通和补给线已被美国海军切断。从中国内陆各个基地起飞的盟军飞机不断轰炸日军前线甚至日本本土，日本战略形势不断恶化。为了打通陆上交通线，通过陆路保持对东南亚地区日军的补给支援，同时打掉中国的前线空军基地，消除盟军对日本本土和海上交通线构成的严重威胁，1944年4月，日军竭尽全力发动了豫湘桂战役。1944年4月至12月，日本发动了对河南、湖南和广西三地的大规模进攻。在短短的8个月中，国民党军队损失兵力五六十万，丧失了河南、湖南、广东、广西、福建等省大部和贵州一部，丢掉了洛阳、长沙、福州、桂林4个省会城市和郑州、许昌、宝庆、柳州、温州等146个中小城市，丢掉了衡阳、零陵、宝庆、桂林、柳州、丹竹、南宁7个空军基地和36个飞机场，丧失国土20多万平方公里，约6000万同胞处于日军铁蹄蹂躏之下。这场战役暴露了两个问题。一个是中国方面的问题，这是1944年反法西斯战场上最惨重的失败，也是中国抗战史上又一次重大溃败，揭示了国民政府自身存在着重大隐患，高层消极避战，作战指挥失误，作战协同性差。在抗日战争和国际反法西斯战争形势向好的情况下，发生如此灾难性失败，国民政府威信扫地，动摇了军心、民心。事后，国民政府最重要的盟友美国对国民党政府的领导能力和抗战能力产生了怀疑，影响了美国的后续对华政策。另一个是日本方面的问题。日军虽然打通了平汉、粤汉、湘桂铁路，打通了从中国东北直至广州及越南的交通线，但以当时日本的在华兵力，要守住广大的占领区及2000多公里长的战线几乎是不可能的。这种情况，势必造成日军兵力的进一步消耗和分散，使其在战争上面临更大的困境，有利于中国的反攻作战。这是日本困兽犹斗、回光返照式的最后挣扎，表明日本离覆灭已经不远了。

在敌后战场，1941年至1942年间，敌后军民经历了严重困难和残酷"反扫荡"战争的考验。从活动范围来看，敌后根据地的地域和游击战争的战场缩小了，但从内容来看，游击战争却向纵深方向进一步发展，在战争实践上实现了军民一体、军政一体，创造了地道战、地雷战、麻雀战等有效地打击敌人、坚持长期斗争的作战形式。敌后武工队在日军统治的心脏地区的游击战争，在战略上形成了对日军的分割和反包围，不仅有力地打击了敌人的"蚕食"和殖民统治，而且形成了敌我双方"犬牙交错"的战场态势。抗日游击战争的深入和敌后军民的艰苦奋斗，扭转了在对敌斗争中一度出现的被动和严重困难局面。1943年敌后抗日根据地开始转入巩固、恢复和扩大发展，根据地人口又上升到8000多万人，并有了47万人的军队和200万人左右的民兵以及华北、华中、华南三大战略根据地，为抗日战争的战略反攻和最后胜利创造了良好的条件。[①] 从1943年7月开始，共产党领导的抗日武装在华北、华中、华南地区，对日伪军同时发起局部反攻。至1943年12月，日军由于兵力不足，被迫收缩战线，日本华北方面军也停止了向抗日根据地的进攻。从1944年起，中国抗日战争也开始逐步进入到战略反攻阶段，八路军、新四军对日伪军相继发起春季攻势和秋季攻势。

从1943年10月至1945年3月，中国驻印军和中国远征军在缅北、滇西相继发动反攻，收复缅北大小城镇50余座，收复滇西失地8.3万平方公里，共歼灭日军4.9万余人。中国远征军在缅北、滇西反攻作战的胜利，打通了中印公路，把日军赶出了中国的西南大门，支援了国内其他战场的作战。这次胜利是抗战以来正面战场第一次获得彻底胜利的大规模进攻作战，而随后远征军与中国驻印军并肩作战歼灭缅甸日军，更是自甲午战争以来中国第一次援助盟邦进入异邦国土作战并获得胜利的一次大规模作战。据日本政府统计，日军在缅甸战场总共投入兵力23万多人，战死16万多人，战死率近70%。缅北、滇西作战历时17个月，中国军队伤亡6.7万余人，歼灭日军4.8万余人，日军精锐第18师团等遭到痛歼，几近覆灭。缅北、滇西反攻作战牵制和消灭了日军在该区域的主要兵力，打通了中印公路，有力地配合了盟军在东南亚地区和太平洋海域的反攻，创造了中、英、美盟军协同作战的成功战例。

1944年是二次世界大战转折的关键之年。在西方，德国在欧洲战场上遭到惨重失败。6月，英美联军约200万人在法国北部的诺曼底半岛登陆，在欧洲开辟了第二战场，并迅速向德国推进。苏联红军也对德军开展了大规模进攻，东欧各国在苏军的支持下，从德国法西斯铁蹄下解放了自己的国家，欧洲反法西斯战争临近最后阶段。在东方，1944年10月，美军在菲律宾发动莱特战役，日本大本营孤注一掷，投入全部海军力量进行最后决战。在作战中，日本海军联合舰队主力损失殆尽。美军攻占了吕宋岛，控制了菲律宾，切断了日本本土与南方战线的联系。到1945年5月，美军相继攻占了马尼拉、硫磺岛、冲绳岛，战争已推进到了日本本土。在这个阶段的作战中，日本大量使用“神风特攻队”自杀式飞机炸弹攻击。自杀式飞机多由轻型轰炸机或战斗机改装，装载大量炸药，由受过简单训练的日军驾驶撞击美军军事目标，与其同归于尽。在莱特战役和冲绳战役等作战中，日军飞机出

---

① 何理:《中国人民抗日战争史》，上海人民出版社，2005年，第337—338页。

击数千次，给美军造成重大损失。“神风特攻队”的作战方式充分暴露了日本军国主义的灭绝人性的疯狂性，也预示着日本法西斯进入了最后的垂死挣扎。

1945 年 2 月，美、英、苏三国首脑罗斯福、丘吉尔、斯大林在苏联的克里米亚半岛举行了雅尔塔会议，重点讨论确定欧洲战后安排问题。会议签署了《雅尔塔协定》，通过了《关于被解放的欧洲的宣言》和《克里米亚宣言》等文件，明确了对德作战和占领方式、惩办战犯和战争赔偿、在战后成立联合国等问题。会议同意在欧洲战争结束后三个月内苏联对日宣战。苏联同意对日作战是有附加条件的，如维持蒙古国的现状，库页岛南部及邻近岛屿交还苏联，大连商港国际化，苏联租用旅顺港作为海军基地，苏中共同经营中东铁路和南满铁路，千岛群岛交予苏联。由于雅尔塔会议没有邀请中国参加，但协议含有涉及中国利益的条款，协议明确有关蒙古国及上述港口铁路的协定，尚须征得中国的同意。1945 年 5 月，德国无条件投降。至此，欧洲战争结束，盟军作战重心迅即东移，全力对付日本法西斯。

1945 年 6 月，来自 50 个国家的代表在美国旧金山签署了《联合国宪章》。《联合国宪章》是联合国的基本法，它既确立了联合国的宗旨、原则和组织机构设置，又规定了成员国的责任、权利和义务，以及处理国际关系、维护世界和平与安全的基本原则和方法。宪章规定，联合国的宗旨是“维护国际和平及安全”、“制止侵略行为”、“发展国家间以尊重各国人民平等权利自决原则为基础的友好关系”以及“促成国际合作”等；它还规定联合国及其成员国应遵循各国主权平等、各国以和平方式解决国际争端、在国际关系中不使用武力或武力威胁以及联合国不得干涉各国内政等原则。中、美、苏、英、法成为联合国安理会常任理事国。

1945 年 7 月 26 日，美、英、中三国共同发表《波茨坦公告》。公告主要内容有：盟国将给予日本以最后打击，直至其停止抵抗；日本政府应立即宣布所有武装部队无条件投降；重申《开罗宣言》的条件必须实施，日本投降后，其主权只限于本州、北海道、九州、四国及由盟国指定的岛屿，军队完全解除武装，战犯交付审判；日本政府必须尊重人权，保障宗教、言论和思想自由，不得保有可供重新武装作战的工业，但容许保持其经济所需和能偿付赔款之工业，准其获得原料和资源，参加国际贸易。在上述目的达到、成立和平责任政府后，盟国占领军立即撤退。1945 年 8 月 6 日和 9 日，美军分别在日本广岛、长崎投下原子弹。苏联红军也根据《雅尔塔协定》，在 8 月 8 日对日宣战，发动八月风暴行动，出兵中国东北。8 月 9 日，中共中央主席毛泽东发表《对日寇的最后一战》声明，号召中国一切抗日力量立即举行全国规模的大反攻，与盟国一起对日本进行最后的决战。

1945 年 8 月 15 日，日本裕仁天皇通过广播发表《终战诏书》，宣布无条件投降，日本照会中、苏、美、英四国，表示接受《波茨坦公告》。1945 年 9 月 2 日，日本外相重光葵在美国军舰密苏里号上正式签署投降书。1945 年 9 月 9 日，南京中央陆军军官学校大礼堂举行第二次世界大战中国战区受降仪式，日本驻中国侵略军总司令冈村宁次代表日本大本营在投降书上签字，标志着中国抗日战争暨世界反法西斯战争取得最后胜利。1945 年 10 月 25 日，中国战区台湾省日军投降仪式在台北举行，中国正式收复被日本殖民统治达 50 年之久的宝岛台湾。

自鸦片战争以来，中国人民为了反对外国列强的侵略压迫，争取国家独立和民族解放，进行了一个多世纪的斗争，在历次抵御外敌入侵中，中国屡战屡败，割地赔款，倍受欺辱。抗日战争是近代中国人民第一次取得反对外国侵略战争的完全胜利，中国人民经过 14 年浴血奋战，付出了巨大牺牲，终于取得了抗日战争的伟大胜利。抗日战争是中华民族在近代从低谷走向崛起的转换枢纽。为纪念艰苦卓绝的抗日战争，9 月 3 日被定为中国人民抗日战争胜利纪念日。

三、中华民族的新生

抗战胜利后，关于中国的未来和发展方向，国共两党发生了严重分歧，并很快演变为内战。中共提出“建立民主联合政府，争取人民自由”的政治要求，而国民党对此坚决反对，其他党派也提出了和平建国、政治民主、经济自由等主张。概括而言，和平、民主成为二战后中国政治的关键词。在国共两党领导人在重庆谈判期间，有报刊发表了毛泽东的一首气势磅礴的诗。这首名为《沁园春・雪》的诗轰动了重庆，其中最后一句为“数风流人物，还看今朝”。毛泽东解释说，这个风流人物就是人民。共产党让人民当家做主的主张使数千年来一直处在社会底层的普通百姓第一次看到了翻身解放的希望，第一次有了自己成为国家主人的愿望。当人们看到，在解放战争中，数百万的普通农民，推着小车，挑起担子，冒着炮火硝烟和生命危险，组成数十公里的长龙，为前线作战的解放军运送补给时，当无数市民拥挤在街道两旁，热烈欢迎解放军进城时，国共关于中国未来和发展道路之争的结局其实已经注定。

1. 国共决战——中国人民站起来了

抗战胜利前夕，中国国民党第六次全国代表大会和中国共产党第七次全国代表大会几乎同时召开，制订并宣告了各自关于中国未来前途和命运的纲领，实际上成为国共两党关于两个不同的中国前途的政治宣言书。中共七大在 1945 年 4 月 23 日至 6 月 11 日召开。毛泽东在中共七大上做了题为《论联合政府》的报告，提出抗战胜利后，要废止国民党一党专政，建立民主的联合政府，争取人民的自由，团结知识分子，争取少数民族的解放，建立和平、独立、民主的外交等。国民党第六次全会则是在 5 月 5 日至 21 日召开。国民党认为，毛泽东提出的"民主联合政府"是对国民党一党专政提出挑战。国民党做出了强烈的反应，坚决拒绝中共建立联合政府的建议。蒋介石在政治总报告中说："今天的中心工作在于消灭共产党！日本是我们外部的敌人，中共是我们国内的敌人！"

抗日战争胜利后，蒋介石达到了他一生中最辉煌的顶点。他不仅得到了美国、英国的支持，苏联也与他签订了《中苏友好同盟条约》。但是，蒋介石在接受日军投降、收复敌占区时在区位方面不占优势。国民党的精锐部队远在中缅边境和云南、四川大后方，要想将如此之多的军队和政府官员运送到东部沿海地区的各个城市，以当时的交通条件和运输能力，在短时间内是做不到的。而共产党的军队长期在敌后开展游击战争，主力部队靠近敌占区或就嵌入在敌占区，迈开双腿就能到达沦陷区。1945 年 8 月 10 日至 11 日，中国共产党延安总部向八路军、新四军、华南游击队连续发布 7 道反攻命令，限令日伪向中共武装缴械投降。毛泽东在起草的《中央关于日本投降后我党任务的决定》中说："目前阶段，应集中主要力量迫使敌伪向我投降，不投降者，按具体情况发动进攻，逐一消灭之，猛力扩大解放区，占领一切可能与必须占领的大小城市与交通要道，夺取武器与资源，并放手武装基本群众。不应稍有犹豫。"① 远在重庆的蒋介石在 8 月 11 日也连发 3 道命令，一是要国民党各战区部队"加紧作战努力，一切依照既定军事计划与命令积极推进，勿稍松懈"。二是命令沦陷区伪军"维持治安，保护人民。非经蒋委员长许可，不得擅自迁移驻地"。三是特地命令八路军"所属部队，应在原地驻防待命。政府对于敌军之缴械、敌俘之收容、伪军之处理及收复地区

① 《中共中央文件选集》，第 15 册，中共中央党校出版社，1991 年，第 228 页。

秩序之恢复，均已统筹决定，分令实施。为维护国家命令之尊严，恪守盟邦协议之规定，各部队均勿再擅自行动”。与此同时，他命令国民党军队加紧推进，抢占战略要地和交通线。

为了解决国共间的分歧，中国共产党和国民党在重庆进行了一次历史性会谈。从 1945 年 8 月 29 日至 10 月 10 日，国共双方经过 43 天谈判，达成《政府与中共代表会谈纪要》，即《双十协定》。国民党政府接受中共提出的和平建国基本方针。双方协议“必须共同努力，以和平、民主、团结、统一为基础，长期合作，坚决避免内战，建设独立、自由和富强的新中国”。双方还确定召开各党派代表及无党派人士参加的政治协商会议，共商和平建国大计。此外，谈判还达成迅速结束国民党的“训政”、实现政治民主化、党派平等合法、释放政治犯等协议。①

《双十协定》很快就被蒋介石撕毁。1946 年 6 月，国民党发动了对中原解放区的围攻，随后向晋南、苏北、皖北、鲁西南、胶东、冀东、绥东、察南、热河、辽南等地相继发动全线进攻，国共内战全面爆发。从 1946 年 6 月至 1947 年 6 月，国民党依靠优势兵力对共产党解放区展开了全面进攻，总共攻占了解放区 80 多座城市。由于占领和守卫这些城市之后兵力分散，从 1946 年 10 月以后，国民党军由全面进攻转入重点进攻。进攻的重点有两个：一个是山东解放区，另一个是陕甘宁解放区。② 1946 年年底，中国国民党撮合中国民主社会党与中国青年党两个小党召开了国民大会，制定“中华民国宪法”，并选举民国总统。中共、民主同盟和其他无党派民主人士均拒绝参会，参加“国大”的政治派别和个人被国人讥讽为“落水”“堕入妓院的火坑”，国民党在全国人民中陷于空前的孤立。1947 年 6 月起，刘伯承、邓小平率领大军强渡黄河，千里挺进大别山，直接威胁国民政府的统治中心南京和武汉；陈毅、粟裕领导下的华东野战军挺进豫皖苏；陈赓、谢富治兵团挺进豫西。三路大军，互相策应，在黄河与长江之间的广大地区形成了一个“品”字形的战略态势，使中原地区从国民党军队进攻解放区的重要后方变成了解放军夺取全国胜利的前进基地。这是一个对战争发展具有重大战略意义的转变，它带动了中共在各个战场的战略反攻，整个战争格局从此发生根本性变化。自 1947 年 7 月到 1948 年 6 月，即在人民解放战争第二个年度内，

① 《重庆谈判资料》，四川人民出版社，1980 年，第 160 页。

② 廖盖隆：《全国解放战争简史》，上海人民出版社，1984 年，第 80 页。

人民解放军不但收复了绝大部分的失地，而且把战线推进到了长江和渭水以北的国民党统治区。1947 年 10 月 10 日，中共中央以“中国人民解放军”名义发表宣言，提出了“打倒蒋介石，解放全中国”的口号。

从 1948 年 9 月起，中共先后发起了辽沈战役、淮海战役和平津战役等三大战役，国共两党进入战略决战阶段。林彪、罗荣桓指挥的东北野战军，在 1948 年 9 月 12 日发起了辽沈战役，历时 52 天，共歼灭国民党军 47 万余人，东北全境获得解放。淮海战役于 1948 年 11 月 6 日发起，人民解放军华东、中原两大野战军经 66 天紧张艰苦的战斗，歼灭国民党军 55.5 万人，使长江以北的华东、中原地区基本上获得解放。平津战役在 1948 年 11 月 29 日发起，在张家口、天津等地守敌相继被迅速全歼之后，北平傅作义率部 25 万人，接受人民解放军所提出的和平条款而和平改编，北平和平解放。平津战役历时 64 天，华北杨成武部和林彪的第四野战军歼灭和改编国民党军队 52 万余人，华北地区除太原、大同、新乡等少数据点及绥远西部外，全部获得解放。

1949 年 4 月 21 日，中国人民解放军发起渡江战役，在东起江阴、西至湖口的千里战线上强渡长江，击溃沿江防御的国民党军，先后占领南京、苏南、浙东、闽北、赣东北广大地区及杭州、南昌、武汉、上海等城市。至 10 月下旬解放了除金门、马祖等岛屿以外的福建全省。渡江战役后，各野战军立即按照中央军委的既定部署，分别向中南、西北、西南、东南地区进军。12 月 10 日，蒋介石仓皇逃离成都，前往台北。1950 年 2 月 20 日解放军进驻昆明，并相继解放四川、贵州、云南、西康等省。至此，解放战争的大规模作战行动结束。

旧中国是一个政治经济发展极不平衡的半殖民地半封建的国家。毛泽东早在 1936 年所著的《中国革命战争的战略问题》一文中，就对中国国情做了极其深刻的分析。毛泽东指出：“中国政治经济发展不平衡——微弱的资本主义经济和严重的半封建经济同时存在，近代式的若干工商业都市和停滞着的广大农村同时存在，几百万产业工人和几万万旧制度统治下的农民和手工业工人同时存在，管理中央政府的大军阀和管理各省的小军阀同时存在，反动军队中有隶属蒋介石的所谓中央军和隶属各省军阀的所谓杂牌军，这样两部分军队同时存在，若干的铁路航路汽车路和普遍的独轮车路、只能用脚走的路和用脚还不好走的路同时存在。”他又说：“中国是一个半殖民地国家——帝国主义的不统一，影响到中国统治集团间的不统一。数国支配的半殖民地国家和一国支配的殖民地是有区别的。”①在这样一个国家进行革命和建设，没有先例可循。以毛泽东为杰出代表的中国共产党人，从中国的实际情况出发，深刻地研究了中国革命的特点和规律，将马克思列宁主义的民主革命思想和中国实际相结合，创造性地提出和发展了新民主主义革命的理论。这些理论主要包括：民主革命的性质和任务问题；在民主革命中无产阶级的领导权问题；农民同盟军和土地革命问题；无产阶级领导的、以工农联盟为基础的广泛的民主革命统一战线问题；长期的武装斗争和以农村包围城市、武装夺取全国政权的革命道路问题；对敌斗争的战略策略问题；实现民主革命到社会主义革命的转变问题以及党的建设问题等。新民主主义革命是在无产阶级领导之下的人民大众的反帝反封建的革命。中国共产党在新民主主义革命阶段的主要任务是：消除内乱，打倒军阀，实现国内和平；推翻帝国主义压迫，达到中华民族完全独立；建立统一的、真正的民主共和国。在新民主主义革命理论的指导下，中国人民取得了新民主主义革命的胜利。

土地政策是中国革命和建设中的重大问题。旧中国的土地制度具有封建半封建性质，占乡村人口不到百分之十的地主和富农，占有约百分之七八十的土地，残酷地剥削农民。雇农、贫农、中农及其他农民终年劳动，还不得温饱，这是旧中国的主要经济基础。封建半封建土地制度的束缚，是近代中国穷困和落后的重要根源，也是中国实现工业化、独立统一和富强民主的主要障碍。毛泽东曾指出：“中国的革命实质上是农民革命。”②“土地制度的彻底改革，是现阶段中国革命的一项基本任务。如果我们能够普遍地彻底地解决土地问题，我们就获得了足以战胜一切敌人的最基本的条件。”③在抗日战争时期，为了和国民党建立抗日民族统一战线和团结一切可以团结的力量共同抗日，中国共产党曾将抗日战争以前没收地主土地的政策，主动地改变为减租减息的政策。在抗日战争胜利以后，中国共产党根据农民希望取得土地的迫切愿望，于 1946 年 5 月 4 日发出指示，决定改变土地政策，将减租减息的政策改为没收地主的土地分配给农民，为实现耕者有其田的土地革命指明了方向。自此以后，解放区农民从地主手中取得土地的运动

① 《毛泽东选集》第一卷，人民出版社，1966 年，第 172—173 页。

② 毛泽东：《新民主主义论》，载《毛泽东选集》第二卷，人民出版社，1966 年，第 652 页。

③ 毛泽东：《目前的形势和我们的任务》，载《毛泽东选集》第四卷，人民出版社，1966 年，第 1196 页。

迅速发展。特别是在1947年10月10日《中国土地法大纲》颁布实施之后的一年中，解放区约有1亿农民获得了土地①。中共的土地政策，激励了广大农民积极支援前线，参加解放军，为保卫土地、推翻国民党政权而英勇作战。

统一战线是中国革命取得胜利的重要法宝。毛泽东在总结中国共产党领导革命取得胜利的经验时曾经指出："我们有许多宝贵的经验。一个有纪律的，有马克思列宁主义的理论武装的，采取自我批评方法的，联系人民群众的党。一个由这样的党领导的军队。一个由这样的党领导的各革命阶级各革命派别的统一战线。这三件是我们战胜敌人的主要武器。"②在抗日战争中，中国共产党推动建立了广泛的抗日民族统一战线，最终战胜了日本帝国主义。在全面内战爆发前夕，面临国共尖锐对立的严峻形势，中国民主同盟发表《在抗战胜利声中的紧急呼吁》，提出"民主统一，和平建国"的口号。民盟试图在国共两个对立营垒之间寻找一条"中间道路"，即所谓"第三条道路"。然而，国民党把民主同盟视为"国家之叛徒""人类之蟊贼"。1947年下半年，在人民解放军转入进攻后，国民党政府下令解散中国民主同盟，"第三条道路"破产。此后，民盟转向和中共及其他民主党派携手合作，主张采取革命方法，反对国民党统治和美国的对华政策。1948年年初，国民党的几个民主派组织，包括国民党民主促进会、三民主义同志联合会及国民党的其他爱国民主分子，在香港联合组成中国国民党革命委员会，并发表宣言，主张联合中共及其他民主党派，推翻蒋介石独裁政权，反对美国武装干涉中国内政。同一时期，代表国民党统治区民族工商业及金融业的民主建国会，对与中共的合作也采取了积极的政治态度。在人民解放军开始战略反攻的过程中，1948年4月30日，中共中央发布纪念"五一"国际劳动节的口号，其中第五项号召各民主党派、人民团体及社会贤达迅速召开政治协商会议，讨论并召开人民代表大会，成立民主联合政府。中国共产党的这个主张迅速获得全国人民的拥护。中国国民党革命委员会、中国民主同盟、中国民主促进会、中国致公党、中国农工民主党、中国人民救国会、三民主义同志联合会等民主党派和其他民主人士，纷纷发出通电，拥护召开政治协商会议，并陆续向解放区集中。1949年9月正式召开的中国人民政治协商会议，成为

① 廖盖隆：《全国解放战争简史》，上海人民出版社，1984年，第107页。
② 毛泽东：《论人民民主专政》，载《毛泽东选集》第四卷，人民出版社，1966年，第1417页。

中国人民大团结及中国人民民主统一战线新的组织形式。1949 年 10 月 1 日，中国共产党中央委员会主席、中华人民共和国中央人民政府主席毛泽东向全世界庄严宣告："中华人民共和国中央人民政府已于本日成立了。"中华人民共和国中央人民政府集中了各民主党派、各人民团体、国内各民族、国外华侨及其他爱国民主分子的代表人物，是一个工人阶级领导的、以工农联盟为基础的、团结各民主党派的人民民主联合政府。中华人民共和国的成立，解决了中国过去日趋严重的、长达一世纪之久的混乱，孙中山曾经称之为"一盘散沙"的中国，被迅速凝聚成一个具有强烈民族意识的、强大的现代民族国家。[①] 向来被压迫、被剥削的劳动人民，变成了中国社会的主人，中国人民从此站起来了。

为了从近代衰落中重新站起来，中国付出了巨大的努力与代价。为抗击日本的侵略，中国牺牲了 3500 多万军民。在之后的解放战争中，国共双方死伤共计 320 多万人。1947 年 12 月下旬，当第二次国共内战正酣时，毛泽东在陕北杨家沟做了一个题为《目前的形势和我们的任务》的报告。毛泽东认为，随着人民解放军结束战略防御，转入战略进攻，自鸦片战争以来，西方列强支配中国命运的局面将在中国被终结。西方势力或通过直接武装入侵，或以援助式控制，从英法联军入侵、八国联军入侵，到列强控制北洋军阀，直到日寇入侵，帝国主义列强一直在支配着近代中国的命运。在渡江战役中，面对拒不按时撤出长江、仍然自我感觉良好的英帝国军舰，解放军随即与之展开了长江炮战。要知道在此之前，作为租界特权的延伸，西方舰船在中国内河几乎畅行无阻。在这次长江炮战中，英国主战军舰及赶来援助的英舰均被解放军岸上炮兵重创，滞留长江，进退不得，最终狼狈地趁着黑夜逃出中国江面。该事件成了西方势力被驱逐出中国的一个标志事件，西方在中国横行霸道、左右中国政局和走向的时代结束了，中国再也不必被动地接受他人意志的安排。

中华民族站起来后要能屹立在世界东方，还要解决很多国内外问题。新中国成立后宣布废除 19 世纪以来对外签订的不平等条约，这些条约是帝国主义列强用炮舰强加给旧中国的，是近代中国屈辱的印记，是共产党和新中国不能接受的。按毛泽东的话，新中国要"打扫干净屋子再请客"，也就是

---

① 莫里所·梅里纳：《毛泽东的中国及其发展》，载《中华人民共和国史》，社会科学文献出版社，1992 年，第 67—68 页。

说，中国要先清除帝国主义、殖民主义和旧社会的残余影响，才能与这些西方国家建立外交关系。可是，这屋子有许多陈年污垢顽渍，一时很难打扫干净。美、苏是当时世界上最强大的国家，但在过去的100年间，沙俄通过一系列不平等条约夺取了中国北方大片领土，而且他们声称《雅尔塔协定》涉及中国领土主权的要求继续有效。至于美国，在近代通过“门户开放、利益均沾”政策在中国攫取殖民利益。在二战期间，中、美、苏是盟友，在东方战场上共同抗击日本侵略；在二战结束后，世界很快陷入了以美、苏为首的东西方两大阵营的冷战中。冷战不仅深刻影响着国际关系的发展，也对中国的发展产生了广泛而深刻的影响。中国虽不像东欧、西欧国家那样处在冷战的核心地带，但也不像很多第三世界国家那样处于冷战的边缘地带，冷战从来不是中国的诉求，但美、苏两个大国在亚洲的冷战却是围绕中国及其周边地区展开的。从某种意义上说，新中国是在冷战的环境中诞生、成长、壮大起来的。在中国的解放战争中，美国支持的是国民党和蒋介石；新中国成立后，中美存在意识形态的对立，分属于冷战中对立的两个阵营。从新中国成立至1950年春，在继苏联和东欧国家之后，英国、印度等十几个国家相继承认了中华人民共和国，但美国不仅自己顽固坚持拒不承认新中国的政策，而且要求其盟国在承认问题上同美国保持共同的立场。

新中国建立之初，西藏、新疆、内蒙古以及与缅甸接壤的一些地区还没有解放。新中国对于自古以来属于中国的领土，如台湾、西藏、新疆、内蒙古、喜马拉雅山脉的边境地区和北方地区，寸土不让，而且雷厉风行地解决了新疆、内蒙古等问题。正当中国着手收复台湾之时，发生了一件让中国始料不及的事，朝鲜战争爆发了！美国把朝鲜战争视为东方社会主义阵营向西方资本主义阵营的军事进攻，迅速把第七舰队派往台湾海峡，阻止中共解放台湾，同时决定出兵朝鲜。由于朝鲜半岛在地缘政治中的敏感性，新中国刚成立，马上面临严峻考验。

2. 亚太烽火——重振雄风突出重围

1950年，在世界历史进程中发生了对此后国际格局产生重大影响的两个事件：一是毛泽东对莫斯科进行了长达两个月的访问，新中国和苏联结成战略同盟，并于2月14日签订了《中苏友好同盟互助条约》；二是朝鲜半岛在6月25日爆发了大规模内战，朝鲜战争最终演变成中国与美国的战争，尽管美国的军事干涉行动打着联合国军的旗号，而中国也与苏联和朝鲜结成了联盟，但美国和中国在战争中占据着主导地位。朝鲜战争是中美关系史上的一个重大事件，在很大程度上它直接导致了中美两国长达20多年的对立。特别是美国对台湾政策的转变，使中美关系问题更加复杂化。时至今日，台湾问题仍然是影响中美关系健康稳定发展的一大障碍。

甲午战争后，日本全面控制了朝鲜。1910年日本与朝鲜（当时称大韩帝国）签订了《日韩合并条约》，朝鲜被并入日本，彻底丧失了独立和主权。朝鲜独立运动领导人流亡到中国并成立了“大韩民国临时政府”，组建“大韩光复军”和“朝鲜义勇队”，反抗日本霸占朝鲜。临时政府获得了当时孙中山领导的中华民国护法军政府以及法国、波兰等国的承认。日本无条件投降后，根据雅尔塔会议的安排，朝鲜半岛以北纬38度线为界被划分为南北两块势力范围，分别由美、苏占领。在美、苏的分别支持下，朝鲜南方于1948年8月成立大韩民国（简称韩国），北方于1948年9月成立朝鲜民主主义人民共和国（简称朝鲜）。

1949年6月，作为占领国的美、苏两国已分别从朝鲜半岛撤出。朝鲜南北双方对南北分裂分治都心有不甘，北方的领导人金日成和南方的统治者李承晚都声称对面是自己国家的一部分，南北分界线上冲突不断。1950年6月25日，朝鲜半岛三八线上突然炮火连天，朝鲜战争爆发了。当时，东西方阵营在欧洲大陆已经拉开冷战序幕，美国推出了“杜鲁门主义”来遏制共产主义运动在欧洲及世界其他地方传播蔓延。朝鲜的这次进攻，被美国视为东方阵营在亚洲对西方阵营的进攻，其目的在于消除东北亚大陆上保存的最后一个反共桥头堡，削弱美国和西方在整个远东的地位①。美国对此做出了强烈的反应。6月26日，美国总统杜鲁门命令驻日本的美国远东空军协助韩国作战，6月27日再度命令美国第七舰队驶入基隆、高雄两个港口，封锁台湾海峡，阻止中国人民解放军渡海进攻台湾，统一中国。美国驻联合国代表向安理会递交了朝鲜问题提案，要求授权组成联合国军队帮助韩国抵抗朝鲜军队的入侵。在苏联代表因抗议联合国拒绝接纳中华人民共和国为新成员国而自1950年1月起缺席会议的情况下，会议以13对1（南斯拉夫投了反对票）的表决结果通过了美国提案，要求各会员国在军事上给韩国以“必要的援助”。组建的联合国军以美军为主力，其他15个国家也派出了少量军队参战。英国、土耳其、加拿大、泰国、新西兰、澳大利亚、荷兰、法国、菲律宾、希腊、比利时、哥伦比亚、埃塞俄比亚、卢森堡、南非等国参

① 赵学功：《朝鲜战争中的美国与中国》，山西高校联合出版社，1995年，第44页。

战部队与韩国军队均归驻日的联合国军指挥，麦克阿瑟上将被任命为联合国军司令。7月5日美军第一支特遣队发动了对朝鲜人民军的第一场战役。

任何研究政治和军事的专家都不会想到，刚打完内战，喘息未定，主要靠缴获国民党的武器来装备自己的中国军队居然敢和一支有核武器撑腰的现代化军队作战，而且这支军队还打着联合国的名义。美国与当时一些参战国家大都是基于这种判断出兵朝鲜的。美国或许是因为过于傲慢自大，或许是因为健忘，忽视了对于中国而言，朝鲜就如同中国东北的门户。当年日本就是以朝鲜问题为由发动了甲午战争，攫取了朝鲜之后以朝鲜为跳板，侵占中国东北进而全面侵略中国的。朝鲜战争爆发时，中国正在为统一国家而准备最后一战，即解放台湾，并为此在中国东南部的福建省集结了重兵。美国在此前的许多声明中都表示不会插手干预中国的统一问题。虽然没有证据表明华盛顿想扩大战争，但当美国太平洋舰队实行所谓的台湾海峡"中立化"时，事实上构成了对中国解放台湾的军事干预。不管美国做出这个决定时是否意识到这一点，实际上美国这种做法是在扩大战争，它已经把这场战争变成了与中国的对抗。[①] 再者，美国在中国的解放战争中站在国民党一方，此时若美国控制朝鲜，美军大兵涌到鸭绿江边，对刚刚成立的新中国而言，将面临两线作战的危险，这在战略上将是灾难性的，是难以接受的。正如后来美国参谋长联席会议主席、五星上将奥马尔·纳尔逊·布莱德雷在国会就朝鲜战争有关问题作证时说："坦白地说，从参谋长联席会议观点来看，我们的策略让我们在错误的地点、错误的时间，与错误的敌人进行错误的战争。"

1950年9月15日，美军第10军于朝鲜半岛南部西海岸仁川登陆，朝鲜人民军腹背受敌，损失严重，转入溃退。1950年9月30日，周恩来发表讲话，警告美国："中国人民决不能容忍外国的侵略，也不能听任帝国主义者对自己的邻人肆行侵略而置之不理。"但是麦克阿瑟认定中国不敢出兵与美国对抗，不顾中国政府的多次警告，在1950年10月1日，美军越过北纬38度线（简称"三八线"）。这一天正是新中国成立一周年。10月19日美军占领平壤，之后迅速向北推进，将战火烧到鸭绿江边。美国飞机多次侵入中国领空，直接威胁到新中国的国家安全。

---

① 基辛格：《论中国》，中信出版社，2012年，第121页。

1950年10月8日,朝鲜政府请求中国出兵援助。中国根据朝鲜政府的请求,做出了“抗美援朝、保家卫国”的重大决策。毛泽东发布命令,由东北边防军组成中国人民志愿军,任命彭德怀为司令员兼政治委员,命令志愿军“迅即向朝鲜境内出动,协同朝鲜同志向侵略者作战并争取光荣的胜利”。1950年10月19日,志愿军第一批入朝参战部队,在没有空军掩护的情况下,跨过鸭绿江,进入朝鲜境内,与朝鲜人民军并肩抗击侵略者。1950年10月25日,志愿军打响入朝后的第一仗,拉开了伟大的抗美援朝战争的帷幕。这一天后来被定为中国人民志愿军抗美援朝纪念日。

志愿军入朝后先后发动了五次大的战役,最后将战线稳定在“三八线”附近地区。美国政府由于军事失败和国内国际压力,不得不从1951年7月开始同朝中方面在开城进行停战谈判,后来改在板门店举行。到1953年7月27日《朝鲜停战协定》签订,谈判历时2年零17天。谈判时断时续,整个过程交织着战场的战斗和谈判桌前的唇枪舌剑。其间,美军先后发动了“夏季攻势”“秋季攻势”,企图通过战场上的胜利获得谈判上的优势。1952年10月,美国片面中断谈判,向上甘岭阵地发起大规模进攻,但又以惨痛失败而告终。谈判接近达成协议时,美国又在战俘问题上进行破坏和拖延,搞所谓“自愿遣返”。1953年3月30日,中国总理周恩来提出遣返战俘的新建议,使已经中断6个月的谈判正式复会。1953年7月27日上午10时,交战双方在板门店签订了《朝鲜停战协定》,从7月27日晚10时起,一切敌对军事行动完全停止。

自1840年鸦片战争以来,中国在与西方列强(包括日本)的战争中屡次陷入惨败或极其被动的局面,朝鲜战争的结果使中国人的自信心大大增强。中国人民志愿军司令员彭德怀曾指出:“西方侵略者几百年来只要在东方一个海岸上架起几尊大炮,就可霸占一个国家的时代,一去不复返了。”

1958年2月19日,中朝两国政府发表关于中国人民志愿军年内全部撤出朝鲜的联合声明。2月20日,中国人民志愿军总部发表声明,决定志愿军于1958年年底以前分批全部撤出朝鲜。1961年7月11日,周恩来和金日成在北京签署《中朝友好合作互助条约》。这个条约的核心是军事互助。条约规定:缔约双方保证共同采取一切措施,防止任何国家对缔约双方的任何一方的侵略。一旦缔约一方受到任何一个国家或者几个国家联合的武装进攻,因而处于战争状态时,缔约另一方应立即尽其全力给予军事及其他援助。9月10日,《中朝友好合作互助条约》正式生效。

朝鲜战争是冷战中东西方阵营的第一次大规模热战，交战双方都付出了极大的代价。朝鲜战争对于中国的影响广泛而深远。新中国在成立之初再次经受了一场战争的严峻考验，其国际地位和声望空前提高，华盛顿和莫斯科都感受到了新中国的分量。美国在朝鲜战争后，对亚太战略进行调整，采取了扶植日本、支持法国在印度支那的殖民战争、组建亚太军事体系等手段，扩张美国在远东的势力范围，拼凑对中国的包围圈，鼓动 50 多个国家对中国实行封锁和孤立政策，切断了中国同西方的对外经济联系。① 在朝鲜战争期间的 1951 年 9 月，美国在旧金山召开对日和会，在美、英的操纵下，签署了片面的《对日和约》。和约规定：日本承认朝鲜独立，日本放弃对中国台湾及澎湖列岛、千岛群岛及南库页岛的权利，但是只字未提它们的地位。《对日和约》签订的当天，美国与日本签署了《美日安全条约》。条约规定美国享有在日本国内及周围驻扎美国陆、空、海军之权利，以维持远东的国际和平与安全及日本免受外来武装进攻之安全。日本成为美国在远东的军事基地。1954 年，美国与韩国签订了《美韩共同防御条约》，与台湾当局签订了"美台共同防御条约"，力图拼凑"东北亚防御联盟"。同年，美、英、法、澳、新 5 个西方国家同菲律宾、泰国、巴基斯坦一起，在菲律宾首都马尼拉签订了《东南亚集体防御条约》，组建起"东南亚防务集团"。美国将其在太平洋的同盟体系从东北亚扩大到了东南亚。②

朝鲜战争后，中美两国变成了相互敌对的国家。加上后来发生的台海危机，敌意的政策使两国的关系中断了 20 多年。在此期间，双方长达 15 年(1955—1970 年)的会谈和磋商只是各说各话：中国想要解决台湾问题及要回被美国冻结的资产；美国想要中国放弃武力统一台湾并加入限制武器的谈判。136 次会谈只达成了一个无关紧要的协议，西方媒体称之为"聋子的对话"。

冷战时期，美国在亚洲打了两场热战，一场是朝鲜战争，另一场是越南战争。美国从冷战东西方阵营对峙和争夺势力范围角度出发，把朝鲜和越南的南北统一战争视为东方阵营对西方的进攻，直接出兵干预。两场战争都在中国周边开战，都对中国周边安全环境造成严重冲击，迫使中国不得不做出相应反应。美国趾高气扬地介入了朝鲜战争，不理会中国一再发出的

① 孟志军：《对外开放的历史启示和中国道路》，光明日报出版社，2012 年，第 26 页。

② 黎家勇：《冷战时期的国际关系》，江西人民出版社，2008 年，第 85—86 页。

警告，越过三八线把战火烧到中国的鸭绿江边。同时又计划着很快结束战争，回家过圣诞节，结果被中国人民志愿军迎头痛击，被打回到三八线附近，最后不得不签订停战协定。联合国军总司令克拉克在他的回忆录中懊丧地写道："我获得了一个不值得羡慕的名声，我是美国历史上第一个在没有胜利的停战协定上签字的司令官。"

美国在亚洲的另一场战争是越南战争。越南的战略地位十分重要，如果说朝鲜半岛是中国东北的门户，那么越南无疑是中国南方的门户。中国与越南山川相连，唇齿相依，自古以来关系密切。根据越南的传说，越南最早的王朝统治者是神农氏的后代。历史上中国的岭南包括今天广东、广西、海南、越南中北部的大部分地区。从秦始皇统一岭南开始到宋朝之间近1200多年时间里，越南的北部地区一直属于中国的版图。在宋代之后的900多年时间里，越南一直是中国的藩属国。在15世纪明朝永乐年间，中国还曾短暂地对越南进行直接统治，设置了交趾承宣布政使司，但很快就爆发了起义，越南在承诺维持与明朝的宗藩关系之后，恢复了独立。到清朝嘉庆年间，清朝赐其国号"越南"，并册封了"越南国王"，这也是越南国名的由来。1858年法国发动了对越南的殖民侵略战争，越南逐步沦为殖民地半殖民地社会。1883年12月至1885年4月，由于法国侵略越南并进而侵犯中国，引发了中法战争，双方互有胜负。1885年清政府与法国签订《中法新条约》，放弃了对越南的宗主权，越南沦为法国殖民地。此外，柬埔寨和老挝也相继沦为法国的"被保护国"。法国将越南、老挝、柬埔寨拼合在一起，建立了法属"印度支那联邦"，以西贡及河内为中心，由法国总督独揽一切军政大权。[①] 二战期间，日本占领越南。二战后的1945年9月，胡志明领导的越盟（即后来的越南共产党）在越南北方发表《独立宣言》，宣布成立越南民主共和国。同月，曾在二战中是德国法西斯扩张受害者的法国卷土重来，试图重新控制这一地区。法军重新占领了西贡，控制了北纬16度线以南地区，并侵占了越北莱州等地，越南人民又开始了历时8年的抗法战争。中国与越南于1950年1月建交后，向越南提供了大量人力、物力和财力的无偿援助。1954年5月，越南取得"奠边府大捷"。1954年7月，有关结束越南、老挝、柬埔寨战争的印度支那问题的《日内瓦协议》签署。《日内瓦协议》承认越南的独立，规定以北纬17度线为界，作为临时军事分界线实现和平，但这

① 古小松：《越南国情与中越关系》，世界知识出版社，2007年，第27—41页。

条分界线之后变成了一条国界线，越南被人为地分割开来，形成了长达20年的南北分裂状态。法国撤出越南后，美国填补了法国留下的空缺，《日内瓦协议》签订后一个月，美国就向南越派去大量军事人员，并将其驻印度支那地区的军事顾问团改为驻南越军事援助顾问团。1955年10月，吴庭艳在美国的支持下，建立了越南共和国(即“南越”)，自己当了总统。从1955年到1975年的20年间，越南南方政权自始至终受到美国的直接支持，得到美国的巨额军事和经济援助。1959年越南共产党中央委员会决定武装推翻越南共和国，并派遣大量军事人员前往南越，组织武装推翻南越政府。1960年南越反政府武装(越南南方民族解放阵线)成立，它实际上受越南共产党中央委员会的领导。

1961年是冷战时期特殊的年份。在欧洲，为了阻止东德人逃往西德，苏联支持东德政府在德国柏林一夜间修成了柏林墙，将东柏林与西德管辖的西柏林分割开来。在亚洲，越南民主共和国的军事力量不断向南越渗透。苏联在9月还恢复了核试验。严峻的形势使美国总统肯尼迪认为:如果美国从亚洲退让甚至撤退，就可能打乱全球局势。美国总统肯尼迪和他的顾问很快决定，要在越南问题上显示出美国的力量和对抗社会主义阵营的决心。为了帮助越南共和国总统吴庭艳政府，美国总统肯尼迪派遣一支美国国防军特种部队进驻越南共和国，开启了美国国防军战斗部队进入越南的先例。这一事件也常被认为是越南战争开始的标志。越南战争爆发后，美国与韩国、菲律宾、泰国、澳大利亚、新西兰等国组成联军，介入了越南战争。为了支持越南的抗美战争，中国对越在武器弹药、军用物资、后勤供给甚至作战人员等方面提供了巨大的无偿援助。据不完全统计，到1978年3月止，中国援越物资总价值达到200多亿美元，其中绝大部分是无偿援助。在援越物资中，武器弹药和各种军用品足可装备海、陆、空三军部队200多万人，还有500万吨粮食，200多万吨汽油，3000多公里的输油管，新建和改建479公里铁路的全部铁轨、机车、车厢。①

越南战争是美国历史上持续时间最长的战争，美军伤亡惨重，而且耗费了至少2500亿美元。越南战争结束了美国战后25年的经济繁荣，使美国的经济状况急转直下，加剧了美国国内的种族问题和民生问题，使国家处于极度的分裂状态，给美国人民造成巨大的精神创伤。越战也改变了冷战的

① 古小松:《越南国情与中越关系》，世界知识出版社，2007年，第240页。

态势，美国由冷战中的强势一方变为弱势。为从越战的泥潭和困局中脱身，1973 年 1 月，越美双方在巴黎签订了《关于在越南结束战争、恢复和平的协定》，美军撤出了越南。1975 年 5 月 1 日，越南南方全境解放，7 月 21 日，越南南北实现统一。

在近代历史上，亚非地区长期遭受帝国主义、殖民主义的血腥统治和残酷压榨。亚非国家的命运，不是由它们自己而是由西方殖民者决定的。第二次世界大战结束后，国际形势发生了巨大变化。1949 年中国革命取得胜利；南亚与东南亚许多国家相继摆脱殖民枷锁赢得独立；被西方称作“黑暗大陆”的非洲，正努力冲破黎明前的黑暗。在东西方冷战不断加剧的气氛中，亚非在摆脱了欧洲老牌殖民主义国家的统治和压迫后，又成了美苏两霸争夺势力范围的竞技场。在这种情况下，捍卫国家主权独立，谋求生存和发展，反对殖民主义，反对侵略战争，维护世界和平与安全，并在此基础上促进亚非国家之间的相互了解和友好合作，就成了亚非各国人民的共同愿望和要求。在印尼总理沙斯特罗阿米佐约的首倡下，1955 年 4 月，缅甸、锡兰（今斯里兰卡）、印度、印度尼西亚和巴基斯坦 5 国发起的、29 个亚非国家参加的亚非会议在万隆开幕。中国受邀参加了这次会议，在会上周恩来总理表现了非凡的勇气、魄力和伟大政治家的气度与风范，本着求同存异的精神，表明了中国的立场和政策，既坚持了原则，又灵活协商，中国提出处理国际关系的和平共处五项原则，赢得了与会各国的广泛赞赏、尊敬和高度评价。会议公报提出的和平相处友好合作的十项原则是对和平共处五项原则的引申和发展，是对国际关系中帝国主义强权政治的有力还击，也是会议达成的最重要的成果。万隆会议所体现的亚非各国人民反对帝国主义、殖民主义、种族主义，争取和巩固民族独立，保卫世界和平，要求亚非国家之间和平相处、友好合作的精神，之后被称为“万隆精神”。万隆精神对其后的世界局势的发展产生了深远的影响。万隆会议之后，亚非的民族解放运动蓬勃发展，特别是进入 20 世纪 60 年代以后，非洲新独立的国家如潮水般涌现出来，给了帝国主义殖民体系以致命打击。亚非会议为不结盟运动的兴起做好了思想准备，亚非人民由此在两大阵营对立的国际关系格局中找到了自己的定位，成为东西两大阵营之外重要的第三极力量，推动了日益众多的亚非国家走上和平、中立和不结盟的道路。

在万隆精神的鼓舞下，1961 年 9 月，由南斯拉夫、印度、埃及、印度尼西亚、阿富汗 5 国共同发起，在南斯拉夫首都贝尔格莱德召开了第一次不结盟国家首脑会议。各国首脑一致同意以“和平、中立、不结盟”为运动宗旨，并积极推动第三世界各国的联合，为反对殖民主义、大国干涉和捍卫和平而斗争。从此，不结盟运动开始作为一个独立的政治力量出现于国际舞台上。不结盟的一个重要目的是要避开冷战的漩涡，它是中小国家决心捍卫民族独立和人民权利的产物，吸引了众多的新独立国家。[①] 不结盟运动在反对强权政治和霸权主义方面发挥了重要作用。但由于各国所处的环境、地位不同，特别是殖民主义历史上遗留下来不少问题，各国取得独立后，各种矛盾便逐渐暴露出来，有的甚至不断加剧。美、苏两国经常利用亚非国家的矛盾及历史遗留问题，分化瓦解或利用不结盟运动力量谋求自身的利益。中印边界冲突就是在这样的大环境下发生的。

1962 年发生的中印边界战争，既是印度误判形势和“前进政策”产生的结果，也是美、苏两国怂恿、利诱和支持印度挑衅中国造成的恶果。印度和中国都是亚洲大国，都有悠久的历史，在近代都是殖民主义的受害者。中印边界问题是西方殖民主义者给中印关系留下的沉重包袱。在印度处于英国殖民统治时期，在中印边界的东段，英国单方面划定了一条英属印度与西藏的边界线——麦克马洪线，将传统上西藏当局享有管辖权、税收权和放牧权的约 9 万平方公里领土都划进印度。英属印度政府把这条边界作为印中边界线。对此历届中国政府都是不予承认的。印度独立后，印度临时政府向西藏当局提出“继承并保持英国在西藏的特权和利益”备忘录，声称麦克马洪线就是中印边界线，但未获中国政府同意。中印边界西段的阿克赛钦，历来是中国的领土，受中国管辖，从印度几乎无法到达该地，印度和英国也从未对它实施过管理，但英国大部分官方地图上都将它划入英国版图。印度摆脱英国殖民统治宣布独立时，所有的印度地图都继承了麦克马洪线，也将阿克赛钦划入其中。

1951 年 2 月，印度军队趁中国在朝鲜激战无暇西顾，派兵占领了西藏地方政府管辖的达旺地区。1954 年又在侵占的“麦克马洪线”以南、传统习惯线以北 9 万平方公里的中国领土，建立起“东北边境特区”，并修正官方地图，将“麦克马洪线”一直注明的“未经标定边界”第一次改标为“已定界”。经过中国政府多方交涉，印方的军事活动有所收敛。1959 年 3 月，达赖分裂集团宣布“西藏独立”，并发动武装叛乱。同月，在人民解放军强大的政治

---

① 黎家勇:《冷战时期的国际关系》，江西人民出版社，2008 年月，第 124—130 页。

攻势和军事压力下，拉萨叛乱被平息，达赖逃到印度并成立“流亡政府”。西藏叛乱失败后，印度政府向中国政府提出交涉，对中印边界东段、中段有争议的地区提出了领土要求，甚至对中印边境西段一直在我国政府有效管辖下的阿克赛钦地区也提出了领土主张。在遭到中国政府拒绝后，印度政府一意孤行地推行“前进政策”，不断用武力改变边界状况。

在中印边界冲突过程中，美国利用中印边界矛盾，主动拉拢印度，不断加强对印度的经济援助。西方媒体制造各种舆论，一直为印度摇旗呐喊，意图把印度变成围堵、遏制中国的南亚阵地。苏联从争取不结盟运动力量的角度出发也在拉拢印度。苏联向印度出售适于在喜马拉雅山地区修筑道路的装备，用苏制运输机和直升机装备印军，以解决印度在喜马拉雅山地区的后勤力量薄弱等问题。与此同时，由于中苏关系恶化，苏联停止了对华援助，撤走专家，撕毁合同。1961 年 2 月印度科学代表团访苏，双方讨论进行核合作的可能性。1962 年 10 月初，双方签署了协定，苏联同意帮助印度发展核能，包括提供天然铀、浓缩铀、铀 235 和钚。苏印还签订了苏联向印提供米格战斗机和在印制造米格战斗机的协定。苏联在援助印度的同时，还不断向中国施压，要求中国对印度在政治上做出让步。美苏的支持和纵容，使印度更加一意孤行地推进“前进政策”的实施，激化了中印边界矛盾。

1962 年 10 月，中印边界战争爆发。在这场战争中，印军惨败。中国军队单方面宣布停火，释放全部战俘，归还所缴武器和军用物资，并主动撤退到 1959 年 11 月中印实际控制线后 20 公里脱离军事接触，希望以此展示中国的和平诚意，恢复中印两国的友好关系。中印边境自卫反击战后，中印在边界问题上虽总体保持了冷静，但中印关系却进入了冷冻期。直到 1976 年，印度才恢复向中国派驻大使。

20 世纪的中美关系总有个“第三者”，前半段是日本，后半段是苏联，与中、美构成一种“三角关系”。一战结束之后，为了争取日本参加国联，美国在巴黎和会上牺牲了中国；二战期间中美结成了盟友，联手打败了日本。新中国建立后，中苏结成同盟，共同对抗美国；20 多年后中美结成准同盟，共同制衡苏联。

中美关系的改善与冷战中美苏力量的变化及中苏关系恶化有关。在新中国成立时，中苏关系存在着友好互助的一面，但也存在矛盾和分歧。苏联在二战后继承了沙俄传统的亚太战略，即夺取和保护苏联在中国东北的利益，建立苏联在太平洋的出海口和不冻港。《雅尔塔协定》及与民国政府签订的《中苏友好同盟条约》是苏联实现这一目标的保证。作为新中国的奠基人，毛泽东不可能接受旧中国的不平等条约。1950 年毛泽东与斯大林在莫斯科的会谈由于双方的分歧而一度陷入了僵局。为了对抗以美国为首的西方资本主义阵营这个共同战略目标，经过两个月的艰难谈判，中国与苏联终于签订了《中苏友好同盟互助条约》，苏联放弃了雅尔塔体系和从 1945 年中苏条约中获取的远东权益，即经由长春铁路至旅顺口再到大连的太平洋出海口和不冻港，中国实行向苏联"一边倒"的对外政策。[①] 之后经历抗美援朝的战争洗礼，中苏关系进入了蜜月期。苏联也因内政外交上的需要，给了中国多方面的支持和帮助。

赫鲁晓夫上台后，特别是从 20 世纪 50 年代末开始，中苏在对斯大林的评价、东西方关系处理、社会主义国家关系处理等重大问题上产生了分歧和对立。1958 年，中国希望苏联提供承诺给予的核武器及核潜艇，苏联则提出要以在中国领土上建设军用长波电台、与中方组建联合舰队作为交换。苏联这些要求涉及中国领土主权问题，中国没有答应。1959 年，苏联停止了对中国核项目的援助。之后，苏联召回了全部在华工作的苏联专家，销毁了部分技术图纸，撕毁了与中国合作的几乎所有经济合同。在 1960 年莫斯科举行的八十一国共产党大会上和 1961 年苏联共产党第二十二次代表大会上，中苏代表团发生了激烈争论。中共认为苏共在搞修正主义、分裂主义，苏共认为中共在奉行教条主义、"左倾"机会主义。从 1963 年 7 月起，中苏两党发生了关于社会主义理论和实践问题的激烈论战。从表面上看，中苏关系的恶化是因为思想意识形态上的分歧，但实质上是中国的国家独立与主权同苏联大国沙文主义之间的一种对撞。[②] 尤其是在 1968 年捷克发生"布拉格之春"后，苏联采取军事入侵手段进行干预，中国将苏联斥为"社会帝国主义"。同年，苏联在中苏和中蒙边界大量增兵和驻军，中国也将大量军队从南方转移到东北、华北、西北地区。到了 1969 年春夏，中苏由论战发展成为枪战，两国在乌苏里江的珍宝岛和新疆的铁列克提发生了武装冲突，双方各有伤亡。本是"鸡犬之声相闻"的两个最大的社会主义邻国，在很长一段时间里"老死不相往来"。

---

① 沈志华:《毛泽东、斯大林与朝鲜战争》,广东人民出版社,2007 年,第 12 页。

② 沈志华:《中苏关系史纲 1917—1991 年中苏关系若干问题再探讨》,社会科学文献出版社,2011 年,第 4 页。

美国的决策层在很长一段时间没有意识到中苏关系的恶化是改变冷战局势和力量对比的战略机会，直到现实派尼克松走上前台。由于中美都认为苏联是更大的威胁，同时当时中国想处理好台湾问题，美国想解决越南战争问题，两国对改善关系都抱积极态度。1971 年 7 月，尼克松的国家安全事务助理基辛格由巴基斯坦中转秘密访问北京，双方约定尼克松在第二年的春天访华。当年 10 月，联合国大会恢复了中国席位。1972 年 2 月，尼克松访华，中美发表《上海公报》，其中有一条显然是针对当时的苏联的：任何一方都不应该在亚洲—太平洋地区谋求霸权，每一方都反对其他国家或国家集团建立这种霸权的努力。1973 年，双方又发布一份公告，同意将共同抵抗任何国家在全球建立霸权的企图。同年，美国和越南签署和平协定，美军撤出了越南。越南战争以越南民主共和国的全面胜利而结束。1975 年 7 月，越南南北实现统一。同年，柬埔寨共产党和柬埔寨人民军成立柬埔寨民主共和国，老挝人民革命党也在老挝建立了社会主义国家。历史往往会发生惊人相似一幕，100 年前，法国殖民者相继侵占了越南、老挝和柬埔寨，拼凑了一个法属“印度支那联邦”进行殖民统治。越南在中国的大量援助和大力支持下，在赶走了法国殖民者，打败了美国侵略者后，也做起了当年殖民者的迷梦，企图在南亚重建“印度支那联邦”。越南不顾中国反复劝告和严厉警告，1978 年 12 月悍然入侵柬埔寨民主共和国，践踏了柬埔寨的独立和主权，破坏了东南亚来之不易的和平环境，并在其国内大肆排华，在中越边境挑起冲突，中越关系急剧恶化。

尼克松因“水门事件”下台之后，他的继任者继续寻求对华关系正常化。1978 年 12 月 16 日(北京时间)中美发表了《建交公报》，两天后中共十一届三中全会在北京开幕。在邓小平改革开放的大战略中，与美国关系的正常化是重要的一环。1979 年中美正式建交，邓小平便访问了美国，此后中国发动了中越边境自卫反击战，击碎了越南建立印度支那联邦的幻想。1982 年中美《八·一七公报》发表，明确了美国对台军售政策问题，两国关系进入了快速发展阶段，中国的国际生存和发展环境迅速改善，国内的改革也走上了快车道。

一个国家的发展，需要有稳定的国内环境及和平有利的周边及国际环境。中苏关系紧张是中国现代化建设面临的严峻挑战。20 世纪 70 年代末，苏联在中苏、中蒙边境大量驻军，入侵阿富汗，支持越南出兵柬埔寨，严重地影响了中国和周边地区安全。为此，1979 年中国不顾越南和苏联不到一个月前刚刚签署了互助防御军事条约的威胁，发动了中越边境自卫反击战，出兵越南，给了越南一个教训，也给了苏联一个警告。1979 年中国对越自卫反击战可以说是冷战时期的一个转折点，此后，中美关系进入全面改善、良性互动的快车道，中苏关系也开始向缓和与恢复正常的方向转变。到 1989 年，中苏两国历经了近 30 年的对立对抗后，终于实现了“不结盟、不对抗、不针对第三国”的关系正常化。中美关系改善、中苏关系缓和及正常化为中国的改革开放创造了有利的国际环境。

第二节　中国道路和民族复兴

法国大革命高举着“自由平等”的旗帜勇往直前，在打倒了王权、神权和封建贵族特权之后，资产阶级和人民大众一起走上了历史前台，人类社会走到了一个十字路口。新兴资产阶级作为权贵阶层和强势集团，以“自由”的名义，追求自身的财富积累和增长，推动社会走向自由资本主义；劳动人民作为平民阶层和弱势群体，呼唤着“平等”，要求建立更加公平和公正的社会，希望实现社会主义。近代以来，特别是在资本主义早期，虽然资本主义刺激了经济增长和财富积累，但由于没有解决好财富的公平公正分配问题，没有形成对资本逐利的血腥性和冷酷性进行有效遏制和约束的机制，不仅导致资本主义国家经济危机和社会危机频发，而且给亚非拉等殖民地、半殖民地国家带来了深重灾难。而传统的苏联式社会主义由于没能建立起促进经济增长和财富积累的长效激励机制，在东西方冷战对峙中，经济和社会发展出现了严重问题，最终引发了东欧剧变和苏联解体。

人类社会的每个发展阶段都有其历史使命，各阶段都有其历史演进和逻辑关系，即生产力发展推动生产关系变革，经济基础的演进推进上层建筑的调整。如果生产关系和上层建筑与生产力和经济基础不相适应，无论是滞后还是超前，都会阻碍或破坏生产力的发展，伤害或动摇社会的经济基础。中国曾在社会主义建设中走过苏联式的道路，在浪漫主义和理想主义激情中，以“一万年太久，只争朝夕”的豪情开始了再续工业化的进程。在较短时间里，中国建立了较完整的工业体系，取得过辉煌的成绩，也遭受过重大挫折。马克思所描绘的社会主义指的是生产力高度发达的社会主义，在生产力水平落后国家进行社会主义革命和建设，需要进行理论创新和实践探索。中华民族以其博大精深的文明积淀和百折不挠的精神意志，在挫折中奋起，坚定走上了改革开放、建设中国特色社会主义的道路。中国特色社会主义克服了苏联式社会主义的缺陷，借鉴吸收了资本主义市场经济的积极要素，焕发出强劲的活力和生命力。

一、从《国富论》到《资本论》

任何理论都是它那个时代的产物，都会深深地打上理论创立者的立场及出发点的烙印。一个人成就的大小和一种理论的价值，只有放在他的理论产生的时代背景下才能做出准确判断。亚当·斯密和卡尔·马克思被誉为政治经济学的时代奠基人，亚当·斯密被称为“现代经济学之父”，卡尔·马克思被誉为“全世界无产者和劳动人民的革命导师”。他们的思想在不同的历史条件下影响了一个时代的走向，对人类社会的发展和变革都产生了广泛和深远的影响。

1. 亚当·斯密和《国富论》

18 世纪中叶是英国资本主义的成长时期，那时的英国还不富裕，亚当·斯密(1723—1790 年)将当时的中国描述为“世界上最富有、最有教养、最勤奋、人口最多的国家之一……比欧洲任何国家都要富裕得很多”。当时英国手工制造业正在开始向机器大工业过渡，但英国资本主义的发展还在很大的程度上受封建制度的限制和束缚。英国资产阶级为了清除它前进道路上的障碍，迫切需要一个自由经济学说为它鸣锣开道。亚当·斯密的《国富论》就是在这个历史时期应运而生的。

亚当·斯密于 1759 年出版了《道德情操论》，获得学术界极高的评价。而后于 1768 年开始着手创作《国民财富的性质和原因的研究》(简称《国富论》)。1776 年此书出版后引起大众广泛的讨论，影响所及除了英国本地，连欧洲大陆和美洲也为之疯狂，因此世人尊称亚当·斯密为“现代经济学之父”和“自由企业的守护神”。这部书总结了各国资本主义发展初期的经验，并在批判吸收了当时有关重要经济理论的基础上，就整个国民经济运作过程作了较系统、较清晰的论述。《国富论》出版之后，不但对英国资本主义的发展产生了重大的促进作用，而且对世界资本主义的发展来说，恐怕也没有过任何其他一部资产阶级经济学著作曾产生那么广泛的影响，资本主义的追随者把它奉为至宝。

美国经济学家赫策尔认为：“《国富论》中提出的一个主题是，一个国家最有效地增加财富的方法是规定一个法律结构，使个人能自由地在他们的经济活动中追求改善其经济条件的利益。”他又指出，“《国富论》的另一个主题是关于建立这样一种社会制度，在这个制度中，追求自己私利的个人必然会对社会总利益做出贡献”。亚当·斯密在《国富论》中想要证明的是，在资本主义经济制度下采取自由放任方式，也能使个人利益和社会利益保持一致。在亚当·斯密的理论中，这个问题被提到政治经济学研究的中心任务的高度上。对这个问题的阐述，形成了亚当·斯密富国裕民思想的核心。①

亚当·斯密开创了自由放任的经济学说。这种学说是建立在“自由市场、自由经营、自由竞争、自动调节、自动均衡”五大原则基础上的，认为在自由竞争的条件下，经济都能通过价格机制自动达到均衡：商品的价格波动能使商品供求均衡；资本的价格——利率的变动能使储蓄与投资趋于均衡；劳动力的价格——工资的涨跌能使劳工市场供求平衡，从而实现充分就业。因此，一切人为的干预，特别是政府干预都是多余的，什么也不管的政府是最会管理的政府，应该信守自由竞争、自动调节、自由放任的经济原则，政府对经济的干预只会破坏这种自动调节机制，引起经济的动荡或失衡。

亚当·斯密在《国富论》中主张政府不要干预市场，让“看不见的手”自己调节市场，达到经济均衡发展。而这只“看不见的手”，是建立在他的《道德情操论》中的人性假定，即人的利己和趋利避害的取向及行为。亚当·斯密的思想和理论的应用，在资本主义发展的初期，解放了生产力的束缚，极大地推动了资本主义经济的发展。有人说，亚当·斯密理论在经济学中的地位，就像牛顿的理论在物理学中一样重要，其关于“看不见的手”的论述像牛顿的万有引力定律一样，是亚当·斯密献给人类的伟大观念。这一观念培育出来的自由市场经济制度，尽管有各种不尽如人意的地方，但它是以欧洲人的智慧所找到的、被实践证明能够较成功地组织经济活动的一种经济制度，这种制度造就了欧洲在近代的经济崛起，使其成了世界霸主。但是，亚当·斯密关于人的“利己和趋利避害”的“理性经济人”假定，和西方民主政治的“理性社会人”假定一样，是一种理性、自律性的假定。人在具有理性的同时，也具有市场投机性、逐利贪婪性等非理性倾向和行为，当这种非理性倾向和行为到达一定程度且没有被及时约束和遏制时，“看不见的手”就会失去它的市场调节能力，市场就会失序和失控，就会出现经济危机。自1825年英国第一次发生普遍的生产过剩的经济危机以来，资本主义世界始

① 宛樵、吴宇晖：《亚当·斯密与国富论》，吉林人民出版社，1986年，第238页。

终没能摆脱周期性发生经济危机的魔咒。

资本主义较之封建制度来说，无疑是个巨大进步。在封建社会衰落和资本主义上升长达数百年的时间里，资产阶级是先进生产力的代表。资本主义生产关系及整个资本主义制度建立后，特别是经过产业革命，社会生产力有了巨大的发展。马克思、恩格斯在《共产党宣言》这部经典著作中指出，资产阶级在它不到一百年的阶级统治中所创造的生产力，比过去一切世代创造的全部生产力还要多，还要大。正如马克思所言，资产阶级所建立的生产关系虽然也未摆脱生产资料私有制的巢穴，但同中世纪不同的是，资产阶级把中世纪普遍存在的以自给自足为特点的小生产，改变为以生产资料私有制为基础的大生产，把中世纪分散、简陋的手工劳动，发展成为集中先进的机器大工业生产。把这些分散的小的生产资料加以集中和扩大，把它们变成现代的强有力的生产杠杆。这正是资本主义生产方式及资产阶级的历史作用。

2. 卡尔·马克思和《资本论》

绝大部分融合人类智慧或想象的作品，经过一段时间之后就永远过时了，逃不脱被遗忘的命运。有些作品却不是这样，它们会以各种形式，不断绽放光芒。这样的作品我们可以称之为伟大的作品。这样界定一个作品伟大与否可以摆脱个人的爱憎。按照这个定义，伟大一词毫无疑问适用于卡尔·马克思的《资本论》。马克思(1818—1883 年)是马克思主义的创始人之一，主要著作有《资本论》《共产党宣言》等。1999 年，英国 BBC 评选“千年思想家”，全球投票的结果是：马克思位居第一，爱因斯坦排名第二。

马克思曾尖锐地指出：“资本主义自由经济自由的不是人，而是资本。”“资本来到世上，从头到脚每一个毛孔里都流着血和肮脏的东西。”西方早期的资本主义是在对内剥削压榨和对外殖民掠夺的过程中发展起来的。早在 16 世纪，托马斯·莫尔就创作了《乌托邦》，在资本主义刚刚起步的时候就揭示了它的不合理性。莫尔亲眼看到英国资本主义原始积累对平民的血腥压榨。他写道：“一伙富有者狼狈为奸，表面上代表国家的名义，实则为私人谋利益。”法律“是假借公众的名义，把他们的阴谋规定为必须遵守的东西”，社会处在“一方面穷困不堪，另一方面又奢侈无度”的状态，这样贫富悬殊的国家“岂不是缺乏公正和不知恩义的国家吗？”他在柏拉图的“理想国”的基础上，描绘了一个没有私有财产、没有剥削、没有贫困、人人平等且都过着富裕生活的“乌托邦”图景。莫尔的“乌托邦”思想经过几个世纪演化发展，到

19世纪经过法国的圣西门、傅立叶和英国欧文的进一步发展，形成了一股强大的空想社会主义的思潮，为人类勾画了一个平等、美好的社会愿景。

空想社会主义者揭露了资本主义制度下的阶级剥削关系，他们认为，巨大的社会财富是工人创造的，却被工厂主、商人、银行家、经纪人、收租者、食利者以及达官显贵所瓜分。其结果是财富集中到了少数人手中，大多数人都沦为工厂主的奴隶。空想社会主义者认为，资本主义的生产目的是追求利润，而社会主义的生产目的是满足全体成员的物质和文化生活的需要。他们确信他们设计的理想社会具有巨大的优越性，能使生产力高速发展。由于生产目的是直接满足需要，所以也不会出现经济危机。但空想社会主义者没有找到通向理想社会的途径。

马克思主义在19世纪40年代产生于西欧，当时西欧资本主义已有相当的发展，生产力和科学技术达到前所未有的水平。资产阶级对工人阶级的残酷剥削，引发了英国的宪章运动、法国里昂的工人起义和德国西里西亚纺织工人起义，标志着无产阶级已经作为独立政治力量登上了历史舞台。在这个特殊时期，工人阶级运动迫切需要一种革命理论来指导。马克思、恩格斯批判性地继承了德国古典哲学、英国古典政治经济学和英、法空想社会主义，同时吸收了人类思想文化的优秀成果，特别是18世纪中叶和19世纪上半叶的社会科学和自然科学的成果，创立了唯物史观和剩余价值理论，使社会主义实现了从空想到科学的飞跃。马克思指引工人阶级依靠自己的力量实现自我救赎，奔向“人间的天堂”。马克思学说中提出的“人人自由平等”的社会主义人间天堂给人类带来了新的光明和希望，在大多数人特别是世界上被压迫人民的心中产生了强烈共鸣，也给工人阶级和劳动人民指出了一条通往“人间天堂”的道路和途径。

马克思提出的劳动价值论和剩余价值论，揭示了资本主义经济的运行规律。剩余价值学说是马克思理论的一个里程碑。马克思和当时及稍晚一些时候的理论家们在一些方面表现出相同的趋势，即以价值理论作为理论结构的基石。每件商品的价值都和那件商品里所包括的劳动量成比例，在完全均衡和完全竞争的情况下，这个劳动量是由当时社会的生产率即社会必要劳动时间决定的。当然，这其中的完全均衡和完全竞争的情况是一种理想的、理论的状态。在资本主义社会，劳动力也是一种商品，劳动者所取得的工资必然和生产劳动力所需要的劳动时数成比例。它是与劳动者得到的吃饭、穿衣、住房和哺育下一代等费用相当的劳动时间，这些构成了劳动力的价格。但是资本家一旦取得劳动力的使用权,他们就能使劳动者提供更多的实际劳动。从这个意义上说,他们能够剥削到比他们实际支付的更多的工人劳动时间。由于生产出来的产品所能得到的售价也是和生产它们所需要的工时成比例的,所以两个价值之间就产生了差价,这就是剩余价值。这一差价被资本家占有,所以他就剥削了工人的劳动。马克思提出的剩余价值理论,揭露了资本家对工人剥削的秘密。他认为,资本家是靠工人养活的,靠剥削工人的剩余价值而发家的,资本主义的分配是严重不公的。剩余价值学说为劳动者提供了一个和资本家斗争的理论工具。

马克思揭示了人类社会发展的基本规律。阶级这一概念首次出现是在《共产党宣言》所包含的一段名言里,即"社会的历史就是阶级斗争的历史"。马克思将社会学和经济学综合在一起,揭示了人类社会政治和经济的关系及背后的玄机,即生产力与生产关系、经济基础与上层建筑的矛盾运动。在马克思的理论中,政治本身是由经济过程的结构和状态决定的,在经济理论的范围之内,它变成了经济效果的指示器。拿破仑战争、克里米亚战争、美国国内战争、1914 年的世界大战、法国大革命、英国的自由贸易、整个劳工运动及其任何其他的特殊现象、殖民扩张、社会制度的变革、每一时期和每一国家里的政党政策和国家政策,这一切都进入马克思主义经济学的领域里,并可在其中对以上所有现象找到理论上的解释,而其解释的根据是阶级之间的冲突、资本积累、资本构成的变化、剩余价值率的变化及利润率的变化等。1848 年,马克思和恩格斯(1820—1895)在伦敦出版发行了《共产党宣言》,号召全世界无产者联合起来,用暴力夺取政权,推翻资本主义,实行无产阶级专政,建立以公有制为经济基础的社会主义制度,逐步进入各尽所能、按需分配的共产主义社会。《共产党宣言》最后庄严宣告:"无产者在这个革命中失去的只是锁链,他们获得的将是整个世界。"并发出国际主义的战斗号召:"全世界无产者,联合起来!"

马克思主义无疑给劳动人民带来了希望和曙光,那里有打开人类社会奥秘的钥匙。人们不需要再试图从纷繁的千头万绪中清理一条条线索,他们能一下子就识破隐藏在那些政治和商业傀儡背后的不为人知的玄机。在《共产党宣言》的鼓舞下,第一次世界大战结束之际,在资本主义最薄弱的俄国,列宁发动了十月革命,社会主义革命首先在俄国取得了胜利。第二次世界大战以后,社会主义制度被许多国家所采纳。马克思主义理论是在欧洲资本主义发展早期阶段提出来的,揭示了早期资本主义血腥残酷和社会矛盾。也是在《共产党宣言》的鞭策下，后期欧美资本主义借鉴了马克思主义的观点和方法，对资本主义生产关系和上层建筑进行了修正，使资本主义变得不像早期那么冷酷和血腥，甚至产生了一些新活力。二战后社会主义和资本主义两大阵营进行了近半个世纪的“冷战”对抗，苏联式社会主义照搬照抄马克思主义“本本”，思想僵化，脱离实际，在冷战中被拖垮而最终崩溃。

二、苏联道路及其解体

二战结束后，经历了战争摧残的欧洲遍体鳞伤、奄奄一息。德意志帝国成为一片废墟，大英帝国也已风光不再，欧洲赖以号令世界的物质能力和心理优势荡然无存。二战使欧洲遭受了灭顶之灾，它在地理、政治经济制度和意识形态方面都被一分为二。这种形势与以前人们所熟悉的欧洲在全球的霸权格局形成惊人的反差。在 19 世纪及 20 世纪初，全世界的人们习惯于欧洲列强对亚非拉的瓜分，而这时发生的情况却恰恰相反，除了瑞士和瑞典外，欧洲大陆上的所有国家都有过被外国军队占领的经历，各国经济凋敝，没有一个欧洲国家（包括瑞士和瑞典）有能力凭借自己的力量决定本国的未来。美国一跃成为雄踞资本主义世界之首的经济、军事和政治大国、强国，整个西欧都在它的保护与控制之下。一度在亚洲横行霸道、不可一世的日本也成了它的手下败将。另一方面，在战争中经受严峻考验的苏联，虽然在经济上略逊于美国，但军事、政治也十分强大，它不仅收复了战争中的失地，还兼并了一些其他国家的领土，改善了西面的战略环境，并使整个东欧处在他的控制之下。用戴高乐的话来说，“被战火摧毁的幻灭的欧洲，匍匐在华盛顿和莫斯科的直接或间接的影响之下”。由于美苏之间在国家利益、意识形态和社会制度等方面存在严重的对立和冲突，国际关系的大格局从传统的以欧洲为中心支配世界的单极时代逐渐过渡到美苏两强对峙争霸的两极时代。美苏由二战时的盟友变为冷战对手，进行激烈对抗，世界进入了冷战时代。

1. 美苏争霸和阵营对立

第二次世界大战对苏联产生了双重的影响。一方面，苏联是欧洲反法西斯的主战场，战争带来了空前的灾难，物质上遭受了严重消耗，精神上遭受了严重的创伤。因此有效防御侵略威胁和确保国家安全成为战后苏联外交的重心。在这一外交思想的指导下，苏联致力于在东中欧建立一系列亲苏的国家，把历史上入侵俄罗斯的危险通道变为保卫苏联的安全屏障。同时，苏联大量索取战争赔款，主张彻底削弱德、日，瓦解苏联东西两边的敌人来保障苏联安全。另一方面，反法西斯战争的胜利也使苏联一跃成为仅次于美国的军事和政治大国，军事实力和政治影响力显著增强。苏联在竭力谋求国家利益、积极推进和扩大势力范围和影响力的同时，其大国沙文主义和狭隘的民族主义姿态逐渐暴露无遗。

美国本土远离二战主战场，遭受的损失微乎其微。战争的巨大军事物资需求刺激了美国经济迅速发展，美国成为资本主义世界霸主，成为全球性的资本主义大国，国际地位空前提高。战争期间美国实力的膨胀为战后美国建立世界霸权奠定了雄厚的政治经济基础。核武器的独家垄断地位，更加强了美国建立一个“美国治下的和平”的信心。罗斯福总统的继任者杜鲁门一上台便声称要承担“领导世界”的担子，“全世界都该采用美国制度”，“不管我们喜欢与否，未来的(国际)经济格局将取决于我们”。与此同时，美国战时经济向和平经济的过渡也迫切需要美国向全世界扩张，开拓市场。①

美苏双方在东欧、中欧、中近东和远东等一系列问题上存在尖锐矛盾，苏联在东欧占据明显优势，在中欧和中近东与美英对峙，但在远东，美国占据了优势。

苏联视东欧为自己的安全屏障，美国则把东欧视为阻止苏联影响扩张的“防疫带”。美苏双方都试图把东欧变为自己的势力范围。东欧问题的核心是波兰问题，历史上波兰一直是俄罗斯的心腹之患。波兰强盛时，曾称霸一时，拉脱维亚、立陶宛、爱沙尼亚、乌克兰和白俄罗斯都被它占领统治过，俄罗斯也曾多次被波兰入侵。俄罗斯崛起后，波兰被沙俄、奥地利和普鲁士三次瓜分而亡国。第一次世界大战后，波兰在协约国的帮助下复国，趁苏俄革命和内战之际，占领了西白俄罗斯和西乌克兰。波兰对待原属德国的6个省的德意志族居民的方式，引起了德国的强烈不满，二战初波兰再次被德苏瓜分。第二次世界大战期间，波兰国内存在着两种政治力量：一是得到英美支持的、有强烈反苏倾向的波兰农民党流亡政府；二是得到苏联支持的、以波兰工人党为核心的“全国人民代表会议”。战后，波兰工人党在苏联的支持下，排挤亲西方势力，建立亲苏政府，并走上了社会主义道路。在罗马尼亚、保加利亚等其他东欧国家也发生了类似的情况，东欧事实上成为苏联的势力范围。

---

① 黎家勇：《冷战时期的国际关系》，江西人民出版社，2008年，第3—4页。

东北亚是远东问题的核心。美国在日本投降之前就确定了单独占领日本的计划，基本目标是要确保战后在日本建立一个对美友好的政府。1945年12月召开的莫斯科外长会议决定，在华盛顿成立一个由美、英、苏、中、印、澳、新、荷、加等11国组成的远东委员会，同时在东京设立一个由美、英、苏、中四大国组成的盟国对日管制委员会。这两个机构名义上负责制定管制日本的政策，实际上美国拥有否决权。以麦克阿瑟为首的"盟军最高统帅部"才是日本的最高统治者。根据雅尔塔会议的安排，苏军占领了千岛群岛、库页岛，但苏联还占领了原属于北海道的色丹岛和齿舞岛，这些岛屿历史上曾属于俄国，在日俄战争后被日本占领。南千岛群岛（日本称"北方四岛"）问题成为之后俄日关系中难以解开的死结。朝鲜半岛以北纬38度线为界被划分为南北两块势力范围，分别由美苏占领，这为之后朝鲜战争爆发埋下了导火索。美国默认了苏联在雅尔塔会议上提出的苏联在中国东北的权益问题，为之后中苏关系埋下了隐患。

德国是中欧问题的关键。二战后美、苏、英、法四大国分区占领了德国。苏联在占领区内严厉打击德国法西斯分子，推行国有化和土改，拆迁大批工厂设备。西方三国在占领区内出于利益上的考虑，不打算过分削弱德国，特别是美国逐步采取了扶持德国的政策。此外，美苏双方在建立统一的德国问题上也存在分歧。1949年，美、英、法三个西方盟国将自己的三个占领区合并为一个，成立了德意志联邦共和国。苏联把自己的占领区变成一个依附于华沙条约组织的社会主义国家，德意志民主共和国。在中东和近东，美苏在伊朗、土耳其和希腊等问题上明争暗斗。美国在迫使苏联撤出伊朗后，通过贷款、技术咨询等经济和军事援助力求在伊朗扩充势力。土耳其政府在美国的支持下，拒绝了苏联的领土要求和在达达尼尔海峡建立苏联陆海军基地的要求，苏土关系骤然紧张。传统上希腊、土耳其属于英国势力范围，二战后英国想扶持希腊皇家流亡政府，而当时希腊共产党领导的抵抗运动有很大的势力，双方爆发了激烈的武装冲突。英国和印度联军开进了雅典，抵抗运动的部队暂时撤出了该地区。此后由于希腊经济状况恶化，在苏联的支持下，希腊共产党的游击队发动了新一轮进攻，希腊内战再次爆发。要维持希腊的局面，英国政府感到力不从心，不得不向美国求助，争取美国援助希、土两国。1946年温斯顿·丘吉尔访问美国。在这次访问中，丘吉尔发表了著名的"和平砥柱"的铁幕演说："从波罗的海边的什切青到亚得里亚海边的里雅斯特，一幅横贯欧洲大陆的铁幕已经拉下。"在铁幕之后的中欧和东欧国家，几乎“无一例外”地受到“各式各样的警察政府”的控制，“根本没有真正的民主”，同时也无一不处于苏联的势力范围之内，日益受到苏联的“高压控制”。他指责共产党到处构成对基督教文明的日益严重的挑衅和危险，主张成立美英军事同盟，配备一支国际武装力量，反对所谓铁幕后的国家。“铁幕演说”正式拉开了冷战序幕。

为了遏制苏联，美国在1947—1949年三年内相继推出了“杜鲁门主义”、“马歇尔计划”以及北大西洋公约组织（简称北约），对苏联实行政治上的孤立、经济上的封锁和军事上的包围。其中“杜鲁门主义”是“冷战”政策的核心部分，出台的目的是挽救希腊、土耳其的国内政治危机，遏制两国的共产主义运动。此后“杜鲁门主义”演变为干涉主义，只要哪个地方出现共产主义运动，美国就视为威胁，就进行经济、军事干预，甚至直接出兵干涉。“马歇尔计划”是一项经济援助计划，从经济上取得控制西欧的主导权，在政治上压制欧洲共产主义的发展。北大西洋公约组织是一个完全由美国领导和控制的军事组织，确立了美国在欧洲的防务主导权和霸主地位。

为了对抗北大西洋公约组织，1955年5月苏联与东欧8国在华沙签订了《友好互助合作条约》，成立了军事政治同盟——华沙条约组织（简称华约）。针对美国的政策，斯大林采取了积极防御方针，实施战略纵深防御，在苏联国土周围建立“安全防御带”。同时苏联采取了优先发展重工业的政策，突出国防工业建设。为了恢复东欧国家的经济和监视东欧社会主义国家，苏联也制订了与“马歇尔计划”相似的“莫洛托夫计划”来援助东欧经济。

冷战期间，以美苏为首的两大阵营对抗经历了柏林危机和东西德分裂、朝鲜战争、古巴导弹危机、越南战争、中苏决裂、阿富汗战争、第三世界争夺、东欧剧变和苏联解体等一系列重大事件。以苏联为首的社会主义阵营和以美国为首的资本主义阵营尖锐对立，两大阵营、两种制度和两条道路展开了殊死斗争，一度让世界笼罩在核战争的恐怖阴云中，由相互摧毁的核平衡维持着世界脆弱的和平。

2.东欧剧变和苏联解体

十月革命胜利后，在列宁的领导下，俄国建立了人类历史上第一个社会主义国家。十月革命的胜利引起了资本主义阵营的极大恐慌，1918年夏，英、法、美、日等国对苏维埃政权进行了武装干涉，俄国国内地主阶级和资产阶级趁机发动武装叛乱，企图把俄国革命扼杀在摇篮里。为了捍卫新生的红色政权，解决物资匮乏和经济困难，1918年9月，俄共（布）把苏维埃共和国的政治、经济和文化生活都纳入战时的轨道，实行一系列高度集中的超经济的强制性措施，即战时共产主义。主要措施有：在农业中实行余粮收集制；在工业中实行企业国有化，国家直接给每个企业制定产、供、销计划；实行普遍义务劳动制；在分配上实行平均主义的实物配给制；在流通领域，禁止一切自由贸易，消灭商品生产和货币流通。从客观情况看，实行战时共产主义政策是当时战争形势所迫的非常举措，对粉碎外国武装干涉、赢得国内战争胜利起了重要作用。但从理论上说，这与照搬马克思、恩格斯关于社会主义实行生产资料公有制、社会协调生产、按劳分配的设想有关。这些措施远远超出了当时俄国社会能够承受的水平，结果造成社会不稳定和生产下降。到 1921 年春，俄国发生了严重的经济政治危机。列宁及时汲取了战时共产主义的经验教训，对政策进行调整，推出了“新经济政策”。新经济政策的主要内容有：用粮食税代替余粮收集制；开放市场，实行自由贸易，发展商品货币关系；实行租让制、租借制等。

社会主义建设没有先例可循，在落后国家进行社会主义革命和建设更无经验可鉴。可以说，在落后的俄国取得十月革命的成功是列宁在社会主义革命问题上对马克思主义革命理论的突破和发展。由战时共产主义政策向新经济政策转变，是落后国家建设社会主义道路的探索和尝试。新经济政策的提出，是列宁在落后国家建设社会主义的理论突破和发展。在没有经过资本主义充分发展、生产力水平低、社会物质技术基础薄弱的落后国家里进行社会主义建设，不仅是要实行生产关系的变革，还有一个更重要的任务，就是发展生产力，建设社会主义的物质和技术基础。新经济政策使俄国经济迅速得到恢复，1922 年 12 月，第一次苏维埃代表大会召开，成立了苏维埃社会主义共和国联盟（简称苏联），第一个社会主义国家终于在世界上站稳了脚跟。

1924 年列宁去世后，苏共党内围绕社会主义建设问题进行了一系列斗争，最后以斯大林取得胜利而告终。1929 年，斯大林宣布停止实施新经济政策。在领导苏联进行社会主义建设的过程中，斯大林在政治、经济、文化等方面提出了一整套路线、方针、政策，被后人称为“斯大林模式”。在经济体制上，斯大林模式全面实行工业的全民所有制和农业集体所有制，实行高度集中统一的经济计划和管理，否定商品生产和价值规律。实行优先发展重工业的发展战略，牺牲农民利益，换取工业的高速增长。在政治体制上，建立了庞大的国家机构,权力高度集中。① 虽然斯大林模式是为备战而实施的,具有明显的备战体制和生产导向,但作为世界上第一个社会主义国家及社会主义阵营领袖,苏联的具体做法被当作了普遍原则,成为二战后新建立的其他社会主义国家建设必须遵循的准则。这种高度集中的计划经济生产和管理方式,在战时表现出运转高效的优点。在二战时期,斯大林模式在苏联赢得二战胜利的过程中发挥了重要作用。优先发展的重工业源源不断地为战争提供了军需和装备保障。在卫国战争前的紧急状态中、战争时期和战后恢复阶段,苏联经济表现抢眼。从 1928 年到 1955 年,苏联的 GNP 年均增长率约为 4.4%~6.3%,超过了当时大多数资本主义国家。② 但在和平时期,由于农业和轻工业受到人为抑制,农产品及民生用品生产和供给不足,难以保障人民生活条件的改善要求。特别是高度集中的计划经济运行方式,在和平时期抑制了人们生产的主动性、积极性和创造性,也抑制了社会活力和发展动力。由于缺乏有效的权力监督机制,逐步滋生了腐败堕落、个人崇拜、官僚主义、形式主义及工作效率低下等诸多问题。到 20 世纪 50 年代后期,苏联经济增长率开始下降,效率降低,技术进步放慢,同资本主义国家的差距越拉越大。东欧的社会主义国家情况也大体如此。20 世纪 50 年代末 60 年代初,各国程度不同地提出了改革要求。虽然赫鲁晓夫等后继苏共领导人对相关问题进行了一些修正和调整,但始终没能解决苏联经济和政治体制的深层次弊端。

斯大林模式的社会主义由于教条主义、体制僵化和社会腐败等问题,到 20 世纪 80 年代开始出现严重的社会危机。1985 年 3 月,戈尔巴乔夫担任苏联共产党和国家最高领导人,仅仅在他上任 6 年后,苏联就成了历史。出于政治腐败、经济衰退、军备竞赛和入侵阿富汗等诸多原因,1986 年苏联的外债总额为 307 亿美元,三年后这一数字已达到 540 亿美元。戈尔巴乔夫一上任便发现,苏联每年的军费开支占国内生产总值的 20%~30%之多。相比之下,即便在里根大规模扩军的高峰时期,美国每年在军费上的开支也不到国内生产总值的 7%。20 世纪 80 年代初,苏联经济年平均增长率大约只有 2.5%。戈尔巴乔夫上台时苏联经济正在萎缩。

---

① 韩荣璋:《中国共产党对有中国特色社会主义道路的探索》,湖北教育出版社,1998 年,第 37—42 页。

② 吴敬琏:《计划经济还是市场经济》,中国经济出版社,1993 年,第 200 页。

面对严峻的形势，戈尔巴乔夫提出了“改革与新思维”，试图从根本上重建社会主义的价值观念和政治体制，彻底摈弃斯大林主义留下的政治体制遗产，建立人道的、民主的社会主义。但骤然放开的舆论氛围使各种社会思潮风起云涌，政治民主化和经济自由化思想盛行。戈尔巴乔夫在政治和经济两个方面都采取了激进改革政策，也使苏联在政治和经济两个方面均陷入混乱。长期研究苏联问题的学者福山，在对戈尔巴乔夫时期的苏联进行了全面研究后，认为苏联模式的社会主义作为一种意识形态体系已经崩溃了，西方已经获得了胜利。1989 年他提出了著名的“历史终结论”：自由民主制度是人类意识形态发展的终点，自由市场经济是经济形态的终结。

在戈尔巴乔夫的“改革与新思维”的影响和作用下，1989 年前后，东欧国家纷纷脱离苏联控制，东欧社会主义国家共产党和工人党在短时间内纷纷丧失政权，社会制度发生根本变化。东欧国家在二战后走上了社会主义道路，在经济上有一个共同特点，即除东德、捷克外，经济发展都相对缓慢，这与西欧形成了鲜明的对比。一些东欧国家在政治建设和经济恢复中，实行了一些有别于苏联的政治模式和经济政策，但这种探索均由于苏联的政治干预甚至军事干涉很快就被迫中断了，如 1956 年的匈牙利事件和波兰事件、1968 年的捷克斯洛伐克“布拉格之春”，以及 1980 年的波兰团结工会运动等。在经济和政治等方面，东欧几乎只能全部照搬苏联模式，东欧经济普遍存在国民经济比例严重失调、轻工业和农业落后、经济发展速度缓慢等问题，人民生活水平得不到提高，引起了人民群众的不满。到 20 世纪 80 年代，东欧国家普遍陷入了严重的经济困难，经济停滞和下降接踵而至，工业生产下降了 25％～50％。① 1989 年 8 月，波兰政坛发生了举世瞩目的大转折，战后连续执政达 45 年之久的波兰统一工人党在议会选举中失利，刚刚取得合法地位的团结工会大获全胜，组成了新政府。在东欧各国中，出现了第一个非共产党执政的政府。同年 10 月，匈牙利也发生了类似波兰的政局变动。1989 年 11 月 9 日，柏林墙倒塌，之后东西德走向统一，民主德国的宪法、人民议院、政府自动取消。1989 年 11 月 10 日，保加利亚发生“宫廷政变”，保共总书记日夫科夫向社会承诺举行自由选举并被迫辞职。1989 年 12 月，罗马尼亚救国阵线委员会宣告成立，并接管了全国政权，前罗共总

① 沈敬：《从东欧剧变与苏联解体来看社会主义的历史命运》，《文学界：理论版》，2012 年第 3 期，第 212—213 页。

书记齐奥塞斯库夫妇被判处死刑并立即执行。同月，捷克斯洛伐克政府大幅度改组，捷共失去了中央领导权，总统胡萨克被迫辞职。此后捷克斯洛伐克被一分为二。1990 年 1 月，南斯拉夫共产党举行大会，会上斯洛文尼亚和克罗地亚的代表们宣布退出南共同盟，南斯拉夫共产党分裂，各共和国的共产党组织相继更名。此后南斯拉夫被分解为波斯尼亚和黑塞哥维那、南斯拉夫联盟、斯洛文尼亚、克罗地亚、马其顿等五个国家。1990 年年底，阿尔巴尼亚也宣布实行多党制，走上政治多元化和议会民主的道路。①

1991 年 7 月 1 日，华沙条约组织在布拉格会议上宣布正式解散。在同月峰会上，戈尔巴乔夫与美国总统布什宣布建立美苏战略伙伴关系，使冷战走向终结。从 1991 年 8 月到 9 月，苏联各加盟共和国纷纷脱离苏联并宣布独立。1991 年 12 月 8 日，俄罗斯、乌克兰以及白俄罗斯三个加盟共和国的领导人在明斯克附近举行会晤，宣布成立独立国家联合体，这实际上也宣告了苏联的解体。苏联解体后分裂成 15 个国家。随着苏联的解体，原先的许多社会主义国家纷纷抛弃了社会主义制度。

冷战结束后，美国成为唯一超级大国，美国开始制定以西方体系的胜利为基础的新外交政策。西方的政治浪漫主义(也被称为民主原教旨主义)和经济浪漫主义(也被称为市场原教旨主义)的冲动逐步走向狂热。民主原教旨主义者宣称，一个国家的成功与否，取决于政治上是否采用了西方民主制度，尤其是多党制和普选制。市场原教旨主义者认为，市场这只“看不见的手”可以自动恢复经济平衡和发展，政府不应对市场进行任何干预。

东欧剧变及苏联解体的原因有很多，从国内角度看，对多数普通老百姓来说，最直接的原因就是日常生活消费品的长期匮乏和文化生活的枯燥。邓小平说过：不发展经济，不搞改革开放，不提高人民生活水平，只能是死路一条。东欧和苏联大致就是这样走上死路的。经济上没有搞好，政治上失去了自信，最后自然也被自己的老百姓所抛弃。从国际角度看，东欧和苏联都深受政治民主化和经济自由化思想的影响，把政治民主化和经济自由化看成灵丹妙药。1991 年，南斯拉夫在西方策划推动的政治民主化浪潮冲击下，从斯洛文尼亚开始，一个接一个的共和国宣布独立，脱离联邦，南斯拉夫内战随即全面爆发，并且一场接一场发生，最终导致了 20 多万人丧生，无数

① 赵长峰主编：《苏联解体与东欧剧变》，山东社会科学院苏联东欧研究课题组，1992 年，第 595—602 页。

人致残，数百万人流离失所，创下了第二次世界大战后欧洲最大的人间悲剧。俄罗斯人称苏联解体造成的结果为“第三次浩劫”（“第一次浩劫”指的是14世纪蒙古人入侵，“第二次浩劫”指的是第二次世界大战时德国法西斯的入侵）。俄罗斯总统普京认为：“苏联解体是20世纪最大的地缘政治灾难。”

东欧在1989年剧变之前，大部分国家已属于中等发达水平的工业化国家，这些国家经过剧烈的市场化改革后，经济有了复苏和发展，但在2008年的“金融海啸”中又遭重创。摩根士丹利最新调查结果显示，当时东欧国家外债总计约1.7万亿美元，超过该地区2008年GDP的总和。虽然东西欧历史上同属一个文化圈，东欧剧变20多年过去以后，东欧国家在民主建设上依然困难重重。虽然建立了民主的形式，但东欧老百姓普遍对政府失望，连欧盟对此也感到不满。

民主原教旨主义的躁动也扩散到中亚、阿拉伯及中东世界。从2003年起，格鲁吉亚、吉尔吉斯斯坦、乌克兰先后经历了“颜色革命”，但是“颜色革命”的结果远远出乎这些国家和西方的预料。各国政治势力陷入内斗，经济遭受重创，格鲁吉亚和乌克兰还发生了分裂与战争。2011年年初埃及出现了声势浩大的反政府浪潮，长期执政的穆巴拉克总统黯然下台。西方媒体把这场运动渲染成了民主推翻专制的“埃及之春”和“阿拉伯之春”，预示着整个阿拉伯地区迈向了民主化。但事件的发展更出乎西方的预料。经过民主化浪潮冲击的地区，利比亚已四分五裂，整个国家陷入了无政府的失控状态；突尼斯虽然没有解体，但国家的经济已遭受重创，原来的世俗政权迅速地伊斯兰化；也门更是动荡不止，经历了部落间的战争、教派间（逊尼派和什叶派）的战争、政府军与“基地”组织的战争等三场战争。“颜色革命”国家和“阿拉伯之春”国家内部的政治、社会和资本力量在不同程度上都受制于外部势力，对“阿拉伯之春”国家的干预，主要来自美国、欧洲、伊斯兰极端势力等，对“颜色革命”国家的干预主要来自欧盟、美国和俄罗斯。特别是欧美势力与俄罗斯势力的角逐，以及欧美国家之间的分歧等，导致了这些国家内部的分裂和动荡不断。乌克兰东西部被撕裂，克里米亚加入了俄罗斯，格鲁吉亚失去了南奥塞梯两个州，吉尔吉斯斯坦形成了事实上的南北分裂，埃及形成了伊斯兰派与世俗派的分裂和对抗。最糟糕的是，受这场浪潮的冲击叙利亚陷入分裂和内战，变成了废墟，而且伊斯兰国和“基地”组织等恐怖势力乘机兴起并迅速壮大，成为引发地区动荡的强大势力。

2003 年 3 月,美、英等国以伊拉克拥有大规模杀伤性武器为由,单方面发动了伊拉克战争。4 月美军攻占巴格达,萨达姆政权被推翻。伊拉克战争爆发后,在阿富汗生存空间极度萎缩的 IS 的前身"一神论与圣战组织"迁往伊拉克并加盟"基地"组织,从此以"基地"组织伊拉克分支的名义开展活动。2006 年 10 月,"基地"宣布在伊拉克建立"伊拉克伊斯兰国"。2011 年,美国开始从伊拉克撤军,该组织随之开始急速壮大,攻城略地,开始进行实质性的"建国"道路。2011 年叙利亚内战爆发,该组织又趁机进入叙伊交界地区发展。2014 年 6 月,该组织将政权更名为"伊斯兰国",并宣称自身对于整个伊斯兰世界(包括历史上阿拉伯帝国曾统治的地区)拥有权威地位,领土包括叙北部阿勒颇省至伊拉克东部迪亚拉省。2014 年至 2015 年,美国和俄罗斯分别组建国际性联盟,打击和消灭伊斯兰国。到 2017 年 7 月,伊拉克政府军全面解放摩苏尔,11 月叙利亚政府军从极端组织"伊斯兰国"手中收复了代尔祖尔省首府。此后,极端组织"伊斯兰国"基本被剿灭,但中东和北非地区动荡及引发的难民潮不断冲击着整个欧洲社会。

三、欧美道路及其困局

在冷战结束后,东欧和独联体国家纷纷转向拥抱西方自由市场经济和议会民主政治制度,把这看成是解决国家经济和政治问题的灵丹妙药。诚然,西方社会历史和文化土壤生长和培育出来的自由市场经济和议会民主政治制度,是迄今为止欧美人所找到的、被实践证明较适应西方社会实际的经济和政治制度。然而,世界上没有包治百病的灵丹妙药。历史上,经济危机在自由资本主义社会中如影随形。当东欧和独联体国家在恢复国家经济和政治秩序中苦苦挣扎之时,由美国引发的金融危机席卷西方社会,对全球经济造成强烈冲击,随之而来的西方政府债务危机,让多国政府几乎停摆关门,西方政府债务危机如幽灵一般在西方世界中游荡。

1. 自由资本主义和经济危机

英国经济学家亚当·斯密是自由市场经济的倡导者。他在《国富论》中认为,赚钱的唯一方法是自愿公平的交易行为,获取他人金钱的唯一方法便是给他人想要的东西。市场是一只"看不见的手",它能指引人们借着争取各自的利益来达成公共的利益。即使发生了生产过剩的"经济危机",这只"看不见的手"也能使经济回到正常的、健康的轨道上来。

但在资本主义发展过程中,虽然资本家对利润的追求和普通大众对物质和文化消费需求，极大促进了资本主义各国经济的发展和社会的繁荣，但经济危机也如影随形，周期性地上演。自1825年英国发生第一次普遍的生产过剩的经济危机以来，随后发生危机的年份为1836年、1847年、1857年、1866年、1873年、1882年、1890年和1900年。在资本主义自由竞争阶段以及向垄断资本主义阶段过渡时期，差不多每隔10年左右就要发生一次这样的经济危机。进入20世纪，在1900年危机之后至第二次世界大战以前，又发生了1907年、1914年、1921年、1929—1933年、1937—1938年的经济危机，差不多每隔七八年就发生一次危机。

第一次世界大战后，美国人制订了一个“道威斯计划”，贷款给德国，全力扶持德国经济，德国人有了钱再向英、法支付战争赔款。英、法再向美国偿还战争赊款。转了一大圈，钱最后回到了美国人手里，美国人从中赚到了利润，欧洲的经济也得到恢复。

1929年年初，美国似乎日趋繁荣。美国工业生产指数从1921年的67上升到1928年的110，到1929年工业生产指数进一步上扬至126。在当年夏季的三个月中，股票市场的行情一片火红。通用电气公司的股票从268美元涨到了391美元；美国钢铁公司股票从165美元涨到258美元。可是到了9月份，股票突然猛烈下跌，美国钢铁公司的股票从262美元掉到了22美元，通用汽车公司的股票从73美元掉到8美元。到1932年，世界工业生产指数（不包括苏联）比1929年下降了36.2％，世界贸易下降了66％。到1933年，美国工业总产值和国民收入暴跌了将近一半，商品价格下跌了三分之一，商品贸易下降了三分之二。工业和商业的崩溃引起了金融公司的崩溃，美国银行不得不收回它们在国外的短期贷款，英国放弃了金本位制。

引起这次经济危机的主要原因是国际经济产生了严重的不平衡，美国本来就是债权国，通过“道威斯计划”，财富源源不断地流向美国，再加上美国对进口商品征收高额的关税，更加增大了美国的贸易顺差。欧洲变得相对贫穷，欧洲各国比美国更早一步进入经济危机。

美国国内经济和国际一样严重不平衡，其中一个突出问题是，工资的增长远远低于生产率的增长。1920年到1929年，工厂中工人的生产率增长了55％，而工人的工资却只增长了2％。由于农产品价格不断下降，农民的实际收入只有城市居民收入的30％。尽管美国非常富裕，但贫富差距的增大，使得美国出现了大批的穷苦民众，他们缺钱购买生活用品等消费资料。

这种现象充分暴露出了资本主义生产关系、分配制度和自由市场存在固有矛盾和缺陷，资本家对利润的强烈追求导致产量增长迅速，而普通大众和劳动者因收入问题产生消费不足，消费增长缓慢。生产过剩和消费不足的矛盾激化，最终导致了 1929 年美国严重的经济危机。危机期间，美国的工业生产下降了 56.6%，其中生铁产量减少了 79.4%，钢产量减少了 75.8%，汽车产量减少了 74.4%，整个加工工业工人人数减少 42.7%，支付工资总额降低 57.7%，失业总人数达 1200 多万人。危机使资本主义世界的各种矛盾进一步激化，德、意、日三国法西斯乘机上台，它们相继对外发动了侵略战争，直至 1939 年第二次世界大战全面爆发。

罗斯福当选为美国第 32 届总统后，他首先对金融市场进行整顿，在全国实行《紧急银行法令》，审查通过有偿付能力的银行，给它们颁发经营许可证，并动员国民把钱存到这些可靠的银行里。其次是用扩大政府投资的办法，兴办大规模的公共设施，以此来解决严重的社会失业问题，同时宣布“工赈计划”，对有工作能力的失业者提供就业的机会，明确规定政府对他们不能发放救济金。罗斯福曾说过：对有工作能力的美国人发放救济金，是对他们的侮辱。罗斯福实施的“新政”帮助美国度过了 1929 到 1933 年的严重的经济大萧条，也为资本主义经济理论家提供了实践依据。1936 年凯恩斯发表了《就业、利息与货币通论》，认为国家不能对严重的经济危机放任自由，而必须进行干预，他为国家干预经济的合理性提供了一整套经济学的证明。

凯恩斯主张政府要根据不同的经济背景使用不同的财政政策：在经济萧条时，采用扩张性的宏观政策；而经济过度膨胀时，采用紧缩性的宏观政策。凯恩斯认为，要使财政政策起到稳定经济的作用，必须打破财政预算年度平衡的原则。因为这种年度平衡的预算财政会加剧经济波动。在衰退时，税收必然随收入的减少而减少；通货膨胀时，税收必然随收入的增加而增加。在经济衰退时，政府应实行赤字预算；通货膨胀时，政府财政预算应有结余，这样政府在财政目标和政策手段方面才具有灵活性和调控力。

在凯恩斯理论的指导下，资本主义经济又重新繁荣起来。但是，从此产生了这样一种倾向，过去，国家的年度财政预算出现赤字的时候，政府总是有一种愧疚感，认为他们没有把经济搞好，报告当年的财政赤字的时候总是躲躲闪闪不好意思。根据凯恩思理论，出于政府干预经济的需要，政府打破了年度财政的预算平衡，完全有理由举债过日子，举债办事业，政府的开支没有了约束。到了 20 世纪 70 年代，欧美政府已是债务累累，经济出现了

"滞胀危机"。长期以来，资本主义经济一般表现为：物价上涨时期经济繁荣、失业率较低或下降，而经济衰退或萧条时期的特点则是物价下跌，失业率升高。西方经济学家据此认为，失业和通货膨胀不可能呈同方向发生。但是，自20世纪70年代初以来，西方各主要资本主义国家出现了经济停滞或衰退、大量失业和严重通货膨胀以及物价持续上涨同时发生的情况。政府再怎么举债投资，也无助于经济的继续繁荣。1973—1975年的资本主义世界经济危机期间，美国及西欧都发生了这种情况。

2.新自由主义和金融危机

以主张自由放任资本主义而闻名的经济学家弗里德曼认为，滞胀的形成是战后推行凯恩斯主义和加强国家干预的恶果。他们认为，政府干预经济过多导致开支增大，赤字增加，不得不用滥发钞票的办法来弥补，同时也削弱了市场机制的作用，支持了不成功的企业，反而使物价、工资、生产受到不利影响，造成低效率和高浪费。政府开支增加必然提高税率，打击企业和居民的积极性，挫伤人们的储蓄意愿。这些情况，都会造成经济停滞。弗里德曼提倡将政府的角色最小化以让市场自由运作，主张经济自由，反对政府干预，以保证政治和社会自由。他的理论对20世纪80年代开始的美国里根政府、英国撒切尔政府及其他许多国家的经济政策产生了重大影响。

20世纪80年代起，受弗里德曼思想的影响，英、美等国纷纷推出"新自由主义"政策。新自由主义继承了古典自由主义经济理论的自由经营、自由贸易等思想，并走向极端，大力宣扬"三化"。一是"自由化"。他们认为自由是效率的前提，"若要让社会裹足不前，最有效的办法莫过于给所有的人都强加一个标准"。二是私有化。在他们看来，私有制是人们"能够以个人的身份来决定我们要做的事情"，从而成为推动经济发展的基础。三是市场化。他们认为离开了市场就谈不上经济，无法有效配置资源。新自由主义特别强调和坚持三个"否定"。一是否定公有制。几乎所有的新自由主义者都一致地指出，"当集体化的范围扩大了之后，经济变得更糟而不是具有更高的生产率"，因此，不能搞公有制。二是否定社会主义。在新自由主义者们看来，社会主义就是对自由的限制和否定，必然导致集权主义，是一条"通往奴役之路"。三是否定国家干预。在他们看来，任何形式的国家干预都只能造成经济效率的损失。新自由主义带来的一个副产品是经济全球化。经济全球化是人类社会发展的一个必然趋势和一个自然历史过程。但经济全球化并不排除政治和文化的多元化，更不等于全球经济、政治、文化一体化。

新自由主义并不是鼓吹一般的经济全球化，而是着力强调要推行以超级大国为主导的全球经济、政治、文化一体化，即全球资本主义化。

新自由主义思想概括起来，就是自由化、私有化、市场化及全球一体化。这些思想是针对欧美20世纪70年代出现的经济长期滞胀和社会危机提出来的。20世纪80年代美国的里根革命和英国首相玛格丽特·撒切尔大刀阔斧的改革，无不预示着自由市场思想的回归、私有企业的复苏以及国家角色的重新定位。新自由主义经济让欧美社会在20世纪80年代中期恢复了经济繁荣和乐观情绪。

新自由主义思想对20世纪80年代的东欧和苏联产生了广泛的影响，为80年代末90年代初的东欧剧变和苏联解体做了思想动员和舆论准备。挟持着冷战胜利的强势，1990年以新自由主义学说为理论依据的"华盛顿共识"出笼，市场原教旨主义和民主原教旨主义甚嚣尘上。从20世纪80年代末开始，原苏联和东欧国家几乎是齐步走式地奔向自由化、私有化、民主化、市场化。政治和经济的"休克式"疗法造成了这些国家在不同长短时期内处于休克状态，一些国家至今没有找到自己的方位。

与东欧和苏联不同，随着经济全球化带来的产业全球性分工和布局，亚洲国家将主要精力放在融入经济全球化的浪潮之中，成为全球产业链中制造业的重要一环。制造业的繁荣使亚洲逐渐崛起，形成若干个新兴经济体，而西方特别是美国成为高科技和高端金融领域的中心。当高端金融业在美国东海岸大放异彩的时候，美国的西海岸也成为高科技产业的中心。随着20世纪90年代高科技产业的蓬勃发展，美国涌现出了一大批具有世界竞争力和影响力的个人电脑、网络技术和信息技术企业，如微软、苹果、网景、易趣、亚马逊、英特尔、雅虎、谷歌等，这类企业的崛起使美国进一步把那些污染严重、高能耗和低附加值的传统制造业外包给世界其他地方，而在美国国内致力于发展清洁无污染、高利润率、高附加值的高科技产业和金融产业。

到20世纪90年代后期，美国网络经济出现了"非理性的繁荣"，美国股市的高科技板块陷入了疯狂之中。投资者将大量财富投入到价值被高估的高科技公司中，产生了大量"网络经济泡沫"。到2000年3月，以技术股为主的NASDAQ（纳斯达克）综合指数攀升到最高点，网络经济泡沫也达到最高点。此后出轨的经济开始失控，网络经济泡沫开始破裂。在2000年3月到2002年10月间，美国的网络技术公司约5万亿美元的市值烟消云散。

一批网络公司在把风险投资资金花完后停止了交易，许多公司甚至还没有盈利过。

按照新自由主义思想，金融产业要发展就需要放松管制。美国一再通过制定和修改法律来放宽对金融业的限制，推进金融自由化和所谓的金融“创新”。其中有一项叫作“次级抵押贷款”，金融机构向那些还款能力低、信用低的老百姓借贷购房款，制造房地产价格只升不降的神话，即使是失业者和没有经济来源的人也可以用“次级抵押贷款”购房。金融机构敢于如此冒险，是因为“次级抵押贷款”比标准抵押贷款的利率要高许多，就像放高利贷一样，虽然高风险，却是高回报。还有一项是金融衍生品交易，解除相关限制后，金融衍生品可以不通过交易所直接进行交易，这使得金融衍生品市场急速发展。其价值在 1987 年到 2007 年的 20 年间从 8660 亿美元增长到 454 万亿美元。著名的金融学家费利克斯·罗哈廷曾经警告说金融衍生品会成为“金融界的氢弹”。

2007 年，美国的贷款利率开始上涨，房地产出现不景气。购房者没有还款能力，纷纷违约，引起次级抵押贷款机构的破产、投资基金被迫关闭及股市剧烈震荡等金融风暴，这就是发生在美国的“次贷危机”。次贷危机引发的金融危机是美国 20 世纪 30 年代“大萧条”以来最为严重的一次金融危机。

源于美国的金融危机 2008 年蔓延到西方多国，席卷了美国、欧盟和日本等世界主要金融市场，直接冲击了实体经济。危机引发了世界范围对国际金融体系和自由市场的反思，其焦点在于政府是否应干预市场及干预的程度等问题。一方认为应继续让市场这只“看不见的手”解决危机，而另一方要求政府介入干预，否则会产生更大的灾难。最后的结果是，美国政府不得不介入干预，其他国家也跟进干预。美国国内的“市场原教旨主义”者自嘲说:美国已不是一个市场经济国家。

3.西方民主政治和债务危机

通过刺激消费，以高消费带动高增长，是推动经济发展的一种重要手段。但如果没有创造出高价值，还要维持高消费，唯一的办法就是寅吃卯粮，通过“透支”来支撑高消费。但无论是政府还是民众，一旦“透支”超过其实际偿还能力，就会出现系统性的财政和金融问题。

美国“次贷危机”引发的金融危机，还引爆了许多西方资本主义国家的债务危机。美国国债一再突破法定最高限度。2011 年 8 月 3 日，美国国会参议院以74票赞成、26票反对的表决结果通过了旨在提升联邦政府借贷上限和削减预算开支的法案。如果法律不允许美国政府继续借钱,那么几小时后美国政府就会出现债务违约。新通过的法案将当年14.3万亿美元的联邦政府借贷上限提高了2.4万亿美元,并规定在未来10年间削减赤字额度2.1万亿美元。即使经过这种程度的削减,美国国债负担预期还是会在未来10年内再增加7万亿美元。2013年,美国的国债总额已经超过了16万亿美元,国债超过了美国的年国民生产总值15.9万亿,平均每个美国公民负债5万美元。

美国次贷危机的爆发使得欧元区长期被隐藏的债务问题凸显出来。欧洲各资本主义国家的经济政策基本上也是经历了亚当·斯密的"自由放任"、凯恩斯的"政府干预"和新自由主义的"进一步自由放任"几个发展阶段。随着1986年建立欧洲单一市场决定的实施,欧盟在自由经济体和全球化方向上迈出了重要一步。在1992年通过的《马斯特里赫特条约》中,欧洲同意实行一致的外交政策,发行统一的货币。在2002年元旦,欧元开始在欧盟的12个国家流通。2004年5月的"欧盟大扩张"使10个新国家加入了欧盟,欧洲创造了世界上最大的单一市场。欧盟的扩大不仅仅关系到欧洲的重新联合,也是全球化的关键——消除壁垒以实现人员、资本和商品的自由流动。到了2007年,欧盟的成员国已达到27个,成为一个拥有近5亿人口的庞大经济体,其经济总量超过了美国和中国。

欧洲各国政府为了刺激经济的发展,积累了数量可观的财政赤字。像希腊等一些国家养成了高消费低付出的国民习惯。希腊人的工资收入比美国人还高,而工作时间比世界其他国家都低,政府完全没有能力负担国民的这种奢侈生活,只能靠透支维持,也就是举债过奢侈的日子。希腊加入欧盟以后,欧元区成员国都可以自己发行欧元,增发货币的透支方式也很容易。希腊经济发展水平相对较低,资源配置极其不合理,以旅游业和航运业为支柱产业的希腊经济难以抵御危机的冲击。此外,意大利、葡萄牙、西班牙、爱尔兰均是欧元区中相对落后的国家,其工业基础薄弱,经济更多依赖于劳动密集型的出口制造业和旅游业。随着全球贸易一体化的深入,新兴市场的劳动力成本优势超过了南欧国家的劳动力优势。而这些国家未能及时调整产业结构,也不肯降低福利待遇,导致其财政赤字猛增,2010年希腊财政赤字占GDP比重达到了10.4%,而爱尔兰这一比重更是高达32.4%。对于欧盟的债务危机,欧盟内部在救援和自救方案上争吵不息,犹豫不决,使得欧债危机长期处于胶着状态，导致了欧债危机的进一步蔓延。

西方民主政治是西方国家债务危机的重要深层次原因。西方普遍实行多党制和选举制度。西方的党派总体上可分为左派和右派，左派政党主张"高福利、高税收"，右派政党主张"低税收、低福利"。在一人一票的选举民主制度中，最后为了连任和争取选票，最终实施的都是"高福利、低税收"的政策，政府财政入不敷出，债台高筑，长此以往，难以为继。

议会民主政治和自由市场经济是在欧美肌体中生长形成的政治治理手段和经济发展形式，其形成和发展经历了漫长过程，有其深刻的历史、社会、经济和文化背景。作为工业文明的发源地和先发国家，欧美近代以其强大的综合实力领先世界其他地区，并形成了其文明和文化的优越感。特别是在获得了冷战胜利后，西方取得了意识形态话语主导权，将议会民主政治和自由市场经济推崇至极致，成为政治正确的教条。这个教条不仅伤害着西方自己，也伤害了许多转型国家。

纵观近代以来世界格局变化和各国的发展，19 世纪是资本主义和社会主义的分化期，20 世纪是资本主义和社会主义的竞争期。当前，人类社会已进入 21 世纪。从历史长河看，无论是共产主义的理想社会还是资本主义、社会主义的现实社会，都是人类文明发展的思想和实践成果。把理想当成现实，会脱离实际，虚无缥缈，这是传统社会主义阵营的理想主义和浪漫主义的缺陷；把现实当成理想，会故步自封，夜郎自大，这是资本主义阵营取得冷战胜利后傲慢自大的内伤。

四、中国道路及其崛起

21 世纪中国"崛起"的道路并非一帆风顺。中国重回世界舞台中心，既是作为一个古老文明的传承者，也是一个现代文明的开拓者。中国曾数千年领先世界，到清末经历内忧外患而跌入低谷，但通过中国人民长达百年的奋斗和牺牲，中国又以自己的方式快步赶了上来。中国有深厚的文化底蕴，有辉煌的历史，有众多的民族、巨大的人口和广袤的国土，中国的国情决定了中国不会也不可能照搬他国制度和发展模式，不会也不可能靠侵略他国掠夺财富以实现强国富民，更不会也不可能成为他国的附庸。新加坡资深政治家李光耀曾说过："中国就是中国，而不是西方的一分子。"中国的发展继承了中华文明的优秀传统，借鉴了苏美道路的成功经验，克服了苏美模式的缺陷和不足，坚定地走上了中国特色社会主义道路。

1. 探索实践与道路抉择

中国从农业文明社会向工业文明社会的转型之路一波三折。洋务运动由于甲午战争惨败而破产，中国的工业化被打断。此后到新中国成立的半个世纪间，中国内忧外患，战争不断，国内国际环境恶劣，中国面临的急迫和重要的任务是实现民族独立、国家统一、重建政府。中国的工业化进程总体处于停滞状态。新中国成立后，中国开始了再续工业化进程，这一过程也充满了艰辛与曲折。

在人类社会工业化进程中，曾出现过两种经济运行模式——计划经济和市场经济，其区别在于如何处理政府、市场在经济活动中的作用。冷战时期东西方两大阵营意识形态的对抗将两种经济模式推向极端：政府计划经济（以原苏联为代表，由政府完全控制经济运作，排斥市场的作用）和自由市场经济（以美国为代表，由市场这只“看不见的手”解决所有经济问题，排斥政府的作用）。意识形态的对立将“政府主动掌控”和“市场自动调控”两个本属经济活动的运作方式变成了东西方阵营的政治标识，成了东西方阵营“政治正确”的判断标准。

在新中国成立前夕，针对以美国为首的西方世界对中国新生政权的抵制和封锁，毛泽东在《论人民民主专政》一文中提出了“一边倒”的方针，旗帜鲜明地向全世界宣布，中华人民共和国将坚定不移地站在以苏联为首的社会主义阵营一边。毛泽东在该文中指出：苏联人民在列宁、斯大林的领导下，不但会革命，也会建设。“他们已经建设起来了一个伟大光辉灿烂的社会主义国家，苏联共产党就是我们最好的先生，我们必须向他们学习。”这一方针对新中国的建设和发展产生了巨大而又深远的影响。当时的中国是一个满目疮痍、积贫积弱的国家，毛泽东在《论十大关系》中用“一穷二白”形容当时中国的状况：“我们一为‘穷’，二为‘白’。‘穷’就是没有多少工业，农业也不发达。‘白’就是一张白纸，文化水平、科学水平都不高。”中国要在这样的状况下建设社会主义，可以借鉴的只有苏联的经验。经过短暂的 3 年时间，中国就基本完成了战后经济恢复，迅速进入了从新民主主义社会向社会主义社会的过渡阶段。中国提出了过渡时期的总路线，简称“一化三改造”。“一化”就是要实现国家的社会主义工业化，目的是发展生产力，从农业社会转型进入工业社会。“三大改造”就是要实现国家对农业、手工业和资本主义工商业的社会主义改造。“三大改造”的目的，是逐步改变生产关系，使社会主义公有制在整个国民经济中占主导地位。中国仅用了 4 年的时间，在

1956年就基本完成了生产关系社会主义改造。由于受当时苏联、东欧等国对社会主义建设和发展乐观形势的影响，中国在没有实现工业化的情况下就匆匆进入了社会主义，参照苏联模式，实行高度集中的政府计划经济体制，开始了社会主义建设。

在政府计划经济体制下，经济计划安排一般是由中央计划部门收集有关资源的状况、生产能力与消费需求的各种信息，然后计算稀缺资源应当怎样在不同部门、不同地区和不同生产单位之间配置，以期获得最大的产出，最后根据计算的结果，编制统一的国民经济计划，并把这个计划层层分解下达，直到基层单位执行。[①] 由于各方面经济因素的复杂性和多变性，中央计划部门不可能掌握社会一切经济活动的全部信息，全社会也不可能做到一丝不苟地执行中央制订的经济计划。其结果是，中央计划很难符合客观实际情况，甚至计划指标完全脱离实际。1956年2月，赫鲁晓夫在苏共第二十次代表大会上，做了全盘否定斯大林的秘密报告。毛泽东曾说，赫鲁晓夫反斯大林的秘密报告，一是揭了盖子，这是好的，二是捅了娄子，全世界都震动了。一方面，秘密报告在各社会主义国家里引起了混乱，一些社会主义国家中出现了怀疑和否定社会主义和国际共产主义运动的倾向，在波兰和匈牙利甚至发生了社会动乱，最后苏联不得不动用军事干预和镇压，才将动乱平息。报告在其他一些国家的共产党内也引起了争论和分裂。另一方面，资本主义世界趁机掀起了反苏反共的浪潮，借机攻击苏联，诬蔑社会主义和国际共产主义运动的历史，否定社会主义制度。为了反击资本主义阵营的进攻，证明社会主义制度优越于资本主义制度，中苏的经济工作都走向了急进和冒进。在中国制订第二个五年计划前夕，赫鲁晓夫提出了苏联经济“15年超过美国”，中国也不甘示弱，毛泽东随即宣布中国的钢铁产量“15年赶超过英国”，之后在一次次即兴讲话之后，15年的钢铁赶超目标又缩到了3年，并以此为依据制订了冒进的经济指标，在全国兴起了“大跃进”运动。违背经济规律的“大跃进”付出了惨重的代价，经济冒进的挫折又使中国的工作重心从经济建设逐步转向思想斗争、政治斗争及阶级斗争，思想从“反右”走向“极左”，最终酿成了“文化大革命”这样的浩劫，使中国经济和社会滑入崩溃的边缘。

---

① 吴敬琏：《改革的实质：从集中计划经济转变为市场经济》，载《中国经济改革文库》第1卷，北京出版社，1992年，第419页。

早在1895年3月，恩格斯在逝世前不久在致威·桑巴特的信中说："马克思的整个世界观不是教义，而是方法。它提供的不是现成的教条，而是进一步研究的出发点和供这种研究使用的方法。"①恩格斯的这段话反映了他对马克思理论的精辟理解，可以视为他的临终遗言。把马克思的世界观归结为方法，这就要求人们不能教条地对待他们的理论和著作，不能教条地固守他们关于未来社会的某些原则设想，必须把马克思的理论当作进一步研究的出发点和研究的方法，结合新的时代、新的历史条件，结合各国不同的国情加以发展。唯有如此，我们才能够得到马克思恩格斯理论的"精髓"。在经历了从"建立社会主义"到"共产主义不再遥远"，再到"社会主义初级阶段"，在经历了30年左右的风风雨雨之后，中国对国情和发展阶段的把握，变得更全面、更深刻，也更富有理性。马克思和恩格斯设想的社会主义是建立在生产力水平高度发达的基础之上的，在经济落后的国家建设社会主义是历史性的新课题。从长远角度看，超越生产力水平的生产关系变革，最终反而会阻碍生产力的发展，造成生产力发展的停滞甚至倒退，破坏经济社会发展和人民生活水平的改善。苏联的解体引发了人们对政府计划经济的广泛反思，实践证明政府计划经济总体上是不成功的。用政府这双"看得见的手"全面掌控经济活动的各个方面，不仅做不好，而且会导致灾难性后果。

事实也表明，欧美的自由市场经济也有问题，寄希望于用市场这双"看不见的手"自动调控经济活动的各个方面，也会产生严重的问题，经济危机频发就是教训。而2008年始于美国并蔓延至许多国家的金融危机，本质上是美国市场原教旨主义者引火烧身，表明美国式自由市场蕴藏着巨大的威胁和破坏力。

经历了冷战国际环境磨炼、国内经济建设挫折及社会激烈动荡的中华民族，以其深厚的文化底蕴和民族凝聚力，根据中国国情和发展现状，走上了自主探索中国特色社会主义的道路。邓小平在1982年9月党的十二大开幕词中首次提出了"建设有中国特色的社会主义"这一命题。他说："我们的现代化建设，必须从中国的实际出发。无论是革命还是建设，都要注意学习和借鉴外国经验。但是，照抄照搬别国经验、别国模式，从来不能得到成功。这方面我们有过不少教训。把马克思主义的普遍真理同我国的具体实际结合起来，走自己的道路，建设有中国特色的社会主义，这就是我们总结

① 《马克思恩格斯选集》第4卷，人民出版社，1995年，第742页。

长期历史经验得出的基本结论。"[①]这段话无疑是对中国过去革命与建设的经验和教训的精辟总结。建设有中国特色的社会主义的提出，标志着中国在指导思想上完全摆脱了教条主义的束缚。从走苏联人的路到走中国自己的路，从照搬斯大林模式到探索中国方案，向西方学习也结合中国实际，消化吸收，推陈出新，表明中国在建设社会主义的道路上已进入了自觉自醒、自主创新的新阶段。从此，中国在改革开放的创新实践中，不断提炼新思想，总结新经验，增添新内容，丰富和完善了中国特色社会主义的理论、制度体系和文化内涵。

中国特色社会主义道路既非传统苏联式社会主义道路，也绝不是现实美国式资本主义道路。"社会主义的本质，就是解放生产力，发展生产力，消灭剥削，消除两极分化，最终达到共同富裕。"它的宗旨是为全体人民过上美好幸福生活，而不是为某一特定利益集团服务，因而它具有鲜明的社会主义特征。中国特色社会主义冲破了传统社会主义的教条主义束缚，克服了脱离现实的浪漫主义冲动，在吸收借鉴了资本主义发展的文明成果和成功经验的同时，克服了西方政治和经济的原教旨主义说教和诱惑，避开了激进的"民主化"和"自由化"导致的社会分裂、国家解体、经济停滞衰退等重大陷阱。中国没有走封闭僵化的老路，也没走改旗易帜的邪路。通过改革开放，中国特色社会主义道路焕发出强大的活力、动力、生命力和创造力，实现了连续 40 年经济的高速和中高速增长，让 7 亿多人口摆脱了贫困，创造了世界历史上一个又一个的建设和发展奇迹，实现了中国崛起。

德国广受尊重的前总理施密特说过："中国文化同西方文化有着本质不同，因此，中国的社会发展必须走与西方国家不同的道路。就如当年古罗马不同于古希腊，雅典也不同于斯巴达，今天中国的社会关系也同样与美国、德国、英国的社会关系有本质不同，一切都按照美国模式操作的想法，只有美国人才会有。"中国文化重视家庭，强调集体利益而非个人至上，追求社会和谐稳定，强调依靠共识而非对抗来解决矛盾和问题。中国人重视政府作用，强调政府的责任，视政府为社会秩序的维护者和公众利益的保护人。西班牙前外长皮克也认为，今天中国的政治发展是中国自己历史传统的一种独特延续，这种延续决定了中国道路的独特性。

中华文明拥有很强的入世文化。中国没有西方意义上的神学传统，中

① 《邓小平文选》第 3 卷，人民出版社，1993 年，第 2—3 页。

国文化中对人生、对现实、对社会的关注总是第一位的。中国传统文化的哲学思维使中国很早就进入了前现代社会，而不像欧洲，神学传统和思维使欧洲在罗马帝国崩溃后进入了近千年的宗教社会。“实事求是”是个中国式的概念，主张从事实中寻找真理。实事求是主张一切从实际出发，理论联系实际，在实践中检验和发展真理，反对本本主义和教条主义。实事求是使中国思维更注重结果而非形式，邓小平曾说过，不管白猫黑猫，抓到老鼠就是好猫。他认为，贫穷不是社会主义，社会主义的根本任务就是解放和发展生产力，应允许让一部分人先富起来，再走共同富裕的道路。实事求是也使中国摆脱了西方理性主义纯逻辑思辨，强调了一切理性活动需要由社会实践的结果来检验，而检验的标准就是：是否有利于发展社会主义社会的生产力，是否有利于增强社会主义国家的综合国力，是否有利于提高人民的生活水平。

中国的改革开放是在“实践是检验真理的唯一标准”的大讨论中启动的，这场讨论拉开了中国改革开放的序幕，也是中国改革开放解放思想的“启蒙运动”。在中国改革开放之初，邓小平把“解放思想、实事求是”确立为中国共产党思想路线的精髓和核心要义，使中国摆脱了东西方教条主义的束缚。中国改革没有教条地接受西方话语中对“自由市场是什么”“民主政治是什么”等论述，而是力求结合国情和发展阶段，不断反省和批判未经中国自己实践检验过的概念和信仰，通过自己的“实践”来对现有的各种观念做出自己独立的评判。中国改革开放的实践不是靠“价值真理”本身的推演，而是通过自己的成功实践，形成自己的“实践真理”、价值判断和道路选择。邓小平说过一句很通俗但很著名的话：摸着石头过河。中国的改革总是从“试验”“实践”开始，改革措施先在小范围内试点，成功了再推广，然后再制定相关的规定、法律直至修宪，用的是归纳方法，而非演绎逻辑，即从试验和实践中总结经验产生理论，再用理论来指导实践。这种方式使中国避免了一个又一个政治和经济浪漫主义冲动，特别是避开了激进的“民主化”“自由化”等民主政治和自由市场原教旨主义的陷阱。

在经济改革方面，邓小平曾深刻指出：计划经济不等于社会主义，资本主义也有计划；市场经济不等于资本主义，社会主义也有市场①。中国以其“中道和谐”的哲学思想及“和而不同”文化包容性，创造性地将传统上看似

① 邓小平：《社会主义也可以搞市场经济》，载《邓小平文选》第2卷，人民出版社，1994年，第236页。

水火不容的“社会主义”和“市场经济”结合在一起，渐进推动政府的计划经济向社会主义市场经济转型。中国的社会主义市场经济与美国的自由市场经济最显著的区别在于中国的市场经济有政府宏观调控和干预，以避免市场经济脱缰而失控；它与苏联社会主义计划经济的区别在于中国市场经济逐步让市场在资源配置中起决定性作用，从而充分发挥市场在经济活动中的地位和作用。中国的“社会主义市场经济”本质上是一种混合经济体制，它是“看不见的手”与“看得见的手”的结合，是市场的力量和政府的力量的组合，既具有市场经济资源配置的有效性，也保持了政府在经济宏观调控上的高效性。

在政治建设方面，西方近现代国家是在“政府是必要的恶”的政治哲学思想基础上建立的。在西方历史上，由于强势政府曾带来过很多问题，如对外的民族冲突和国家战争、对内的宗教迫害及横征暴敛等，西方很多人把政府看作是坏事的祸根，但无政府又行不通，所以政府是一种“必要的恶”，唯一的办法是对它进行各种限制，防止它做坏事。西方议会民主政治是欧洲在封建社会的王权和贵族势力及宗教势力的博弈中产生的国家政治结构和治理方式，有其久远和深刻的历史和社会背景，也是西方社会约束政府行为的方式和手段。在西方资本主义发展和工业化的进程中，其经济和社会是在比较自然的状态下发展起来的，经历了一个漫长的过程。政府几乎被排斥在经济和社会领域之外，仅当面临经济和社会危机的情况下，才允许政府涉足经济和社会领域。中国的历史传统与西方不同，中国历史上辉煌的时代都和强势朝廷联系在一起，中国传统中把政府看成是“必要的善”①，强调和重视政府在经济和社会发展中的责任，把政府视为经济发展的推动者和社会公正的保护人。中国的改革开放也是在政府的强力主导和推动下实施的，实现了中国经济长期的高速发展，并带来了社会的巨变。欧洲启蒙思想家很早就发现中国古代不实行欧洲的贵族分封制度（即封建制度），国家和政府无须向贵族特权势力妥协，从而可以较中立地实行统治。福山在他的著作《政治秩序的起源》中认为：如果统一的、中立的中央政府是现代国家的标志的话，那么中国是世界上最早的现代国家。当代中国政府仍保持了统一、中立的特质，不允许任何利益集团左右政府的决策。

民主的本质是一种决策的方法，民主的作用在于决策结果符合多数人

① 张维为：《中国触动全球》，新华出版社，2008年，第221页。

的意愿。民主与专制对立，相对于专制，民主是一个巨大的进步。民主已成为现代社会的共同追求，各国民主政治的区别主要在于实现民主的方式、手段及效果。西方一般把民主界定为形式民主，即程序民主、选举民主。而民主的目的在于实现实质民主，即决策结果的科学性、合理性，能实现国家的良好治理以及人民的整体和长远利益。形式民主最终结果的科学性、合理性建立在“理性人”的假设基础上，即人能客观、中立地做出理性选择。而实际上，人既是理性的，又是感性的和非理性的。美国学者布莱恩·卡普兰在《理性选民的神话：为何民主制度选择不良政策》一书中指出了“理性人”假设的要害。正是由于“理性选民”的不确定性，选民的选票会被各种利益集团所利用，进而对社会造成损害。西方国家的债务危机本质上是西方民主政治的危机，2017 年以来，西方政治的民粹主义倾向也是一个危险的征兆。中国坚持和完善人民代表大会制度，没有照抄西方那种议会制度；中国坚持和完善中国共产党领导的多党合作和政治协商制度，没有照搬西方那种多党制。相对于西方的政治制度强调民主的“形式”和“程序”，以保证决策代表多数人的意见，中国的政治制度把更多注意力放在了民主的“实质”和“结果”上，把决策的科学性、合理性和有效性作为更加优先的考量。

中国对发展道路的选择并非“非此即彼”，并不是在告别了苏联模式之后就去选择西方模式，而是从中国实际出发，学习其他国家一切好的东西，但以我为主，自己来拿，不让别人牵着鼻子走。这方面中国与如今的俄罗斯和东欧国家不同。俄罗斯和东欧国家全面接受西方发展模式，希望通过激进的改革，变成西方式国家，但大都导致了经济衰退和社会大动荡。在其进行“休克疗法”的激进改革后，俄罗斯在一段时间里赢得了西方的高度赞誉。但不久俄罗斯就发现，照搬欧美模式很难适应俄罗斯的经济和社会发展要求，直到普京执政，俄罗斯才开始纠正激进改革的弊端。但一旦这样做，俄罗斯就被视为开始走回头路，西方对俄罗斯是一片责难。经过诸多曲折之后，那里的政治人物和社会民众才意识到，尽管民主政治是现代社会的价值追求，但民主的实现形式需要结合各国国情和实际，西方民主不是灵丹妙药。如果一个江湖郎中说，他有一剂膏药能包治百病，有常识的人都不会相信。对于解决各国社会和政治问题，西方民主也是如此。

恩格斯曾指出：“所谓‘社会主义社会’不是一种一成不变的东西，而应当和任何其他社会制度一样，把它看成是经常变化和改革的社会。”①正如邓小平在为十一届三中全会做准备的中央工作会议上所说：“一个党，一个国家，一个民族，如果一切从本本出发，思想僵化，迷信盛行，那它就不能前进，它的生机就停止了，就要亡党亡国……只有解放思想，坚持实事求是，一切从实际出发，理论联系实际，我们的社会主义现代化建设才能顺利进行，我们党的马列主义、毛泽东思想的理论也才能顺利发展。”②正是以这样的思想为指导，中国开启了改革开放的伟大进程。

2. 改革开放与中国崛起

历史不能重演，但有时却有惊人的相似之处。中国新民主主义革命走了一条农村包围城市、武装夺取政权的道路，最后取得了新民主主义革命的胜利，建立了新中国，中国人民从此站了起来。以 1978 年党的十一届三中全会为起点的中国改革开放，也是先从农村开始的，从此中国开始了从站起来向富起来的转变，并由此实现崛起。

中国改革开放确立了比较合理的渐进的顺序：先试点，后推广；先农村，后城市；先沿海，后内地；先经济，后政治。这种做法的好处是，第一阶段的改革为第二阶段的改革创造了条件。改革不求一步到位，但求持续渐进、分轻重缓急，最后通过逐步积累而完成。

从 1978 年 12 月十一届三中全会到 1984 年 10 月十二届三中全会的近 6 年时间里，中国改革的重点在农村，普遍实行了多种形式的家庭联产承包责任制，使农业生产结束了长期徘徊的局面，出现了“超常增长”的新态势，为解决人民的温饱问题创造了良好条件。在城市，主要进行了企业改革试点，扩大企业的经营自主权，使企业活力有了一定的提高。与此同时，开始兴办经济特区，开放了 14 个沿海港口城市。可以说，改革开放呈现一派喜人景象。

1978 年 11 月，安徽省凤阳县小岗村实行“分田到户，自负盈亏”的家庭联产承包制，拉开了中国对内改革的序幕。家庭联产承包责任制的实行，从经济利益上充分地激发了农民生产的积极性，使我国的农业生产有了突破性的发展。1981 年全国农业总产值比 1980 年增长 5.7％，1982 年家庭联产承包制在全国全面推广，当年全国农业总产值比 1981 年增长了 11.2％，

① 《马克思恩格斯全集》第 37 卷，人民出版社，1971 年，第 443 页。

② 《邓小平文选》第 2 卷，人民出版社，1994 年 10 月第 2 版，第 143 页。

主要的农、牧、渔业产品大都创历史最高水平，粮、棉、油分别比1981年增长了8.7%、21.3%和15.8%，出现了前所未有的喜人景象。[①] 家庭联产承包责任制不仅使农民真正掌握了生产自主权，而且促进了劳动生产率的提高。

1979年7月，中央正式批准广东、福建两省在对外经济活动中实行特殊政策、灵活措施，迈开了对外开放的历史性脚步。1980年5月，中国决定在深圳、珠海、汕头和厦门这四个城市设立经济特区，以减免关税等优惠措施为手段，通过创造良好的投资环境，鼓励外商投资，引进先进技术和科学管理方法，以促进经济社会发展。在试点的基础上，根据改革的推进和深入，此后建立了海南经济特区和上海浦东、天津滨海两个新区，还先后建立了一批国家级高新区、保税区、出口加工区、保税物流园区、保税港区和综合保税区等。经济特区在中国的改革开放和现代化建设中一直发挥着试验田、探路者的作用。

1984年10月中国共产党中央委员会召开了十二届三中全会，制定了《中共中央关于经济体制改革的决定》，决定确立发展有计划的商品经济，建立具有中国特色的、充满生机和活力的社会主义经济体制。《中共中央关于经济体制改革的决定》标志着改革的重点从农村转移到了城市。1986年启动全民所有制企业改革，小型企业试行租赁、承包经营，大中型企业实行多种形式的经营责任制，各地选择少数有条件的大中型企业进行股份制改革试点。这个阶段，以增强企业活力为中心，配套地进行市场建设和价格改革以及宏观经济体制改革。到1989年，中国大多数人的温饱问题已基本解决，一部分人开始向小康和富裕迈进。

1989年至1991年是现代历史上的特殊时期。在这期间，发生了东欧剧变，东欧社会主义国家相继发生了政权更迭、社会制度剧变。1989年11月，被视为冷战标志和东西方分界线的“柏林墙”被推倒；1991年年底，苏联在走过69个春秋之后宣告解体。在英美推动的政治民主化和经济自由化浪潮中，东欧和独联体国家纷纷走上了欧美式道路。中国国内也对中国发展方向、道路及方式等问题发生了严重分歧，改革开放进程出现了停滞。面对复杂的国际国内形势，邓小平提出了“冷静观察、稳住阵脚、沉着应付、韬光养晦、善于守拙、决不当头、有所作为”的战略方针。“中国肯定要沿着自己选择的社会主义道路走到底。谁也压不垮我们。只要中国不垮，世界上

① 韩荣璋：《中国共产党对有中国特色社会主义道路的探索》，湖北教育出版社，1998年，第288页。

就有五分之一的人口在坚持社会主义。我们对社会主义的前途充满信心。”为重启改革开放进程，1992年邓小平进行了一次南行并发表系列重要讲话。邓小平在总结中国社会主义革命和建设的探索实践、东欧剧变和苏联解体的经验和教训后告诫全党，“右”可以葬送社会主义，“左”也可以葬送社会主义，中国要警惕“右”，但主要是防止“左”。把改革开放说成是引进和发展资本主义，认为和平演变的主要危险来自经济领域，这些就是“左”。不搞改革开放，就是死路一条。计划多一点还是市场多一点，不是社会主义与资本主义的本质区别，计划和市场都是经济手段。邓小平南行系列讲话为改革开放定调、助阵，掀起了新一轮思想解放的浪潮，打破了一些长期以来的思想禁忌。长期以来，社会主义同市场经济被认为是水火不容的两个东西。无论是马克思主义经典理论家，还是他们的继承者，无论是西方市场经济理论，还是东方社会主义经济理论，都把市场经济视为资本主义的专利。邓小平将马克思主义的基本原理与当代中国社会主义实践相结合，突破了“社会主义与市场经济对立”的传统观点，明确了“计划和市场都是经济手段”，突破了传统思想的束缚，实现了社会主义理论的一次历史性飞跃。中华民族以实事求是精神，在改革的道路上再次扬帆起航。

以1992年10月中共十四大召开为标志，中国的改革进入了建立社会主义市场经济体制的新阶段。改革企业经营体制与机制，使企业成为自主经营、自负盈亏、自我发展、自我约束的法人实体和市场竞争主体；组建企业集团和实行跨国经营，实行企业破产，扩大股票市场和各类股份制改革试点；建立各类生活资料批发市场、生产资料交易市场及劳动力市场；逐步放开价格管制，建立市场形成价格的机制；深化企业劳动人事、工资分配、社会保险制度的改革等。在中国对内改革如火如荼之时，对外开放也取得了前所未有的成就，形成了“沿海—沿边—沿江—内陆地区”全方位多层次对外开放的格局。自此之后，中国的改革开放如脱缰野马，一路狂奔，如同踩下了改革列车的油门，不断给改革提速升级。20世纪90年代后，以互联网为标志的信息技术迅猛发展，掀起了经济全球化的浪潮。通过产业国际分工、国际贸易、资本流动、技术转移、服务外包等形式，世界经济冲破了国界，越来越融为整体。在经济全球化进程中，社会分工在全球范围内进行，资金、技术等生产要素可以在国际流动和优化配置，推动了世界经济的发展。中国的改革开放踏上了经济全球化的步伐，通过引进外资、先进技术和管理经验，中国的经济和社会发展迅猛，综合国力得到提升，人民的生产和生活方式也发生了翻天覆地的变化。

1997年7月1日零点，全世界都在聆听从东方响起的庄严钟声。它响彻寰宇，向五洲四海郑重宣告：中华人民共和国恢复了对香港行使主权。就在这一天，中英两国政府完成交接仪式，香港特别行政区宣布成立，圆了中华民族期盼了一个多世纪的香港回归梦。鸦片战争后，中国被迫割让香港岛给英国。20世纪80年代，时任英国首相玛格丽特·撒切尔认为香港没必要回到中国的手中，因为她认为香港是自由资本主义的一颗明珠，是英国殖民统治智慧的证明。英国的官员们只好一次又一次地向撒切尔解释，并引用撒切尔自己的名言说明“我们别无选择”，因为国际法、权力政治格局以及时间都在中国一边。中国巧妙、耐心而坚决地实现着自己的意图，最终香港移交以和平方式完成。香港回归，标志着中国人民雪洗了香港被侵占的百年国耻，“一国两制”的安排充分体现了中华民族的智慧，标志着我们在完成祖国统一大业的道路上迈出了重要一步。香港回归是中国实力上升的标志之一，谁也不能否认，实力不断上升的中国正在走向崛起，香港回归的整个过程也集中向世界展示了中国所追求的“和平崛起”。

当一个地区和国家崛起时，危机和挑战有时会接踵而至，如果应对正确，就能化危为机，成为崛起的机遇，否则，可能会陷入困境而满盘皆输。1997年7月2日，也就是香港回归中国的第二天，泰铢贬值引发了东南亚金融危机，随后迅速蔓延成亚洲的金融危机。亚洲和中国经济面临着严峻的考验。

亚洲的成长故事是以二战后日本的崛起开场的。虽然在二战期间日本是中美共同的敌人，但是，二战后东西方冷战的阵营对峙，使日本在西方的远东战略地位骤然改变，成为西方阵营在东北亚和太平洋的桥头堡，被美军占领的日本迅速从二战时美国的对手转换为冷战的盟友。在美国的大力支持下，日本经济在二战的废墟中快速恢复，并在20世纪60—70年代迅速崛起。日本经济崛起后，接着是“亚洲四小龙”的腾飞，中国香港、中国台湾、新加坡和韩国在20世纪80年代推行出口导向型战略，重点发展劳动密集型的加工产业，在短时间内实现了经济的腾飞，一跃成为全亚洲发达富裕的地区和国家。到1985年，日本取代美国成为世界上最大的债权国，日本制造的产品充斥全球。面对日本资本疯狂扩张的脚步，美国人惊呼“日本将和平占领美国”。与此同时，美国财政赤字剧增，对外贸易逆差大幅增长。美国希望通过美元贬值来增加产品的出口竞争力，以改善美国国际收支不平衡状况。1985年9月22日，美国、日本、联邦德国、法国以及英国的财政部长和中央银行行长在纽约广场饭店举行会议，达成五国政府联合干预外汇市场的协议，诱导美元对主要货币的汇率有秩序地贬值，以解决美国巨额贸易赤字等问题。因协议在广场饭店签署，故该协议又被称为“广场协议”。广场协议签订后，日元大幅升值，其国内经济泡沫急剧扩大，最终在房地产泡沫破灭后，日本经济陷入了长期停滞。

在20世纪90年代初，虽然日本经济陷入停滞，但经济全球化浪潮推动了包括中国、印度在内的其他亚洲国家的经济快速发展，东南亚国家在90年代初经济发展迅速，出现了“亚洲四小虎”。泰国、马来西亚、菲律宾和印度尼西亚四国的经济在20世纪90年代像80年代“亚洲四小龙”一样突飞猛进，泰国一度成为世界上经济发展最快的国家。一些东南亚国家采取了通过举债透支支撑经济高增长的手段。但到了90年代中期，东南亚一些国家已不具备还债能力，由于金融系统的缺陷和监管缺失，产生了大量不良资产，房地产吹起的泡沫形成了众多银行贷款的坏账和呆账。[①] 经济全球化也是一把双刃剑，资本的逐利本能必然会显露出它的投机和残酷本性。1997年7月2日，由“量子基金”为首的国际炒家对亚洲金融市场的疯狂投机，造成了泰铢贬值，并迅速演变为东南亚金融危机。随后引发的亚洲金融危机一直持续到1998年年底，造成泰国、马来西亚、印度尼西亚、菲律宾、新加坡、韩国、日本、俄罗斯等国家以及中国台湾和香港地区的货币对美元汇率和股市狂跌，一批银行和证券公司相继破产。亚洲各国多年来创造的财富纷纷贬值，资产大幅缩水，许多大型企业倒闭，工人失业，经济萧条，一些国家的政局也开始混乱，东南亚国家从20世纪90年代初开始的高增长奇迹被终结。与此同时，一些欧美国家利用亚洲货币贬值、股市狂泻的时机，纷纷兼并亚洲企业，购买不动产，以微小的代价轻易攫取了大量财富，亚洲多年来创造的财富成了国际炒家及一些西方国家的“囊中之物”。在亚洲金融风暴中，中国承受了巨大的压力。与亚洲其他国家采取的应对策略不同，中国政府本着高度负责的态度，从维护本地区稳定和发展的大局出发，不仅坚持人民币不贬值，还在国际货币基金组织的框架内及双边渠道，向泰国等东南亚国家提供资金支持。同时，中国采取各种措施扩大内需，刺激经济增长。由于中国实行比较谨慎的金融政策，采取了一系列防范金融风险的措施，资本账户没有开放，国际资金的流出流入受到严格管制，虽然危机对中

① 封文丽：《从亚洲金融危机到国际金融危机》，冶金工业出版社，2009年，第9页

国出口造成较为明显的影响,但是危机对中国金融系统的直接冲击有限。受亚洲金融危机打击最严重的国家是泰国、印度尼西亚和韩国。在1997—1998年,韩国的国内生产总值大约下降了30%,泰国的国内生产总值大约下降了40%,新加坡和马来西亚也深受影响。但是亚洲的两个正在崛起的巨人——中国和印度却几乎没有受到太大的影响,虽然它们的发展速度有所减缓,但是却没有陷入萧条。大多数人都开始认为,中国和印度的发展必将震撼整个世界。

1998年是中国改革开放20周年,这一年中国不仅承受住了亚洲金融危机的冲击,还经受住了长江、嫩江、松花江全流域特大洪水的冲击。全国共有29个省(区、市)遭受了不同程度的洪涝灾害,受灾面积3.18亿亩,受灾人口2.23亿人,死亡4150人,倒塌房屋685万间,直接经济损失达1660亿元。在大洪灾面前,中国军民万众一心,众志成城,不怕困难,顽强拼搏,坚韧不拔,最终战胜了洪灾,并很快恢复了正常的生产和生活。也是在这一年,中国取代日本成为东亚地区最大进口国和世界第三大贸易国。

冷战结束后,美国在军事、科技和经济等诸多领域拥有绝对优势,成为唯一的超级大国。美国确立了以维护美国霸权为总目标的国家安全战略,加紧全球战略扩张,试图按照自己的意愿建立单极世界。通过1991年第一次海湾战争,美国打击了伊拉克的地区霸权和萨达姆政权,主导和控制了海湾地区的局势;1993年起美国通过北约东扩,不断挤压俄罗斯的战略空间;1996年在台海危机中,美国派遣两支航母战斗群前往台湾海域,为李登辉为首的"台独"势力撑腰,遏制中国军演警告"台独"的努力;1999年通过科索沃战争,美国拔除了东南欧地区最后一个被西方视为异己的南联盟米洛舍维奇政权,并轰炸了中国驻南联盟大使馆。2001年1月小布什上台后,受共和党保守主义影响,美国开始调整安全战略和对外政策,将俄罗斯和中国列为潜在的战略竞争对手。

21世纪初,正当美国准备将重心转向遏制中俄时,一个重大事件改变了历史走向。2001年9月11日上午8点40分至9时许,4架美国国内航班几乎被同时劫持。其中两架先后撞向美国纽约世界贸易中心双子楼,两座110层建筑在遭到攻击后相继倒塌,附近多座建筑也因受震而坍塌;另一架被劫持的客机撞向位于华盛顿的美国国防部五角大楼,五角大楼局部结构损坏并坍塌;第四架被劫持飞机在宾夕法尼亚州坠毁,失事前机上乘客试图从劫机者手中夺回飞机控制权。这架被劫持飞机目标不明,估计劫机者的袭击目标是美国国会山或白宫。“9·11”事件是发生在美国本土的最为严重的恐怖袭击行动，遇难者总数高达2996人。联合国发表报告称，此次恐怖袭击造成美国经济损失达2000亿美元，相当于当年生产总值的2%，此次事件对全球经济所造成的损害甚至高达1万亿美元左右。作为对这次袭击的回应，美国通过了爱国者法案，发动了“反恐战争”。2001年10月7日，美国总统乔治·布什宣布对阿富汗发动军事进攻，消灭藏匿在那里的策划实施“9·11”恐怖袭击的基地组织恐怖分子和头目本·拉登。“9·11”事件后，美国将反恐作为国家首要的战略任务，中国一时不再是美国的首要防范和遏制对象，这使中国面临的国际战略环境有了一个缓冲期。经过15年漫长的艰苦谈判和努力争取，在“9·11”事件发生3个月后，中国于2001年12月11日正式加入世界贸易组织，重新回归到世界经济大家庭中。中国加入世界贸易组织，按世贸组织的规则，履行自己的权利和义务，标志着中国的改革开放进入一个崭新阶段，中国对内改革和对外开放进程进一步增速，中国经济开始全面融入世界经济之中。特别是在中美经济关系中，逐步形成了你中有我、我中有你的格局。2003年3月，美国以伊拉克藏有大规模杀伤性武器并暗中支持恐怖分子为由，绕开联合国安理会，单方面对伊拉克实施军事打击。美国发动的伊拉克战争，从军事角度看，美国彻底打败了萨达姆，并把萨达姆送上了绞刑架，达到了战争目的；但从战略角度而言，美国发动战争的理由根本就不成立，萨达姆既没有大规模杀伤性武器，也没有暗中支持恐怖分子。美国不仅国际道义形象受损，而且深陷阿富汗和伊拉克两场战争泥潭之中近10年之久，难以自拔。虽然“9·11”事件给了美国领导世界反恐的合法地位，反恐成为美国发动战争的合法理由，但国际安全形势似乎是“越反越恐”。“9·11”事件以来，参加反恐战争越积极的国家，它们面临的恐怖主义威胁就越严峻，许多积极参加军事反恐的国家政府面临着国内民众日益增多的不满，民众抱怨政府的反恐政策引来了新的安全威胁。

当历史的车轮驶入2007—2008年，历史上惊人相似的一幕再次上演。在东南亚金融危机引发的亚洲金融危机整整10年之后，2007年3月，美国第二大次级抵押贷款机构新世纪金融公司因濒临破产被纽约证券交易所停牌，引发了美国的次贷危机。随后，次贷危机迅速由美国蔓延至欧洲、亚洲及全球，并在2008年演化为全球性金融危机，对世界各国经济发展产生了严重的冲击。令亚洲各国震惊的是，当美国和欧洲2008年遭受金融危机打击的时候，欧美国家实行的政策，看起来和 10 年前国际货币基金组织要求亚洲国家实行的政策刚好相反。亚洲金融危机爆发时，国际货币基金组织要求亚洲各国提高利率、削减政府开支、让经营不善的银行倒闭，以此作为提供金融支持的条件。相对于亚洲国家，这些政策更符合西方债权人和西方银行的利益。在 2008 年金融危机爆发后，西方各国均采取了大幅下调利率、帮助银行脱困、大幅增加财政赤字开支等措施。

2008 年注定要成为中国及世界历史上的特殊之年。这年是中国改革开放 30 周年，通过 30 年的积累，在美国金融危机爆发的时候，中国的外汇储备已达近两万亿美元，如此庞大的外汇储备使得决策者们面对西方的对手时，信心大幅提升。同时，越来越多西方人开始意识到美国情报委员会所说的“财富和经济实力由西方向东方史无前例地大转移”的现实。危机也动摇了西方自冷战胜利后建立起来的政治民主化和经济自由化的自信。2008 年也是中国和世界的奥运之年，北京奥运会计划在 2008 年 8 月 8 日举行。就在奥运盛典举行 3 个月前的 5 月 12 日，在中国西南的四川省汶川县，8 级强震猝然袭来，大地颤抖，山河移位，满目疮痍。汶川地震让半个亚洲震动，让整个世界震惊。汶川地震是新中国成立以来破坏性最强、波及范围最广的一次地震，地震重创了约 50 万平方公里的中国大地，其中以陕甘川三省震情最为严重。截至 2008 年 9 月 18 日 12 时，这次地震遇难者共有 69227 人，受伤 374643 人，失踪 17923 人，直接经济损失达 8452 亿元。关键时刻中国政府反应迅速，温家宝总理对灾区群众高度关切的形象和他亲临第一线的鲜明姿态一次次出现在电视屏幕上；中国军队的反应速度，人员、装备、物资投放能力均给人留下深刻印象；大批志愿者和救援人员不约而同地涌向灾区参加救灾。面临巨大灾难，中国再次展现出坚韧与顽强。正是这种不屈不挠的精神把这个已经无数次遭受过外来入侵和各种灾难的国家一次又一次地从废墟中拯救过来。中国在汶川地震救灾中的表现，赢得了全世界的普遍尊重和赞扬。3 个月后，中国人以特有的好客文化，擦干了眼泪，面带微笑，张开双臂，热情迎接来自世界各国的运动员、记者和游客。北京奥运会开幕式气势恢宏、美轮美奂、激动人心，世界都把目光聚焦到北京，一个古老而又现代的开放中国正在向世界展露出新的姿态。北京奥运会“同一个世界，同一个梦想”的口号，体现了中华民族和全人类追求美好未来的共同愿望；表达了中国人民与世界各国人民共建美好家园，同享文明成果，携手共创未来的崇高理想；表达了一个拥有五千年文明、正在大步走向现代化的伟大民族致力于和平发展、社会和谐、人民幸福的坚定信念；表达了13亿中国人民为建立一个和平而美好的世界做出贡献的强烈心声。北京奥运会共创造43项新世界纪录及132项新奥运纪录，共有87个国家和地区在赛事中取得奖牌，中国以51枚金牌居金牌榜榜首，是奥运历史上首个登上金牌榜榜首的亚洲国家。中国成功举办奥运会的一个月后，中国成功实现了太空行走，茫茫太空第一次留下了中国人的足迹，使中国成为与美、俄并列的世界第三个拥有这一技术的国家。

2008年美国引发的金融危机，使人们开始怀疑美式自由市场经济模式，而美国政府出资7000亿美元挽救股市的政策，更是动摇了人们对自由经济原则的信仰。在福山提出“历史终结论”20年后的2009年，哈佛大学教授尼尔·弗格森在英国《金融时报》上发表文章说：可能是在2005年首次于上海外滩散步的时候，可能是后来在重庆听当地干部描绘未来中国西部金融中心的时候，也可能是在北京奥运会的开幕式上，他从中国这三个地方的巨变中悟出了一个大命题：世界正在见证“西方500年支配地位的终结”。

自1978年至2008年中国改革开放30年间，中国的GDP以平均每年9%以上的速度增长，中国是历史上增长速度最快的经济实体。中国的国内生产总值增长了18倍。而在相同的时间段内，原苏联和东欧的经济增长为1倍左右。当然，多数转型经济国家的起点比中国高。苏联解体前的经济规模比中国大，但2008年中国经济的规模已是俄罗斯的4倍多。与此相对应的是，英国在实现工业化的1830年至1900年的70年间，国内生产总值只增长了4倍。美国前财政部长劳伦斯·萨默斯做过一个估算：如果说英国工业革命期间，一个人的生活水平在自己的生命周期里翻了1倍的话，那么在中国当今这场工业化大潮中，一个中国人的生活水平在自己的生命周期内翻了7倍。2008年，中国的GDP超越德国，列世界第三位；到2010年，中国的GDP超越日本，跃居世界第二位。2011年年底中国外汇储备为3.2万亿美元，成为世界上最大的外汇储备国。2013年中国超越美国成为世界最大贸易国，这一年中国成为世界128个国家的最大贸易伙伴，远远超过第二名美国的76个。

中国已经发展成为世界工厂，是世界最大的制造业国家，中国的钢铁、水泥、电解铝、煤、电视机、电冰箱、家具、化肥等众多工业产品的产量居世界第一。中国不仅仅制造廉价的服装玩具和过去那些零碎低价的产品及配件，全世界有超过70%的智能手机是中国制造的，中国品牌占全球市场份额的一半，中国还生产了全世界 80%的太阳能电池板、空调、个人电脑等。到 2009 年，中国汽车产销量跃居世界第一。

中国崛起还体现在中国百姓的财富增长和脱贫上。中国的发展已经使超过 7 亿人摆脱了贫困，脱贫人数占全世界总数的四分之三。2010 年，中国大约已经有上亿个家庭的净资产超过美国家庭的中位水平。中国家庭净资产总值也已经超越了美国，按照 2012 年的官方汇率，为 69.1 万亿美元，比美国家庭净资产总值(57.1 万亿美元)高 21%。

2008 年美国非常有影响力的皮尤研究中心对 24 个国家进行调查，86%的中国人对国家的总体状况表示满意，这个数字远高于其他国家。2008 年 3 月，在美国“世界民意网站”对全球领导人信任度的民调中，中国领导人在本国的信任度为 93%，远远高于西方领导人。

从世界发展历史的角度看，中国崛起的最大特点就是和平。19 世纪欧洲崛起时，欧洲国家之间的冲突和战争几乎没有间断过，欧洲的殖民运动给美洲、非洲、澳洲及亚洲带来了无数灾难。19 世纪中叶美国崛起时，美国发动了与墨西哥的战争，使美国获得了包括加利福尼亚州在内的大片土地和丰富资源。美国南北战争后，美国开始了对印第安人的大规模杀戮，上千万的印第安人惨遭杀害，美国无偿获得了大量的土地和资源。19 世纪下半叶日本明治维新成功后，立刻对中国发动了甲午战争，击败中国后，日本勒索赔款达 2.3 亿两白银，相当于当时中国政府 3 年的财政收入。日本用这些中国的巨额赔偿投资教育、开办工厂、建设城市、扩军备战，整体经济和军事实力迅速地上了一个新台阶。而中国在崛起的过程中，对外没有发动战争，对内保持了安定团结，这是人类历史上的一个非同寻常的奇迹。

中国崛起的不只是经济，还包括中国新型的发展模式及其背后的文化。当代著名的英国历史学家阿诺德·汤因比曾对世界不同文明体系做了详尽的比较和研究。他认为：“就中国人来说，几千年来，他们比世界任何民族都成功地把几亿民众从政治文化上团结起来。他们显示出这种在政治、文化上统一的本领，具有无与伦比的成功经验。这样的统一正是今天世界的绝对要求。”

3.跨越陷阱与民族复兴

面对中国实力的迅速崛起，世界正在经历着百年未有之大变局，中国崛起是近百年来唯一一个非西方的大型文明的崛起。西方一些人心理上一时难以适应，还有的人内心充满焦虑，甚至感到恐惧。随着中国发展的起伏波动，“中国崩溃论”时隐时现，“中国威胁论”如影随形。当中国发展遇到问题时，“中国崩溃论”沉渣泛起；而当中国发展高歌猛进时，“中国威胁论”喧嚣扰动。世界潮流，浩浩荡荡，西方实力相对衰落，中国实力相对上升，这是当今世界发展的客观现实。中国没有发生如西方某些人所期待的崩溃，也没有主观意愿去威胁他国，中国只是希望走自己发展的道路，走中国特色社会主义道路。这条路虽然与当年苏联走过的路不同，也与当今欧美国家走过的道路不同，但它是一条适合中国发展的道路。过去 40 多年的实践证明，中国只有走自己的路，走中国特色社会主义道路，中国的经济和社会才得以快速发展。今后也只有继续坚持走这条路，才能实现中国全面崛起并走向民族复兴。在这个过程中，中国不仅需要向世界发出中国声音，讲好中国故事，让“中国崩溃论”“中国威胁论”失去市场，而且要以如临深渊、如履薄冰的心态，确保避开“中等收入陷阱”和“修昔底德陷阱”。如果说避开第一个陷阱主要要靠中国自身的努力，那么，能否避开第二个陷阱考验的是中美两个大国的智慧。

早在东欧剧变、苏联解体时，西方兴起了第一波的“中国崩溃论”。那时西方“历史终结论”盛行，认为历史将终结于西方式议会民主政治和自由市场经济，中国必然会被西方资本主义所征服。但中国顶住了各种压力，坚持走自己的道路，推进改革开放，进入了建立社会主义市场经济的新阶段。

2001 年 7 月，也就是中国加入世界贸易组织的前夕，美籍华裔律师章家敦出版了《中国即将崩溃》一书。章家敦认为，中国四大国有银行的坏账“已经高到不能维持的地步”。在中国加入世界贸易组织的冲击下，中国的对外贸易将出现逆差，而且由于全球经济不景气，对中国的投资也会减少。其结论是，“与其说 21 世纪是中国的世纪，还不如说中国正在崩溃”。他断言，“中国现行的政治和经济制度最多只能维持 5 年”，“中国的经济正在衰退，并开始崩溃，时间会在 2008 年中国举办奥运会之前，而不是之后”。“中国即将崩溃”的观点提出后，在美国引起了很大的反响。美国国会甚至为此专门举行了听证会，许多专家和学者也大谈中国经济存在的种种问题，如质疑中国的经济统计数据不真实、中国金融系统坏账问题等。一些人力图使人们相信，中国并非人们看到的那样繁荣，中国正在崩溃。

2002 年 1 月，在中国加入世界贸易组织后引发第一波投资中国热的大背景下，美国《中国经济》季刊的主编斯塔德维尔在其出版的《中国梦》一书中把中国经济比喻为“一座建立在沙滩上的大厦”。他预言中国将出现大规模的政治和经济危机，并警告投资者“不要轻易把亿万美元的投资扔进中国这个无底洞”。4 月 1 日，美国《时代周刊》也刊登了一篇题为《中国为什么造假账?》的文章，称中国已“被虚浮的数字淹没”，“在某种程度上，中国作为经济大国的名声是建立在纯属虚假的基础上的”。

事实发展证明，从 2001 年到 2008 年的 8 年间，中国不仅没有崩溃，而且在 2004—2007 年，中国 GDP 增长超过了 10%，GDP 总量从 2001 年的世界排名第 6 上升至 2008 年的世界排名第 3。与章家敦的预测正好相反，2008 年中国没有崩溃，而当年美国爆发的金融危机及之后在西方世界蔓延的债务危机，却导致了人们对西方自由市场及民主政治信念的动摇。美国经济和金融体系的脆弱程度让绝大多数美国人始料未及，甚至连那些原本深信“历史终结论”的人也被这场来势汹汹的危机吓了一跳。从某种角度上看，所谓美国模式，反而是一个搭建在借贷之上的“寅吃卯粮”难以为继的繁荣。金融危机导致欧盟国家的负债水平猛涨，到了 2010 年，由于希腊的国家债务高达本国国内生产总值的 115%，希腊政府依靠向国际市场举债渡过难关的可能性变得微乎其微。债务危机的阴霾笼罩着整个欧盟，重创了葡萄牙、西班牙、意大利等国，迫使欧盟建立一个规模将近 1 万亿美元的庞大应急基金，以备有欧盟国家出现财政紧急状态时救急使用。欧洲人突然意识到，他们一直以来引以为傲的“欧洲模式”，即慷慨大方的政府福利到头来也难以为继。

到 2008 年，中国经济已深度融入世界经济中。国际金融危机全面爆发后，中国经济增速快速回落，出口出现负增长，大批农民工返乡，经济面临硬着陆的风险。为抗击金融危机对中国和世界经济的冲击，中国实施了一项总计达 4 万亿元人民币的经济刺激计划。计划的实施避免了世界经济的进一步恶化，也使中国经济在 2008—2009 年一枝独秀，仍然保持了较快增长。但在短期内注入巨额资金，也使中国经济出现了资本泡沫，特别是房地产泡沫。经济界对信贷投资导致生产能力过剩的担忧也在增加。2010 年年初，有关“中国经济站在悬崖边”的论调开始在一些西方媒体露头。进入四五月份，一些西方大腕级对冲基金经理及经济学家，集中向中国经济的“软肋”开火。华尔街著名对冲基金经理查诺斯声称，中国飙升的房地产业，是由大量涌入的投机资本支撑起来的，中国的情况“比迪拜糟糕 1000 倍，甚至更严重”。他甚至怀疑，超过 8% 的经济增长，“也是中国伪造的”。香港对冲基金“独立战略”总裁大卫·罗奇指出，作为全球第三大经济体的中国已“站在悬崖边”，“面临着银行大规模放贷带来的不可避免的冲击”。哈佛大学经济学教授罗格夫也不无担忧地说，中国“因过度放贷引起的经济泡沫”破灭后，中国的经济增长有可能将跌至最低2%的水平，并引发一场在10年内都会造成影响的地区性经济衰退。

中国是一个大国，东西南北中的经济和社会发展不均衡，区域、产业和行业之间差异大。中国如同一头大象，以盲人摸象的方式，往往不能窥其全貌，只看中国经济政治社会的某一个方面或某一个地方的问题或成就，往往会得出完全相反甚至自相矛盾的结论。其实，华尔街有一些人专门选择做空与中国有关的股票和债券，他们向媒体散布“中国崩溃论”，一方面是为了向投资者解释其投资策略，另一方面也是希望制造相关舆论，打压中国经济，制造市场恐慌情绪，以便浑水摸鱼，从中牟利。除了利益驱动外，有些观点也源自少数西方人看待中国等新兴经济体时一贯持有的偏见。

事实上，就在西方的“中国崩溃论”甚嚣尘上的2010年，中国的GDP总量超过了日本，跃居世界第二位。2010年中国人均国内生产总值达到4561美元，迈入了中等收入国家行列。自2012年中国经济增速换挡以来，有关中国经济可能落入“中等收入陷阱”的声音接着响起。相对于“中国崩溃论”，“中等收入陷阱”确实是需要中国努力去跨越的。

2006年，世行《东亚经济发展报告》首次指出了“中等收入陷阱”现象。一个经济体的人均收入达到世界中等水平(人均GDP在4000～12700美元的阶段)后，如果不能顺利实现发展战略和发展方式的转变，会导致新的增长动力特别是内生动力不足、产业升级艰难、城市化进程受阻、经济长期停滞不前等经济问题。同时，快速发展中积聚的问题集中爆发，造成腐败现象严重、环境污染严重、贫富分化加大、社会矛盾凸显和社会失序动荡等社会问题。例如巴西、阿根廷、墨西哥、马来西亚、菲律宾和泰国等国家，在20世纪70年代均进入了中等收入国家行列，但直到2007年，这些国家仍然挣扎在中等收入国家的发展阶段，并且看不到增长的动力和希望。

二战后，很少有中等收入的经济体成功地跻身为高收入国家，大多数国家进入中等收入国家后，往往陷入了经济增长的停滞期，既无法在低端产业及工资方面与低收入国家竞争，又无法在中高端产业及高科技产品方面与富裕国家竞争。国际上公认的成功跨越“中等收入陷阱”的国家和地区有日本和“亚洲四小龙”，但就比较大规模的经济体而言，仅有日本和韩国实现了由低收入国家向高收入国家的转变。日本的人均国内生产总值在1972年接近3000美元，到1984年突破1万美元。韩国的人均国内生产总值1987年超过3000美元，1995年达到了11469美元，2014年更是达到了28101美元，进入了发达国家的行列。从中等收入国家跨入高收入国家，日本花了大约12年时间，韩国则用了8年。从日本、韩国等国的经验看，最根本的是要成功实现经济发展模式转型，特别是从“模仿”到自主创新的转换。比如，韩国20世纪70年代的“汉江奇迹”主要依靠出口导向战略，但此后将发展方向从扶持和保护产业转向鼓励竞争和创新，1986年制定《面向21世纪的科学技术发展长期计划》，颁布《提高产业技术五年计划（1989—1993年）》，明确提出技术开发的主体由政府转向企业，使产业竞争力持续提升。同时，日本和韩国在由中等收入转向高收入国家的进程中，都较好地控制了收入差距的扩大，日本1960年实施“国民收入倍增计划”，韩国20世纪70年代推行“新社区运动”，缩小了城乡和居民收入差距，使初次分配更趋均衡，为跨越“中等收入陷阱”创造了较为稳定的社会环境。

经过30多年的改革开放，中国于2010年进入了中等收入国家的行列，这也意味着中国跨入了经济社会发展的新阶段和新起点。但中国经济社会发展也积累了不少问题，而且有些问题还相当严重。在经济方面，中国经济新的增长动力特别是内生动力不足，产业转型升级艰难；在社会方面，腐败现象严重，环境污染严重，贫富分化加大，社会矛盾凸显，许多“中等收入陷阱”的经济社会典型迹象已经开始显现。2012年中共十八大报告指出，中国经济和社会“科技创新能力不强，产业结构不合理，农业基础依然薄弱，资源环境约束加剧，制约科学发展的体制机制障碍较多，深化改革开放和转变经济发展方式的任务艰巨；城乡区域发展差距和居民收入分配差距依然较大；社会矛盾明显增多，教育、就业、社会保障、医疗、住房、生态环境、食品药品安全、安全生产、社会治安、执法司法等关系群众切身利益的问题较多，部分群众生活比较困难；一些领域存在道德失范、诚信缺失现象；一些干部领导科学发展能力不强，一些基层党组织软弱涣散，少数党员干部理想信念动摇、宗旨意识淡薄，形式主义、官僚主义问题突出，奢侈浪费现象严重；一些领域消极腐败现象易发多发，反腐败斗争形势依然严峻”。这些问题严重制约着中国经济社会的发展。

在迎接新的挑战时，以习近平同志为核心的党中央，高举中国特色社会主义伟大旗帜，按照“经济建设、政治建设、文化建设、社会建设、生态文明建设”的“五位一体”总体布局，提出了“全面建成小康社会、全面深化改革、全面依法治国、全面从严治党”的“四个全面”的战略布局，树立创新、协调、绿色、开放、共享的“五大发展理念”，朝着“两个一百年”奋斗目标，即在中国共产党成立一百年时全面建成小康社会，在新中国成立一百年时建成富强、民主、文明、和谐、美丽的社会主义现代化强国，开拓进取。中国提出和实施了一系列重大战略，从实施“一带一路”倡议到发起创办亚洲基础设施投资银行，从打造中非合作升级版到推进亚太自贸区进程，从亚太经合组织领导人非正式会议、二十国集团领导人杭州峰会、金砖国家领导人厦门会晤、亚信峰会到倡导构建人类命运共同体，中国不断推进全球治理体系变革，在产业转型升级、转变经济发展方式、消除腐败、生态治理、减小两极分化等方面，均取得了突破性进展。

2015 年 5 月，中国正式启动《中国制造 2025》，这是中国政府打造制造强国战略第一个十年的行动纲领。中国将通过“三步走”实现制造强国的战略目标：第一步，到 2025 年迈入制造强国行列；第二步，到 2035 年中国制造业整体达到世界制造强国阵营的中等水平；第三步，到新中国成立一百年时，综合实力进入世界制造强国前列。《中国制造 2025》确定了 10 个领域，作为未来发展重点。10 个领域包括新一代信息技术产业、高档数控机床和机器人、航空航天装备、海洋工程装备及高技术船舶、先进轨道交通装备、节能与新能源汽车、电力装备、农机装备、新材料、生物医药及高性能医疗器械等。此后，中国出台了相关发展规划和《“中国制造 2025”分省市指南》，批复 5 个城市和 3 个城市群开展城市(群)试点示范，因地制宜、特色突出、区域联动、错位竞争的制造业发展新格局初步形成。一批重大标志性项目推进实施，高端装备发展取得系列重大突破，一连串“卡脖子”问题得到解决。

2017 年 5 月，来自“一带一路”沿线的 20 国青年评选出了中国的“新四大发明”：高铁、支付宝、共享单车和网购。中国制造业产值已连续多年来等于美国、日本和德国之和，高铁已成为中国制造业转型升级的标志。中国政府主导的城市和基础设施扩建，如高铁、港口、桥梁、隧道、高速公路和地铁，已成为近几十年来中国经济奇迹的主要增长动力之一。高铁在这方面发挥着至关重要的作用，它们缩小了中国这个庞大国家的距离，同时也成为中国高科技产品的名片。到 2016 年年底，中国高铁运营里程超过 2.2 万公里，占世界高铁运营总里程 60% 以上，位居全球第一，到 2020 年，中国高铁里程将达 3 万公里。除了国内的发展，中国高铁触角还遍及四大洲 20 多国。2017 年 7 月，《财富》杂志发布了一年一度的世界五百强名单，中国公司有

115 家，其中大陆 109 家，占了全球 20%以上。年营业额为 3150 亿美元的中国国家电网公司排名第二，仅次于美国零售商沃尔玛公司，中国国家电网公司雇用员工超过 90 万人。进入前十名的还有中国石化公司和中国石油公司，这两家公司每年营业额都分别超过 2500 亿美元。

数字经济是一种新型经济形态，它以信息技术为基础，将第一、第二和第三产业紧密融合在一起，并能对传统农业、制造业和服务业进行现代化改造和数字化提升，促进产业升级，提高产业效能。目前，世界的数字经济主要由两个区域主宰，它们分别位于太平洋的东西两岸，美国西海岸的西雅图、洛杉矶有苹果、谷歌、脸书、亚马逊、特斯拉等巨无霸，中国东海岸的杭州、深圳有阿里巴巴、腾讯和百度等中国龙。阿里巴巴主导了在线电子商务，百度成为中国最重要的搜索引擎，腾讯通过微信这一多功能应用软件控制了游戏和多媒体聊天领域，这些公司也在开拓中国以外的市场。虽然从 2012 年开始，中国经济进入增速换挡期，但中国的中高速增长始终为全球经济增长提供了强有力的支撑。瑞士信贷银行称，该银行统计的中国中产阶层的总资产已超过 7 万亿美元，超过法国、德国或英国相应人口拥有的财富。中国的发展不仅在中国催生了一个规模超过美国人口的中产阶级群体，也为全球经济创造了巨大的商机。联合国发布的《2018 年世界经济形势与展望》指出，2017 年全球经济增长速度达到 3%，是自 2011 年以来的最快增长。其中，中国对全球经济增长的贡献最多，约占三分之一。中国已连续五年对世界经济增长贡献率超过 30%。

“独角兽”企业是指估值达到 10 亿美元以上的初创企业，主要产生于高科技领域，在互联网领域尤为活跃。“独角兽”企业的多少和成长速度快慢被视为衡量一个经济体创业环境和经济发展前景好坏的重要风向标。波士顿咨询公司与阿里巴巴和百度公司在 2017 年发布的一份调查报告指出，中美两国“独角兽”公司数量几乎持平，但中国的“独角兽”公司一般只需花 4 年时间就能达到 10 亿美元的神奇目标，相比之下，美国类似的公司需要 7 年时间。而且在中国创立的这些“独角兽”企业中，有 46%的公司两年就实现了这一目标，而在美国，这一比例仅为 9%。中国的“独角兽”企业出现的速度远远快于美国企业，并且规模更大。与传统生产模式不同，中国的技术生态系统更加集中，适应快速行动，它能够在几天或几周，而不是几个月就能将设计概念变成产品样品。

世界知识产权组织（WIPO）2011 年的报告指出，中国的专利申请数量第一次超过美国,成为世界第一大专利申请国,占了全世界比例的四分之一。中国的中兴通讯公司(2836件专利)超过日本的松下(2463件),成为全球最大的专利申请人公司。排在第三位的则是中国的民营企业华为,它把主要竞争对手美国高通公司挤出了前三。英国《自然》杂志2014年1月9日载文:中国的研发强度超过欧洲。中国以高于经济增长的速度向科技斥资,中国首次在一项关键创新指标上超过欧洲:研发资金占GDP的比重。根据经合组织的研究结果,2012年中国将其1.98%的GDP用于研发,超过了欧盟28个成员1.96%的总体比例。据欧洲专利局称,中国2017年的国际专利申请数量同比增长了16%以上,而且大部分中国的国际专利来自数字通信和计算机技术等高科技领域。

俄新社2018年4月14日报道,世界知识产权组织的数据显示,2017年中国的发明专利申请受理量占全球总量的42.8%,美国仅占19.4%,日本和韩国各占10.2%,欧洲和其他国家占5.1%和15.8%,创新力已向中国和其他亚洲国家转移。这个趋势早在10年至15年前就已出现,而且速度越来越快。中国高等教育的迅速发展,为中国经济、社会和科技发展提供了强有力的支撑。在2004年,中国有1333.5万名注册大学生,这个数量在10年内翻了将近一番,2014年中国有超过2547万名普通高校在校生。中国国家统计局和教育部发布的最新数据显示,2017年中国有在校大学生人数为2695.8万人,应届大学毕业生795万人,普通本专科招生748.6万人。中国具有大学教育程度的人口已达近两亿人。数据显示,2017年年底中国各类出国留学人数达60.84万人,各类留学回国人员总数为48.09万人。从1978年至2017年年底,中国累计有519.49万人出国留学,313.2万人选择在完成学业后回国发展,占已完成学业群体的83.73%。这些数据说明,全球的智力资源正流向中国。

消费、投资和出口是推进一个国家经济增长的三驾马车。长期以来,中国消费增长明显滞后于经济增长,在GDP中的占比逐年下降。消费率在20世纪80年代中期为65%左右,到2007年降到48.8%。同期,投资率从80年代中期的35%左右上升到42.3%,出口从几乎为0上升到8.9%,形成了中国经济增长严重依赖投资和出口拉动的局面。过高的投资率导致生产能力增长过快,超过消费需求的消化能力,导致产能过剩、经济效益下降。国内消费需求不足,过剩产能只能通过出口来消化,这也导致中国与一些主要贸易国家贸易摩擦数量不断增加,摩擦强度不断加剧。中国是个崛起中的巨型国家和经济体，这与之前的“亚洲四小龙”不同，“亚洲四小龙”可以靠出口型经济实现经济腾飞并升级为高收入国家和地区，因为它们的经济体量不大，它们的产品出口贸易不会对世界经济和贸易秩序造成大的冲击。但中国不同，中国是条巨龙，有巨大的生产能力和消费能力。进入 21 世纪后，任何产品只要中国开始量产，该产品的国际市场价格往往会迅速下降，对其他国家的相关产业造成强烈冲击；反之，任何产品只要中国有消费需求，往往就会造成该产品在国际市场上供不应求、价格暴涨，也会引起其他国家的抱怨与不满，小至婴儿奶粉、名贵箱包等日用品，大至石油、铁矿石等大宗商品，无不如此。对于中国这样的人口和经济大国来说，立足国内和国际两个市场发展经济，特别需要更加注重国内的消费和需求，满足本国人民对美好生活的需求，在参与国际产业链分工和竞争的同时，尽可能减小中国巨大的生产和消费能力对国际市场的冲击，这也是中国经济供给侧结构改革的重要目标。2012 年中共十八大提出了收入倍增计划，即到 2020 年实现国内生产总值和城乡居民人均收入比 2010 年翻一番。通过产业结构调整和转型升级，提高就业质量，调整收入分配，消费在中国经济增长中的贡献连年上升，消费已成为中国经济增长的主动力。2017 年中国最终消费支出对国内生产总值增长的贡献率为 58.8%，高于资本形成总额 26.7 个百分点。消费占 GDP 比重持续提升的同时，恩格尔系数（食品支出总额占个人消费支出总额的比重）持续下降，居民消费升级的趋势非常明显。消费特别是个人消费的增长，推动了中国的商业交易方式和支付方式的变革，并引领了世界发展潮流。2016 年中国电子商务交易额 26.1 万亿元，占全球电子商务零售市场的 40%。据中国艾瑞咨询（iResearch）估计，2016 年中国移动支付的规模为 38 万亿人民币（折合 5.5 万亿美元），而根据全球研究机构 Forrester Research 的数据，同期美国移动支付的规模为 1120 亿美元，中国超过美国的 48 倍，占了全球移动支付规模的 50%。据德国《时代》周报网站 2018 年 5 月 7 日刊登的《更高，更远，更快，中国》一文，截至 2016 年年底，中国已经有 7.3 亿人通过手机、平板电脑或台式电脑上网。4.7 亿人购物不使用现金，实际上几乎所有的付款交易都可以通过智能手机完成。中国正在走向无现金社会，只需要二维码和连接支付系统就可以。这主要归功于阿里巴巴和腾讯提供的两款产品，即支付宝和微信支付。现在的中国，即使在售货亭或小吃店也可以不用现金支付。

中国城镇化进程发展迅猛，现在大多数中国人生活在城镇环境中。目前,欧洲人口超过 500 万的大城市只有 3 个,即巴黎、伦敦和莫斯科。根据中国国家统计局发布的调查数据,2014 年年底人口超过 500 万的中国超大城市就有 88 个,而且还有 215 个人口为 100 万~500 万的大城市。中国的城市不仅没有不可控制的贫民窟,相反,高层住宅新区司空见惯。根据欧盟联合研究中心"全球人类居住层"研究项目的测算,广东省广州市是拥有 4600 万人口的城市群中心,这个珠江边上的城市"只有"1100 万常住人口,被计算在内的还有和广州共同成长的周边城市深圳(人口超过 1250 万)、佛山(670 万)和东莞(800 万)。广东的众多百万人口城市通过高铁连接在一起,并将与香港和澳门组成拥有超过 6000 万居民的特大城市群。中国还计划围绕北京打造这样的综合城市群,它将拥有 1.3 亿居民。

在中共十八大以后,中国始终保持高压反腐的态势,在短短 5 年间,中国已形成了反腐败斗争压倒性态势,政治和社会生态明显好转。随着环境治理力度的加大,中国关闭了大批老旧和产能过剩的燃煤电厂。提高能源效率,发展清洁能源,实现清洁生产,已成为中国产业转型升级的核心内容,建设生态文明和美丽中国已成为中国社会的共识,中国的自然生态也明显改善。据国际能源署估计,到 2040 年,中国煤炭在电力生产中所占的份额将大幅减少,而可再生能源将成为主要的电力来源。2017 年中国人均 GDP 为 5.97 万元,折合为 8800 多美元,与 2012 年的 4561 美元相比,翻了接近一倍。虽然距高收入国家尚有差距,但中国正稳步向高收入国家迈进。经过长期努力,中国社会正发生历史性转变,中华民族迎来了从站起来、富起来到强起来的伟大飞跃,迎来了实现中华民族伟大复兴的光明前景。2017 年 10 月召开的中共十九大确立了习近平新时代中国特色社会主义思想作为实现中华民族伟大复兴的行动指南。在中国近现代发展历史上,以毛泽东思想作为行动指南,中国站了起来;以邓小平理论作为行动指南,中国富了起来;以习近平新时代中国特色社会主义思想作为行动指南,中国将会强起来。中共十九大对第二个一百年奋斗目标提出了两阶段的安排:第一个阶段,从 2020 年到 2035 年,在全面建成小康社会的基础上,再奋斗 15 年,基本实现社会主义现代化。第二个阶段,从 2035 年到 21 世纪中叶,在基本实现现代化的基础上,再奋斗 15 年,把我国建成富强、民主、文明、和谐、美丽的社会主义现代化强国。

改革开放 40 年后,中国崛起已经是不争的事实。截至 2018 年 3 月底,中国的外汇储备量为 3.14 万亿美元。世界上没有哪个国家像中国这样积累了如此高的外汇储备。相比之下,美国的外汇储备只有大约 1250 亿美元。多数学者和权威机构倾向于认为,中国将在 2030 年(按照官方汇率)超越美国,成为世界最大的经济体。这将是中华民族复兴过程的一个重要里程碑,必将对整个世界的未来产生广泛而深远的影响。在如何面对中国崛起的问题上,西方特别是美国始终心神不宁,寝食难安。

早在 1992—1993 年间,当中国改革开放进入建设中国特色社会主义市场经济的新阶段时,美国费城外交政策研究所亚洲项目主任芒罗发表了《正在觉醒的巨龙:亚洲真正的威胁来自中国》。一时间"中国威胁论"风靡太平洋东岸,芒罗因此也声名显赫。哈佛大学教授亨廷顿的《文明的冲突与世界秩序的重建》也在这个大背景下问世。前者渲染中美军事冲突不可避免,后者断言儒教文明与伊斯兰教文明的结合将是西方文明的天敌,具有极强的意识形态色彩。美国学者哈克特更是危言耸听,"在苏联解体后,一个新的邪恶帝国正在出现,它的名字叫中国"。此后,每隔一段时期,"中国威胁论"就会出现。在 1995—1996 年李登辉访问美国后,两岸关系紧张,中美围绕台湾问题发生了军事对峙,之后中国每年军费保持了两位数增长;1998—1999 年,在亚洲经济危机后,中国经济逆势崛起,经济影响力迅速扩大。在这些时段里,"中国威胁论"此起彼伏。进入 21 世纪后,"中国威胁论"的内容不断扩大,如军事威胁论、粮食威胁论、经济威胁论、网络威胁论、环境威胁论、地缘政治威胁论等。

"中国威胁论"已成为某些国家国内政治中的惯用工具。每当遇到国内政治、经济及军费问题的矛盾和争议时,他们往往将中国当成"替罪羊",用"中国威胁论"转移其国内问题的视线或争取政党及集团利益。"中国威胁论"在一定程度上恶化了中国的周边环境,使中国在发展过程中不得不面临更加复杂的国际环境,不得不承受更多的外部压力。2011 年,在美国金融危机导致经济低迷,"占领华尔街"抗议活动席卷全美的大背景下,一本政经类书籍《致命中国》在美国出版,该书英文原名为 *Death by China: Confronting the Dragon —A Global Call to Action*(副标题为:全球行动对付中国龙)。该书的主要内容是谈中国如何利用贸易政策对美国以及全球造成威胁。该书指控中国采取非法保护主义掠夺美国的产业和工作机会,中国贸易优势来自"不公平的贸易手段"。如中国实行贸易出口补贴;操纵人民币汇率;仿冒和盗窃美国的知识产权;大规模破坏环境;忽视工人健康和安全标准;制定不合理的进口关税和配额;以掠夺性定价将外国竞争对手挤出关键资源市场；以垄断定价欺诈消费者；筑起贸易保护壁垒，阻碍外国竞争对手合法进入；等等。该书提出美国的应对措施包括：对中国进口商品征收45%关税，制止中国公司窃取美国公司的知识产权和商业秘密，缩小中美贸易逆差，弃用“中国制造”商品，将中国列为货币汇率操纵国等。在美国经济不景气、社会动荡、民粹主义兴起的背景下，该书在美国产生了广泛影响。2012年，该书被改编为同名纪录片，诸多美国政要甚至包括美中经济和安全审查委员会成员都在影片中受访，使该片名噪一时。《致命中国》的作者是美国经济学家纳瓦罗和奥特瑞，两人后来在特朗普竞选过程中被聘为竞选团队的经济顾问。2017年1月，特朗普上台后宣布成立“国家贸易委员会”，负责统筹协调贸易争端策略问题，担任该委员会主席的就是《致命中国》的作者纳瓦罗。纳瓦罗其实还有一些关于中国的更激进的著作，如《即将到来的中国战争》《卧虎：中国的军国主义对全球意味着什么》等。在《即将到来的中国战争》中，纳瓦罗认为中国正在“寻求全球经济霸权”。他建议“应该与中国进行直接的经济对抗，包括制裁和边境控制。必要情况下，以军事行动作为支援……”。

中国崛起对世界究竟是威胁，还是机遇？由于中西方在文明、社会制度和意识形态等方面的差异，当代中国拥有超大规模的人口、快速增长的经济实力、迅速发展的科技实力和日新月异的军事实力，在一些西方国家看来，中国的崛起是对西方主导下的传统国际秩序及政治格局的挑战。从西方崛起的历史经验看，历史上所有大国的崛起，都伴随着强权与战争，都会以武力作为手段。古希腊文明是西方文明的摇篮，古希腊著名历史学家修昔底德认为，当一个崛起的大国与既有的统治霸主竞争时，双方面临的危险和挑战多数以战争告终。正如公元前5世纪古希腊人面临的情况一样，当时海洋强权雅典的快速崛起震惊了陆地霸主斯巴达，双方的威胁和反威胁引发了长达30年的伯罗奔尼撒战争。

“修昔底德陷阱”的概念虽然是公元前四百多年前古希腊学者提出来的，但至今仍被一些西方学者所信奉，特别是近代英、美、德、日等国的崛起，无不是遵循从富国强兵到战争扩张这样一个过程。“修昔底德陷阱”被西方鹰派学者翻译成这样的当代语言：一个新崛起的大国必然要挑战守成大国，而守成大国也必然会回应这种威胁，这样战争变得不可避免。在此基础上形成的西方国际关系理论，认为伴随着中国综合国力的提高，中国必将挑战现有的国际结构，导致国际体系的不稳定乃至爆发战争。但持这种观点的人可能忘记了一个关键问题，当年陷入“修昔底德陷阱”的雅典和斯巴达，在战争结束后，两个城邦均走向衰落，不久都被希腊人称为蛮族的马其顿民族所征服。愚者，才会重蹈历史覆辙，重演历史悲剧；智者，应吸取历史教训，以史为鉴，更好前行。

与世界上其他国家不同，中国是一个有5000年辉煌历史、在世界发展史上曾长期占据领先地位的文明古国，虽然在19世纪末滞后于工业化发展潮流而落后沉沦，但中华民族在经历了100多年的探索和奋斗后，在21世纪初再次崛起。在中国看来，这不过是在恢复历史的常态，中国的崛起对世界发展来说是个机遇。中华文明自古就有“和而不同”的文明包容胸怀和“合作共赢”的国际关系理念，和谐是中华文明亘古不变的追求，建立和谐社会、和谐世界、大同世界和人类命运共同体是中华文明致力追求的社会理想。当美国前总统奥巴马向外界抱怨，中国发展搭了美国的“便车”时，习近平主席向世界发出邀请，欢迎世界各国搭乘中国发展的“顺风车”。

2015年，习近平访美时在欢迎晚宴上表示：世界上本无“修昔底德陷阱”，但大国之间一再发生战略误判，就可能自己给自己造成“修昔底德陷阱”。在接受《世界邮报》创刊号的专访时，习近平被问及针对中国迅速崛起后，必将与美国、日本等旧霸权国家发生冲突的担忧，习近平在专访中回应说：“我们都应该努力避免陷入‘修昔底德陷阱’，强国只能追求霸权的主张不适用于中国，中国没有实施这种行动的基因。”

在美国金融危机爆发前很长一段时间，中美两国经济形成了共生互补关系。中国生产能力迅速扩张，产品出口到美国和其他一些国家，保持经济高速增长。美国大量购买中国价格低廉的消费品，并通过国债大量吸收中国的外汇储备以弥补其储蓄的不足。虽然中美两国贸易存在摩擦，但始终保持着生产与消费的依存。在冷战期间，美国和苏联之间的核恐怖平衡形成了一个“同归于尽”的局面，即确保相互毁灭。而如今中美经济也是你中有我，我中有你，两国经贸关系相互依存，和则两利，斗则两败，似乎也是一个经贸版的“同归于尽”；美国和中国之间借方与贷方关系的相互依存程度如此之高，还存在一个金融版的“同归于尽”。2017年年初，当特朗普上台后，美国转向“美国优先”政策。由于美国在中美贸易中存在较大的贸易逆差，美国要求中国采取行动迅速减小逆差，特别是多进口美国的产品，而中国要求美国减少和消除对中国的技术封锁和壁垒，让中国进口更多的中国需要的产品和技术，两国都在试探对方的底牌，希望对方做出让步。中美是世界第一和第二大经济体，中美是否会爆发贸易战甚至金融战，牵动着世界紧绷的神经。

2018年4月4日，就在西方愚人节过去后的第3天凌晨，美国政府依据301调查单方认定的结果，宣布对原产于中国的1300余种进口商品加征25%的关税，涉及500亿美元的中国对美出口额。当日下午，中国宣布对原产于美国的大豆、汽车、化工品等14类106项商品加征25%的关税，同样涉及500亿美元的美国对中国出口额。中美两国都装填上了贸易战的炮弹，只等一声令下拉响引信。“修昔底德陷阱”赫然耸现在中美两国面前。

事实上，即使在冷战对抗最紧张激烈的时候，苏美两国从未敢引爆核战争，人类的理性终究战胜了疯狂。贸易战是把双刃剑，对中国固然有害，对美国也是如此，区别只是在伤害的程度不同而已。无论是伤敌一千，自损八百，还是伤敌八百，自损一千，贸易战对中美两国均是百害而无一利。中美是世界上最大的两个经济体，“大象打架，森林遭殃”，中美贸易战还会累及世界，世界上许多国家的经济也会因此而风雨飘摇。在美中两国相互宣布加征500亿美元产品关税的4月4日当天，欧美股市当即暴跌，其中道琼斯指数下跌724.42点，跌幅达2.93%。随后亚洲股市也全面下跌，跌幅达1%到4%，下跌最多的为日本的日经平均指数。4月16日，美国商务部进一步宣布，因中兴通讯未履行和解协定中的部分协议，美国商务部将禁止美国企业向中兴通讯销售元器件。该项出口禁令即时生效，有效期长达7年。次日，中国商务部称，将密切关注事态进展，随时准备采取必要措施，维护中国企业的合法权益。中美两国关系进入了历史上空前错综复杂、最需要冷静和智慧应对的时刻。

中兴通讯是中国最大的通信设备上市公司，也是全球第四大手机生产制造商，2010年以来连续八年稳居PCT专利全球前三。早在2016年3月，美国商务部就曾经以中兴通讯违反美国出口管制政策为由，对中兴通讯实行过出口限制措施，只不过当时中兴通讯认罚8.92亿美元，与美国达成和解。这次在中美贸易战紧绷的时刻，美国以“中兴通讯未履行和解协定中的部分协议”为借口，再次对中兴公司下重手，对中兴公司实施史上“最严制裁禁令”。在全球采购和销售的今天，美国的禁令导致中兴通讯进入休克状态，同时也会产生国际供应链的连锁反应。中兴通讯在美国的14家供应商，连日来股价狂跌。美国这种做法也将中美贸易战问题上升到美国对中国高科技产业进行核心技术封锁，进而打击《中国制造2025》发展战略实施等重大问题。

美国的禁令使中兴通讯休克，折射出中国缺“芯”之痛，让整个中国半导体产业陷入深刻反思。中兴通讯全线产品过多依赖美国芯片和光模块厂商，中国芯片技术落后于发达国家，芯片严重依赖进口，成为中国信息和通信产业的软肋。如果说19世纪末当时的世界霸主英国用走私“鸦片”控制并摧毁了中国人的精神和肉体，然后利用中英关于鸦片贸易的纠纷，发动鸦片战争，打开了中国国门；那么美国作为20世纪末的唯一超级大国，这次的一纸禁令用“芯片”卡住了中国相关高科技产业的脖子，使中国最大的通信设备上市公司陷入休克。但两者也有根本的区别。在19世纪末是崛起的英帝国想打开一个已经衰落的中华帝国的大门；而这一次是一个担心衰落的超级大国对一个崛起的中国恶意抬高自己的门槛。不仅如此，美国决定于2018年3月23日起，对美国进口的钢铁和铝产品分别征收25%和10%的关税，对包括美国盟友在内的世界各国钢铁和铝产品进入美国提高了门槛。对于近年来美国采取的许多保护主义和孤立主义政策，早在2017年1月17日，在瑞士达沃斯世界经济论坛2017年年会开幕式上，中国国家主席习近平就在主旨演讲中指出：搞保护主义如同把自己关入黑屋子，看似躲过了风吹雨打，但也隔绝了阳光和空气。打贸易战的结果只能是两败俱伤。2018年4月25日，法国总统马克龙访美时在美国国会发表的演说中也指出：美国“选择孤立主义，退出国际舞台，施行民族主义”，“但就算我们关上门，外面的世界也还是会继续进步。这种做法没有办法平息人民心中的恐惧，反而会造成反效果”。

世界潮流浩浩荡荡，多边主义、自由贸易等是现代国际社会和世界经济发展的潮流。从19世纪末到21世纪初，世界的东西方似乎转了一个方位，西方的美国从倡导多边主义、自由贸易走向了单边主义、保护主义和孤立主义，而东方的中国自20世纪末改革开放以来，国门越开越大，成为多边主义、自由贸易的捍卫者。1979年，中国改革开放总设计师邓小平在中国南海边的珠江口画了一个圈，设立了中国的第一个经济特区——深圳。深圳成为中国改革开放的窗口和试验田，创造了举世瞩目的“深圳速度”，创造了中国发展的众多第一。当年的一个渔村迅速崛起为一座1250多万人口的超大城市，成为名列前茅的“全球最具经济竞争力城市”。2018年4月13日，在海南建省办经济特区三十周年大会上，中共中央总书记、国家主席、中共中央军委主席习近平表示，中央支持海南成为深化改革开放先行试验区，逐步探索建立中国特色自由贸易港。在改革开放40周年之际，中国在南海上画了一个更大的圈。若按海南岛3.54万平方公里的范围来算，海南自由贸易港将远超1000平方公里左右的香港和新加坡、4000平方公里左右的迪拜，成为全球最大的自由贸易港。海南自由贸易港将在"一带一路"建设尤其是在泛南海经济合作中发挥中心枢纽作用。从深圳经济特区到海南自由贸易港，中国全面深化改革的步伐在不断提速，对外开放的广度、深度和力度在不断加大，中国在张开双臂真诚地拥抱整个世界。

美国对中国核心技术的封锁和高新技术的打压，激发的只会是中华民族的抗争精神和不屈不挠的意志。近几十年来，美国对中国实行航天和太空技术封锁，16个国家参与的国际空间站，唯独不让中国加入；2011年，美国还出台了"禁止美国宇航局与中国进行任何合作"的禁令；2013年，美国国家航空航天局以国家安全为由，禁止中国籍科研人员参加其学术研讨会。但转眼间，中国就上演了绝地反击。2016年10月19日，中国实现了"神舟十一号"与"天宫二号"的完美对接，航天员安全顺利进入"天宫二号"空间实验室；2016年11月17日，"神舟十一号"飞船与"天宫二号"成功分离，航天员踏上返回之旅。中国实现了空间航天器交会、对接、驻留、分离、返回等关键技术，开启了中国空间站时代。除了航天技术，中国在导航技术、超级计算、量子通信等方面，均突破了美国及西方的技术封锁，并实现了"弯道超车"。中国研发的北斗导航系统，精度远超美国的GPS和欧洲的伽利略系统；神威·太湖之光和天河二号超级计算机，分列全球最快超级计算机第一和第二名；墨子号量子卫星使中国成为量子通信的世界领跑者。此外，还有隐形飞机技术、无人机技术、原子能及核物理技术、人工智能技术等。可以说，中国面临的技术封锁的严厉程度没有任何一个国家能够比拟，但中国面对封锁时的韧性超乎世界想象，中国实现逆袭的节奏和速度令世界震惊。

从2012年中共十八大后中国进入了"新常态"。中国经济只要保持中高速增长，就能在2020年全面实现小康社会，避免陷入"中等收入陷阱"。自美国总统特朗普履任后，"美国优先"的政策搅动着国际关系格局。中美关系将走向何方，中美是否会陷入"修昔底德陷阱"，一直是世界关注的焦点。2017年4月6日至7日，国家主席习近平在美国佛罗里达州海湖庄园同特朗普举行中美元首会晤时曾指出："中美两国关系好，不仅对两国和两国人民有利，对世界也有利。我们有一千条理由把中美关系搞好，没有一条理由把中美关系搞坏。中美关系正常化45年来，两国关系虽然历经风风雨雨，但取得了历史性进展，给两国人民带来巨大实际利益。中美关系今后45年如何发展？需要我们深思，也需要两国领导人做出政治决断，拿出历史担当。”中国有良好的愿望和坚定的意志，努力避免中美两国陷入“修昔底德陷阱”。中华民族是个不屈的民族，中华民族的抗争精神和不屈不挠的意志，深深铭刻在中华民族的文化基因中。中华文明的这种精神特质，在中华民族的历史上，一次次使中华民族从危机中走出。今后，无论国际形势如何变化，中华民族的抗争精神和不屈不挠的意志，也将激励中国人民克服各种艰难险阻，勇往直前，实现中华民族的伟大复兴。

第三节　希望和未来

康德在《实践理性批判》最后一章中这样写道："有两种东西，我对它们的思考越是深沉和持久，它们在我心灵中唤起的惊奇和敬畏就越会日新月异，不断增长，这就是我头上的星空与心中的道德定律。"这句话被人们赞誉为人类思想史上最气势磅礴的至理名言之一，被镌刻在康德的墓碑上。

一、头上的星空与心中的道德定律

唤起康德心灵惊奇和敬畏的第一种东西是“头上的星空”。我们居住的地球只是茫茫宇宙中的一颗沙粒，自然是如此神奇，宇宙是那么浩瀚，人类在它的面前又是多么渺小！头上神奇的星空唤起了无数先哲对宇宙和自然无穷的遐想。哥白尼、开普勒、伽利略和牛顿等人的天文学和力学发现，打破了古希腊先哲及宗教思想对人们思想的束缚，改变了人类认识自然、改造自然的思维和行为方式，并在17世纪兴起了科学革命。特别是哥白尼的《天体运行论》，使人类的思想发生了根本性的颠覆，如果地球不是宇宙的中心，无数前人所相信的事物岂非成了一场空：谁还相信伊甸乐园、赞美诗的歌颂和宗教的故事呢？从此，神学威信逐步衰落，科学威信稳步上升，科学逐渐地从神学婢女地位中解放出来，取得了长足的进步。随着科学开始解决一个又一个过去认为无法解决的问题，许多人也开始相信，只要取得并应用新知识，人类就能解决所有的问题。特别是工业革命和工业文明崛起以来，人类恣意妄为，贪婪地向地球索取。科技的发展也让人类制造出了核武器、生化武器等大规模杀伤性武器，人类具有了毁灭地球、自身及全部其他生物的能力。至今为止，地球上许多物种灭绝了，地球上许多资源即将耗尽，地球的生态环境遭到严重破坏。人们开始仰望天空，走向太空，寻找可以供人类生存的其他星球。但在可以预见的未来，地球仍是人类唯一的家园，人类要继续生存，必须学会谨慎使用自己掌握的技术，学会与自然和谐共处，细心呵护好人类赖以生存的自然生态环境。

唤起康德心灵惊奇和敬畏的第二种东西是“心中的道德定律”。放眼人类社会的发展历史，迄今为止，我们经历了两次社会大飞跃。第一次飞跃是由农业革命引起的。农业文明使人们从赖以生存的狩猎和采集的流动生活，变成了以养殖业和种植业为基础的定居生活，生产效率成倍提高，从此有了生产过剩，有了财富积累，有了私有制，各种冲突不断加剧，由此产生了地域意义的城邦与国家。奴隶社会的残酷、生活的苦难和社会的动荡，唤起了思想家对人文和社会的思考，人们心中的道德定律被激发了。亚伯拉罕大概是第一个“先知”，他创立了一神教。之后的摩西创立了犹太教，耶稣创立了基督教，穆罕默德创立了伊斯兰教，印度的释迦牟尼创立了佛教等，这些宗教先驱给人类的来世描绘了神秘的“天堂之国”，消除和缓解人间当下的痛苦。古希腊哲学家第一次提出了人间的“理想国”；中国的思想家虽然没有造神，但他们和上述的先知先哲一样，呼吁仁爱和良好的社会秩序，追求建立“小康社会”和“大同世界”。在这些思想家的影响下，人类建立了各种不同的社会秩序和国家。中国在秦朝以后建立了中央集权的郡县制社会，欧洲在罗马帝国崩溃后建立了贵族封建宗教社会。相对于奴隶制社会，这两种形态的农业文明社会都是一种巨大进步。

第二次社会大飞跃是由工业革命引起的。工业革命促进了资本主义迅速发展，16 世纪血淋淋的资本原始积累，让莫尔、康帕内拉等思想家感到愤愤不平；资产阶级革命在自由平等的口号中推翻了封建贵族制度，但资本家对工人的压迫和剥削，同样刺激了法国的圣西门、傅立叶和英国的欧文等人的良知，他们深刻揭露了资本主义的罪恶，对未来的理想社会提出了许多美妙的天才设想，他们企图建立“人人平等，个个幸福”的新社会。但是，他们只有空想，没有实现这一目标的途径。劳动者处于受剥削和压迫的地位，自由和平等更无从谈起。马克思看到资本家为了追求利润的最大化，总是尽可能地压低工人的工资报酬，以至于工人的工资所得买不起他们自己生产出来的商品，导致生产过剩，于是产生了经济危机，工厂倒闭、工人失业，马克思认为这一切都源于资本主义的生产资料的私有制，马克思得出的结论是：社会主义必将代替资本主义，人类最终将进入“人人平等、自由、全面发展”的共产主义社会。

从古希腊奴隶制社会的“理想国”和古代中国农业社会的“大同世界”，到宗教社会的“上帝之城”，再到人类未来的共产主义理想社会，人类的社会理想从人间升到天堂再回到人间，从当下到来世再到未来，从依靠自身到寄希望于上帝拯救再到依靠自己来改变人类命运，人类从未停止对理想社会的追求。相对于理想国和大同世界，共产主义的理想社会更加幸福和美好；相对于上帝之城，共产主义的理想社会更加理性和科学，它是人类的人间“天堂”。它给生活在早期资本主义制度下的工人阶级和劳苦大众莫大的鼓舞，为此他们不惜流血牺牲，去实现这个美好的理想。同时，马克思主义又是一条鞭子，它鞭挞着资本主义不合理的制度和缺陷，促使它不断地修正和改进，否则资本主义的丧钟就会响起，受到“末日的审判”。

人类若失去未来社会理想就会陷入迷茫，就会迷失前进方向和希望。但人类若超越历史发展阶段，把未来社会理想直接搬到现实中，那也会揠苗助长，欲速而不达。20 世纪 90 年代，国际社会主义运动遭受了重大挫折。通过客观理性看待和分析国际社会主义运动的挫折，中国找准了自己的历史方位，中国处于并将长期处于社会主义初级阶段，中国没走改旗易帜的邪路，也没走封闭僵化的老路，通过改革开放，走上了中国特色社会主义道路，实现了国家的快速崛起，并走向民族复兴。

人类对梦想的追求是文明发展最原始的动力。但是，追求梦想必须遵循自然规律和社会法则，否则就会造成自然、人类和社会灾难。这大概就是康德感到惊奇和敬畏的“头上的星空”与“心中的道德定律”。

二、共建人类命运共同体

人类自诞生之日起，在原始文明中蹒跚学步度过了几百万年，在农业文明中慢步行走了数千年，在工业文明中快步急行了数百年。人类也从生理基因的自然进化、社会文化的演化发展到科学技术的发明创造的新阶段。相比于漫长的原始社会和农业社会，一方面人类在工业文明社会的时间很短，心灵仍很幼小，另一方面工业文明社会的科技发展日新月异，人类的创造能力迅速增强，各种强大工具的发明极大地延伸、放大了人类的各种能力，人类要想在工业文明社会中合作共处、与自然界和谐共存，需要人类克服心灵与能力的失调。当今工业文明已传播至世界上大多数地区，工业文明对自然的过度开发和滥用，也对自然环境造成了严重破坏，影响了人类自身的生存和发展。人类开始反思工业文明，开始呼唤和追求人与自然和谐共处的生态文明。中华民族自古以来就铭刻着人与自然和谐共生的“天人合一”思想，成为生态文明的自然拥抱者。

由于欧美最早进入工业文明时代，西方文明以其领先的科技、工业以及军事实力，创造了丰富的物质财富，极大改善了相关地区人民的物质生活条件，由此也产生了欧美西方文明和文化的优越感。西方文明有其自身长处，值得其他地区学习，但也有其短处，近代西方在经济和科技发展方面影响和征服了全球，但是却留下了政治上的民族国家林立的世界性难题，无法为世界建立一个和谐统一的、符合全人类共同利益的“命运共同体”。欧洲在罗马帝国分裂之后就再也没有形成一个统一的西方世界，而民族国家和民族主义恰恰是西方在罗马帝国分裂和灭亡之后西方历史发展的主线。民族主义的恶性发展成为近代殖民主义和无数战争的主要根源，也是引发 20 世纪两次世界大战的重要原因。欧洲已经分裂了上千年，欧洲有远见的政治家早就看到，欧洲国家其实都是小国，欧洲只有联合起来，才有力量和分量。欧盟推动欧洲国家的整合，在某种意义上，这可以看作是从“民族国家”走向“共同体国家”的一种尝试。欧盟的政治家们致力于通过促进经济政治的一体化以深化欧洲联合，但由于欧洲民族主义文化因素，欧洲整合进展缓慢，道路曲折。从 2002 年开始，欧盟希望通过一部欧洲宪法，把欧盟的经济实力转化成政治实力。但是，欧洲宪法却在 2005 年法国和荷兰的全民公决中遭到否决，欧盟内部的分裂和军事力量的缺乏也限制了欧盟的抱负。“入欧”还是“脱欧”一直在撕裂着欧洲社会，英国“脱欧”更是增加了欧盟一体化的不确定性。

中国本质上是文化和文明意义上的国家，中国是一个天然的“文明型国家”。数千年绵延不断的历史为中国提供了博大精深的文化资源，中国文化海纳百川的文化包容性，造就了儒道释互补、儒法墨共存的多元一体的思想体系。中国的“中和”文化内核，“中”为中道，表现为不走极端，“和”为和谐，表现为包容、宽容，而非排他、对立、冲突。“中道和谐”不是消极的妥协，也不是被动的中间道路，而是积极的辩证统一，通过“求同存异”，达到“和而不同”的共生境界。中国在漫长的历史中已经证明了依靠文化和文明的力量，可以将不同的族群组成具有天下情怀的文明型国家。

在漫长的历史中，中国人形成了自己独特的政治文化观。一方面，中国文化有深厚的民本思想。荀子说“水可载舟，亦可覆舟”，孟子认为“民为贵，社稷次之，君为轻”。中国的多数皇帝敬畏“天命”，这个“天命”实质上就是“人心向背”。当皇帝的“天命”被广泛地视为不复存在之时，中国的平民百姓有权揭竿而起。古代中国政府所承担的民生职责是古代大多数其他国家所不具备的。另一方面，中国“修身、齐家、治国、平天下”的倡导把个人追求与国家目标统一了起来。由个人而家庭，由家庭而社会，由社会而国家，由国家而天下。在中国现代国家形成的过程中，这种价值观又转化为强烈的民族文化认同感和国家凝聚力。中国人历来把国家长治久安、国运昌盛放在一个极为突出的地位。英国学者马丁·雅克在2009年出版了一本颇有争议也很有影响的书，书名为《当中国统治世界》(*When China Rules the World*)。他的一个主要观点是：世界上有许多种文明，但中国是唯一的文明国家。中国人视国家为监护者、管理者和文明的化身，其职责是护国安民。中国国家的合法性深藏于中国的历史和文化中，这完全不同于西方人眼里的民族国家。

中国并不排斥学习西方，而是主动吸收人类一切先进文明的成果，努力革除弊政，修正本身文化中不符合时代发展要求的元素。只要能够摒弃冷战对抗思维，我们就不难发现，在当今世界早已不是要不要自由、平等和民主的问题，而是实现什么样的自由、平等和民主的问题以及如何实现的问题。“富强、民主、文明、和谐；自由、平等、公正、法治；爱国、敬业、诚信、友善”是当代中国弘扬的社会主义核心价值观，中道和谐的哲学思维和人文思想，使中国将民主与集中、自由与法治、平等与公正等价值追求和治理方式有机整合在一起，力求达成辩证统一，避免因过度民主而走向民粹、过度自由而走向无序、过度平等而走向平均。如果不了解改革开放之前30年中国的浪漫主义和理想主义感性冲动，就很难理解改革开放后40年来中国的现实主义理性选择；如果不了解中国近代落后于工业文明时代后的衰落、贫穷及遭受的屈辱，也就很难理解中国人对国家富强、民族复兴、人民幸福的强烈渴望和自觉追求；如果不了解中国漫长的农业文明辉煌历史，也很难理解中国人对文明的自觉和对和平的向往。中华文明的顽强的生命力根植于其抗争精神和不屈不挠的韧性；中华文明的经久不息的活力在于其善于根据时代变化而不断学习先进思想，在吸收和消化的过程中又不迷失自我，最终将外来的先进思想转化成为中华文明的有机组成部分。

面对今天棘手的全球性挑战，如贫困问题、环境问题、战争问题、恐怖主义问题、文化冲突问题等，西方主导的民主输出模式使世界变得更加动荡不安，恐怖主义对世界的威胁有增无减，西方和伊斯兰世界的文明冲突愈演愈烈。当今世界各国的发展和国际秩序的各种困境需要人类共同去思考和应对。人类只有一个地球，各国共处一个世界，不同国家和地区已是你中有我、我中有你，一荣俱荣、一损俱损。人类已经处在一个命运共同体中，面对世界的复杂形势和全球性问题，任何国家都不可能独善其身。地球如同一艘大船，190 多个国家就是这艘大船的一个个船舱，世界各国只有同舟共济、相互尊重、平等相待、合作共赢、共同发展，实现共同、综合、合作、可持续的安全，坚持不同文明兼容并蓄、交流互鉴，承载着全人类共同命运的“地球号”巨轮才能乘风破浪，平稳前行。中华文明作为唯一没有断线、不断修正完善的文明，为解决当今世界各种难题，共建人类命运共同体，提供了一种新思路和新途径。